예비교사를 위한

교육과정의 이해

김현영 · 최진철 공저

교육아카데미

머리말

교육은 모두에게 공정하고 공평해야 한다. 교육현장에서 학생들에게 의미 있는 효과적인 교육을 하기 위해서는 항상 무엇을 어떻게 왜 가르치는지에 대한 부분을 끊임없이 생각하며, 이를 위한 실천적인 교육의 기준이 토대가 되어야 한다. 교육철학은 교육이 나가야 할 방향과 기준을 마련하는 학문적 의미가 있고, 교육심리학은 어떻게 하면 학습자가 성공적으로 학습을 끝마칠 수 있는가에 중점을 두고 있다면 교육과정은 학교에서 학생들에게 무엇을 어떻게 왜 가르쳐야 하는지에 대해서 구체적이고 체계적으로 알려주는 학문이라 할 수 있다.

교육의 3요소는 교사, 학생, 교육내용이다. 이러한 교육의 3가지 요소를 포함하며 교육내용으로 그 중요성을 엿볼 수 있는 교과가 교육과정이다. 그동안 교육과정은 여러 학자에 의해서 다양하게 정의되어 왔다. 일반적으로 교육과정은 교육의 목적과 목표, 교육의 내용 및 방법, 평가 등을 포함하는 종합적인 설계도로 이해되고 있다. 교육과정은 구체적으로 교육목적과 목표를 달성하기 위하여 교육목표를 세목화하고, 학습 내용과 경험을 선정하고 조직하여 학생들이 이수하고 경험할 내용을 구성하는 체계라 할 수 있다. 이것은 기본적인 이론의 원리를 바탕으로 교육과정 개발을 위한 설계를 계획하며, 이에 따른 단계적 절차를 진행하여 실질적인 개발에 이르게 되며, 이를 적용한 후 달성 목표에 이르는 성과에 대한 평가 체계로 논할 수 있겠다.

현시점에서 교육과정은 미래지향적인 세계적인 다원화 교육을 위한 방향으로 인공지능 디지털 학습의 대전환, 학생 개인의 흥미, 적성, 능력을 적용한 학습자 중심 맞춤형 수업 등 새로운 교육환경과 혁신적인 교육제도를 도입하고 있다. 이에 학교 교육과정은 국가, 지역사회, 학교, 교사 등 다양한 수준과 주체에 의한 참여와 협의로 교육과정의 적합성을 개발해 나가고 있으며. 교육과정 구성의 자율화와 분권화를 지향해 나가고 있다. 그러므로 교육과정은 이제 무엇보다 미래지향적인 교육의 방향성과 현장의 의견을 명확하게 파악하고 수용하여 전체 교육과정에서 실현 가능한 구체적이고 종합적인 전개와 구성 그리고 조직을 통한 개발에 중점을 두어야 할 것이다.

이 책은 크게 교육과정의 이해, 교육과정의 개발, 우리나라 국가 교육과정의 세 부분으로 구성하였다.

제1부에서는 교육과정의 기본적인 기초적 이해와 더불어 교육과정 이론에 대한 유형을 다루었다. 여기서는 교육과정의 기본적인 의미를 이해하고, 교육적 맥락에서 교육과정에 대한 전개를 살펴보도록 하였다. 이에 교육과정에 대한 여러 학자의 정의와 다양한 교육과정의 영역을 파악하도록 하였다. 이를 통해서 학습자들이 교육과정에 대한 기초적인 이론을 정립하고 유형에 대해서 이해하도록 하였다.

제2부에서는 교육과정의 전체적인 개발 체계를 파악하도록 하였다. 여기에서는 교육과정 개발을 위한 기본적인 원리를 바탕으로 교육과정 개발 설계를 위한 기본 모형을 익히도록 하였다. 그리고 새로운 교육과정과 재개념주의 모형을 함께 살펴보고 실질적인 교육과정 개발을 위한 진행이 가능하도록 하였다. 교육과정 개발은 교육목적과 목표, 교육내용 등에 대한 설정과 조직을 적용할 수 있도록 전개하였다. 또한 국가 교육과정 개발과 수립체계를 이해하도록 하였다. 또한 교육과정 평가의 의미, 목적, 모형을 이해하고, 교육평가 절차에 따른 학교와 교수-학습활동 등의 평가를 수행할 수 있도록 하였다.

제3부에서는 우리나라 국가 교육과정에 대한 전반적인 체계를 이해하도록 구성하였다. 이에 우리나라 유치원과 초중등학교 학제, 국가 교육과정의 변천, 개정 교육과정 등 우리나라 교육제도에 따른 교육과정의 변화를 분석하고, 국가 교과서 개발 체제를 수록하여 학교 교육과정의 구체적인 이해를 함께 도모하였다. 그리고 자유학기제, 고교학점제, 국제 바칼로레아 프로그램 등 최근 우리나라 교육제도에 따른 교육과정 변화를 함께 살펴보도록 마련하였다. 또한 국가 교과서 개발 체계, 발행제도, 편찬 계획 수립, 집필 계획 및 집필 세목, AI 디지털교과서 체제 등을 소개하였다.

이 책을 통해서 예비 교사들과 교육과정에 관심을 가지고 있는 많은 학습자들이 교육과정에 대한 기본적인 개념을 정립하여 초석을 다질 수 있고, 학교 현장에 도움이 되는 실질적인 교수-학습의 방향을 찾는데 지름길이 되기를 바란다. 또한 이 책이 올바른 교육적 가치관 확립과 더불어 미래지향적인 교육의 혁신과 변화를 이끌어가는 데 도움이 되기를 기대하는 바이다. 마지막으로 이 책의 출판을 맡아주신 교육아카데미 김의용 사장님과 직원 여러분께 감사드린다.

2025년 2월
저자 일동

차 례

제1부 제1부 교육과정의 이해

제2부 교육과정의 개발

제3부 우리나라 국가 교육과정

제1부

교육과정의 이해

제1장

교육과정의 기초적 이해

1. 교육과정의 의미

교육과정은 교육학의 전문용어이다. 교육과정(curriculum)의 어원 유래는 '달리다'라는 라틴어 '쿠레레'(currere)에서 파생되었다. 이것은 경주에서 '사람들이 달려가야 할 정해진 길(course)', '달리는 과정(course)'으로 두 가지 의미로 살펴볼 수 있다. 교육과정 용어가 최초로 등장한 것은 1918년 미국 F. Bobbit의 저서이다. Bobbitt(1918)은 「The Curriculum」에서 교육과정은 의도된 계획으로 교육의 목적을 아동이 바람직한 사회인으로 성장하는 것에 두고, 아동에게 성인의 직업을 분석하여 성인 생활과 직업 수행에 필요한 능력 개발을 위한 경험과 과제를 구성하여 제시해야 한다고 주장하였다.

교육과정의 의미는 크게 두 가지로 나누어서 살펴볼 수 있다. 첫째는 넓은 의미의 교육과정으로 교육내용과 교육방법, 교육평가, 교수-학습 자료의 요소로 구성되는 일련의 과정 체제로 보는 관점이다. 이것은 학생들이 실제로 배우는 것에 영향을 주는 모든 요소 중에 직접적인 요소를 포함하여 구성하는 것이다. 두 번째는 좁은 의미의 교육과정으로 학생들이 배워야 할 교육내용을 의미한다. 이것은 학생들에게 가르쳐야 할 내용과 학생들이 배워야 할 내용을 말한다. 이렇듯 교육과정은 학교 안팎에서 학생들이 겪는 모든 경험으로 넓게 정의하는 관점이 있고, 학교에서 수업시간에 가르치는 교과 내용으로 좁게 정의하는 관점으로 보기도 한다.

교육과정은 기본적으로는 무엇을, 어떻게, 왜 가르칠 것인가에 대한 질문을 다루고 있으며, 이러한 학문과 실천의 영역을 의미한다. 교육과정은 교육내용으로 우리가 학교에서 무엇을 가르쳐야 하는가와 관련된 것, 교육방법으로 선정된 교육내용을 어떠한 방법을 이용하여 가르칠 것인가와 관련된 것, 왜 가르치는가와 관련이 있다. 이러한 교육과정은 결과보다는 내용을 강조하는 측면이 있으며, 가르쳐야 할 목표와 내용, 가르치는 과정을 모두 포함하고 있다. 최근의 교육과정은 교육목표 달성을 위해서 선택된 체계적인 교육내용과 학습활동을 편성하여 정리한 전체 계획을 의미하고 있다.

교육과정에 대한 정의를 총체적으로 다음과 같이 정리할 수 있다.

첫째, 교육과정은 교과목 및 교과목에 담겨 있는 내용이다.

둘째, 교육과정은 문서 속에 담긴 교육계획이다.

셋째, 교육과정은 학교 지도에 따른 학생이 겪는 실제 경험이다.

넷째, 교육과정은 수행할 일련의 과업이다.

다섯째, 교육과정은 의도한 학습 결과이다.

일곱째, 교육과정은 문화적 재생산의 도구이다.

여덟째, 교육과정은 사회개선을 위한 프로그램이다.

아홉째, 교육과정은 실존적 체험과 이에 대한 반성 과정이다.

2. 교육적 맥락의 교육과정 전개

교육과정은 교육을 위해 계획한 것을 중심으로 개념화하는 경우와 교육을 통해 일어난 결과를 중심으로 개념화하는 경우가 있다. 교육과정은 교육적 맥락에서 일반적으로 두 가지 의미를 제시한다. 첫 번째는 지시 대상으로의 교육과정으로 교육에서 가르쳐야 할 내용을 항목으로 나열한 교수요목(course of study)이다. 두 번째는 학문적 탐구 분야로서의 교육과정으로 교수요목에 관한 학문적 탐구이다. 교육과정은 교육의 맥락에서 바라본다면 교수요목으로 가르치고 배워 나가는 내용의 항목을 열거해 놓은 것으로 볼 수 있다. 19세기 중반까지 학교 교육과정은 교수요목(subject matter)의 의미가 있었다.

교육과정이 교육내용으로 학문적 관심 대상이면서 체계적인 탐구 분야로 정립되기 시작한 것은 20세기 들어와서이다. 교육과정은 1918년 Bobbitt의 과학적 교육과정 연구가 시작된 이후부터 비과학적, 비판적, 해석적 연구 등으로 다양하게 나타났다. 교육과정이 과학화, 사회문제 등 직접적인 관련 연구가 시작되기 전에는 고전을 위주로 한 교육과정이 지배적이었다. 20세기 전반부 미국에서 학문적 업적으로 교육과정 분야에 영향을 준 것은 과학적 교육과정 운동과 R. W. Tyler의 종합적 교육과정 모형이다. 학문적 탐구 분야로 정립되었던 학교교육의 내용은 교수요목과 지시 대상으로서의 교육과정으로 교과서의 지식이었으며, 체계적인 형태의 교육은 교과서를 가르치는 것이었다. 그리고 학교에서 가르치는 교과는 전통적인 교과로 학문적 지식을 의미하였다.

1920년~1930년대 교육과정 개발 운동은 교육 계획서를 제작하는 운동이었다. 이것은 목적을 설정하고, 목적 달성을 위해서 가르쳐야 할 교과목을 논리적으로 정하며, 수업계획서의 실제 수업 적용 과정으로 수업계획서를 새로운 개정안이 나오기 전까지 계속 사용하는 것이었다. 특히 1935년 Caswell과 Campbell(1935)의 저서 출판으로 새로운 교육과정 개념이 보급되었다. Caswell과 Campbell은 수업계획서를 자세하게 작성하기 위해서 많은 시간을 낭비하는 것에 대해서 비판적이었는데 수업계획서와 수업의 실제 상황이 다른 점에서 의도한 것과 실제 상황에 거리가 있다는 점에 착안하게 되었다. 이에 교육과정은 수업계획이 아니라 학교 지도를 통한 학생의 경험이라는 것을 알고 교육과정은 교사의 지도하에 학생이 겪는 모든 경험으로 제안하였다.

1950년대 말 교육과정은 학문적 수월성을 추구하는 교육의 방향으로 전개되었다. 1950년대 후반에는 교육에 대한 개념 및 용어에 대한 분석에 치중하게 되면서 교육과정 전문가들은 교육과정을 학습경험과 동일시하거나 일부 교육과정의 정의를 학습경험과 다른 용어로 사용하는 등 교육과정에 대한 용어 문제가 나타났다. 1960년대 말에는 교육과정 개발보다 교육과정의 이해를 위한 패러다임으로 전환하게 되면서 비판적 · 해석적 연구가 진행되었다. Israel Sheffler(1960)의 경우 교육과정은 하나의 행동 계획(a program of action)을 의미하는 것으로 이를 계획적(programmatic)이라고 제시하였다. 이에 교육과정은 학교에서 학습하는 수업의 질에 초점을 두게 되었다. 그러나 교육과정과 학습경험을 동일하게 보는 관점은 학습경험 개념의 모호함으로 정확하게 평가하는 것이 어렵다. 또한 학습에서 경험을 강조하는 것은 교육과정에 대한 이론, 연구, 실제 등에 역행한다고도 할 수 있다. 1970년대 중후반 이후 교육과정은 기초 기능을 강조하며 교육의 수월성을 추구하는 형태로 진행되었고, 최근에는 교육과정이 통합되는 형태로 나타나고 있다.

3. 교육과정에 대한 학자들의 정의

교육과정은 학교의 교육목적을 달성하기 위하여 선택한 문화 및 생활 경험을 교육적인 관점에서 편성하고, 학습활동이 언제, 어디서, 어떻게 행하여질 것인가를 종합적으로 묶는 교육의 전체적인 계획이다(서명원, 1980). 교육과정은 학생들이 다양한 사람과 정보, 과정, 기술, 가치 등의 다양한 사물을 정해진 사간과 장소에서 접할 수 있도록 계획을 세우는 것이기도 하다. 이러한 교육과정은 학자들에 의해서 다양한 관점으로 정의되어 오고 있다.

Oliva(1982)는 교육과정에 대해서 학교의 지도에 따른 학생들이 경험하는 모든 계획과 프로그램이라고 주장하면서 이것을 교과에 관한 프로그램, 활동에 관한 프로그램, 안내 프로그램으로 세분화하였다. Saylor와 Alexander(1966)는 교육과정을 학교가 제공하는 모든 학습의 기회로 제시하였다. 또한 G. N. Mackenzie의 경우 교육과정을 학습자의 참여로 정의하고 있다.

Saylor와 Alexander 그리고 Mackenzie는 교육과정을 학교에서 행해지고 있는 관점으로 보고 있다. Mackenzie는 교육과정에 있어 경험보다는 만남이라는 용어가 더 적절하다고 하였는데 경험은 학습자와 학습환경의 상호작용에서 학습과 수업 과정 중 중요한 의미를 갖지만, 이러한 경험은 직접적으로 관찰할 수 없다는 점에 주목하였다. 여기서 의미하는 만난다(engage)는 사전에서 휩쓸린다(entangle), 참여한다(involve), 주의를 끈다(employ the attention)로 해석하지만, Mackenzie는 이러한 만난다는 것에 대해서 서약을 지키거나 서약한다는 의미로 해석하였다. 사람은 다른 사람이나 사물과 만나게 되면 적극적으로 관찰할 수 있는 행위가 일어나게 되지만 경험하는 감정이나 인식의 변화 등은 관찰자에게 전달되지 않는다. 따라서 학생이 환경과 만나는 것은 관찰하고 통제할 수 있으므로 교육과정을 학습자가 학교가 계획한 환경과 만나는 것으로 제시한다(Mackenzie, 1964). 즉 Mackenzie의 만난다(engagement)는 학습자가 일대일로 만나는 것(meets face to face)이며, 참여하여 관심을 두는 것이라 할 수 있다. 이것은 대립이나 갈등이 아니며, 단순한 행위 이상으로 교사, 급우, 교재, 학교의 건물, 교과, 아이디어, 상징 등과의 만남이다. 이러한 만남의 형태는 절차와 방법으로 정해지고, 시간에 따라서 만남의 형태는 달라진다. 이에 구제적인 만남은 우선적으로 지적, 정서적, 조성을 위한 것일 수 있다(Garden Mackenzie, 1964).

교육과정은 의도적이고 계획적인 것으로도 정의되고 있다. 교육과정은 일련의 학습결과 계획(Johnson, 1967), 다양한 경험을 할 수 있도록 의도적인 기회를 만드는 것(Miel, 1968), 수업이나 학습지도 이전의 결정으로 학습 내용의 조직, 적절한 학습환경의 선택, 학습자료의 선택, 학습 집단의 구성 등을 결정하는 것(Commission on Instructional Theory of the Association for Supervision and Curriculum Development, 1967) 등으로 제시되고 있다. Dewey(1902)의 경우 교육내용은 아동의 경험이 되어야 한다고 보고 교육과정을 계획된 학습경험으로 정의하였다. 특히 교과의 내용과 아동의 경험과의 차이를 지적하고, 아동의 경험을 지식과 연결하는 작업을 계속해야 한다고 하였다. 또한 Dwayne Huebner의 경우에는 교육과정이 학습목표 달성을 위한 기계적인 문제에만 관심이 있으며, 윤리-도덕적, 미학적인 문제에 관심이 없다는 점을 지적하였다.

교육과정은 목표에 한정하여 정의하는 관점도 있다. 이것은 수업 현장의 문제를 학습지도 영역에서 다루어야 한다는 것을 의미한다. 이는 교육과정을 교과목으로

만 보는 것은 아니며, 계획을 세운다는 것은 교과를 나열하는 것 이상으로 포괄적이면서 의미가 있는 것으로 다양한 학습 방법, 지식에 대한 개념 및 구조 등에 대해서 배울 기회를 얻는 것도 포함한다. 특히 다양한 지적 활동을 위한 기회 외에 가치, 감성, 기쁨 등 정서적 발달을 위한 기회도 얻게 된다는 것이다.

교육과정은 의도적인 것으로의 교육과정과 경험하는 것으로의 교육과정으로 구분할 수 있으며, 이에 대한 학자들의 관점은 다음과 같다.

의도적인 것으로의 교육과정 (curriculum as something intended)			경험하는 것으로의 교육과정 (curriculum as something actualized)		
수업 계획서 (course of study)	의도한 학습결과 (intended learning outcome)	의도한 만남의 기회 (intended opportunities for engagement)	학습 기회의 제공 (learning opportunities provided)	학습자의 실제 만남 (learner's actual engagement)	학습자의 실제 경험 (learner's actual experiences)
Phoenix, 1958	Johnson, 1967	Miel, 1968	Saylor & Alexander, 1966	Mackenzie, 1964	Caswell & Campbell, 1935

참고문헌 : Lewis, A.J. & Miel, A. (1972).

교육과정을 결정하는 요인은 제도적 요인, 학습 심리적 요인, 사회적 요인, 환경적 요인의 측면에서 살펴볼 수 있다. 교육과정을 결정하는 요인으로 제도적 요인은 교육행정의 기구나 관계 법규로 교육과정을 크게 지배하는 것이며, 학습 심리적 요인은 교육과정 구성 및 운영에서 인간 발달과 학습원리 등 학생 제반 조건이 교육과정의 목표, 내용, 방법, 평가 등에 있어 일정한 원리와 원칙 등을 반영하는 것이다. 그리고 사회적 요인은 사회가 학교교육을 사회 이상의 실현 과정이나 학생 인권의 존중, 민주시민의 자질을 갖추는 교육을 위한 교육과정으로 구성하는 것이며, 환경적 요인은 교사의 자질문제, 교사(校舍)·교실·시설·교구 등 학생의 학습활동 전개에 장벽이 되는 학교 환경, 학교 내 인적·물적 환경 및 제 조건, 교육풍토 등으로 교육과정 구성과 운영에 영향을 줄 수 있다.

4. 교육과정의 영역

교육과정의 영역을 바라보는 관점은 다양하다. 이성호(1984)는 교육과정의 영역을 내용으로서의 교육과정, 경험으로서의 교육과정, 계획으로서의 교육과정, 결과로서의 교육과정으로 구분하였다. 오성삼, 구병두(1996)는 교육과정을 교과내용으로서의 교육과정, 학습경험으로서의 교육과정, 학습 계획으로서의 교육과정, 학습 결과로서의 교육과정으로 영역을 분류하였다. 그리고 김대현 · 김석우(1996)의 경우에는 교육과정을 교육내용, 학습경험, 의도된 학습성과, 문서 속에 담긴 교육계획으로 구성하고 있다.

교육과정은 공식화 정도, 교육과정 수준, 구성 영역, 교육의 진행 과정, 적용 범위와 부과방식 등에 따라 다양한 영역으로 세분화할 수 있다.

첫째, 교육과정은 공식화 정도에 따라서 공식적 교육과정, 실제적 교육과정, 영 교육과정, 잠재적 교육과정으로 분류할 수 있다.

둘째, 교육과정은 교육과정 수준에 따라서 국가와 사회적 수준의 교육과정, 교사 수준의 교육과정, 학생 수준의 교육과정으로 구분할 수 있다.

셋째, 교육과정은 구성 영역에 따라서 교육과정 총론(총칙), 형식적(교과) 교육과정, 준형식적 교육과정으로 나눌 수 있다.

넷째, 교육과정은 교육의 진행 과정에 따라서 계획한 교육과정, 실천한 교육과정, 경험한 교육과정으로 분류할 수 있다.

다섯째, 교육과정은 적용 범위와 부과방식에 따라서 공통필수 교육과정, 상이선택 교육과정으로 적용할 수 있다.

1) 기본 성격에 의한 분류

교육과정은 기본적인 성격에 따라 공식적 교육과정, 잠재적 교육과정, 실제적 교육과정, 교과외 교육과정, 영 교육과정 등으로 구분할 수 있다.

(1) 공식적 교육과정

공식적 교육과정(official curriculum)은 표면적 교육과정이라고도 한다. 공식적 교육과정은 국가와 학교가 특정한 의도를 가지고 계획해서 가르치는 교육과정으로 의도되고 계획된 실천으로 학생이 뚜렷이 경험하는 교육과정이다. 공식적 교육과정은 학교에서 문서에 담긴 교육과정으로 학교에서 설정한 목표를 학생들이 배우면서 경험하는 내용이라고 할 수 있다.

우리나라의 공식적 교육과정은 교육부가 고시한 공문서에 담긴 문서화된 국가 교육과정이다. 이러한 문서화된 교육과정에는 국가 수준의 교육과정 문서, 시 · 도 교육청의 교육과정 지침, 지역교육청의 장학 자료, 학교의 교육방침, 교과서, 인정 도서, 교사용 지도서 등의 문서를 포함한다.

(2) 잠재적 교육과정

잠재적 교육과정(hidden curriculum)은 비공식적 교육과정이라고도 한다. 잠재적 교육과정은 표면적 교육과정과 대조되며 의도되지 않은 산출로서의 교육과정이다. 잠재적 교육과정은 학교나 교사의 계획과는 무관하게 학교생활을 통하여 학생이 얻게 되는 모든 경험으로 잠재적 교육과정은 이러한 학교의 드러나지 않은 기능으로 인하여 학생에게 많은 영향을 주고 있다. 그러므로 잠재적 교육과정이 공식적 교육과정보다 학생에게 장기적이고 깊은 영향을 줄 수 있다.

잠재적 교육과정은 학교에서 목표로 세우지는 않았지만, 학교생활과 관련된 학생의 변화 전부를 의미한다. 따라서 잠재적 교육과정은 교사와 학교 등에서 명시적이거나 공식적으로 계획되거나 의도되지 않았지만, 학교생활을 통하여 학생들이

은연중에 얻고 겪으며 배우는 가치, 태도, 행동양식에 영향을 주는 환경과 과정이라 할 수 있다. 이러한 잠재적 교육과정의 근원은 학교 교육에서 통용되는 상과 벌, 사회적 관행, 문화적 편견, 인종적 차별, 물리적 배치 등을 포함하며, 학생의 정의적 영역의 발달, 학교의 문화 풍토, 교사의 인격적인 감화와도 관련되어 있다.

잠재적 교육과정과 표면적 교육과정을 비교한 특징은 다음과 같다.

첫째, 표면적 교육과정은 주로 교과와 관련이 있고, 잠재적 교육과정은 비교과 활동과 관련된다.

둘째, 표면적 교육과정은 주로 이론 지식과 관련이 있고, 잠재적 교육과정은 주로 생활기능과 관련되어 있다.

셋째, 표면적 교육과정은 주로 지적인 것과 관련 있고, 잠재적 교육과정은 주로 비지적인 것과 관련이 있다.

넷째, 표면적 교육과정은 일시적, 단기적으로 배우며, 잠재적 교육과정은 장기적, 반복적으로 배운다.

다섯째, 표면적 교육과정은 주로 바람직한 내용이며, 잠재적 교육과정은 바람직한 내용과 바람직하지 못한 것을 포함한다.

(3) 실제적 교육과정

실제적 교육과정(operational curriculum)은 가르친 교육과정, 학습된 교육과정, 평가된 교육과정이라고 한다. 실제적 교육과정은 교사의 수업과 교실에서 교사가 직접 학생들에게 가르치는 내용을 의미한다. 실제적 교육과정은 동일한 교과서를 가지고 수업해도 교사에 따라 교실에서 가르치는 내용에 차이가 있다. 따라서 실제적 교육과정은 교사의 지식, 신념, 태도 등을 중심으로 교육과정이 해석되며, 공식적 교육과정보다 영향이 더 크다고 할 수 있다.

(4) 교과 외 교육과정

교과 외 교육과정은 학교 교과목 이외에 학교에서 학생들이 경험하도록 계획한 모든 활동이다. 교과 외 교육과정은 특별활동(extra - curriculum) 교육과정이라고도 하며, 재량활동과 특별활동을 모두 의미하고 있다. 또한 특기, 적성 교육활동도 교과 외 활동에 포함할 수 있다.

교과 외 교육과정은 학교 교과목 이외에 학교에서 학생들이 참여하도록 하는 활동이며, 학생들이 경험하도록 계획한 모든 활동이다. 특히 특별활동은 교과와 상호보완적 관련 속에서 학생들의 심신을 조화롭게 발달시키기 위하여 실시하는 비교과적 활동이라 할 수 있다. 우리나라는 제1차 교육과정 개정기에 특별활동이 각급 학교에 처음 도입되었고, 이후 교과 외 활동이 점차 학교 교육에서 자리 잡으면서 더욱 확대되고 있다.

(5) 영 교육과정

영 교육과정(零, null curriculum)은 E. W. Eisner(1979)가 제안하였다. 영 교육과정은 공식적 문서에 포함되지 않은 교육과정으로 공식적 교육과정의 이면이면서 의도적으로 교육과정 계획에서 배제되는 교육내용이다. 즉 영 교육과정은 필요한 내용이지만 배제하여 학교에서 학생들에게 가르치지 않고 교육적 결과를 가져오게 하는 교육과정이다.

교육과정은 가르칠 내용을 선택하여 학생들에게 배울 기회를 마련하기도 하지만, 교육과정은 일부러 특정 내용을 배제하거나 약화시켜 학생들이 배울 기회를 놓치게 만드는 기능을 수행하기도 한다(박도순, 홍후조, 1999). 학교에서 과목을 가르치고 가르치지 않는 것에 대한 부분은 특정 정치 이념, 사회의 통속적 관습, 문화, 종교에 의한 원인에 있기도 하다. 이렇듯 영 교육과정은 학생들이 공식적 교육과정을 배우는 동안 놓치게 되는 기회 학습 내용이다. 영 교육과정은 학교에서 교과나 교육과정을 통해 학습할 내용을 소홀히 가르치거나 공식적으로 가르치지 않는 교과, 지식, 태도, 사고양식, 행동양식 등을 포함한다.

2) 학교교육 과정에 의한 분류

교육과정을 실천하는 학교교육에서 교육과정은 학교의 학생들이 배우는 정해진 내용과 과정을 의미한다. 김호권(1988)은 교육과정을 세 가지 수준에서 개념화하였다. 교육과정을 수준에 따라서 의도된(intended) 교육과정, 전개된(implemented) 교육과정, 실현된(attained) 교육과정으로 구분하였다. 의도된 교육과정은 공약된 목표로서의 교육과정으로 교육부령의 형태로 국가 수준에서 제정되는 교육과정이다. 전개된 교육과정은 수업 속에 반영된 교육과정으로 교사에 의해 인지되어 구체적으로 수업 행위 속에서 재현되는 교육과정이다. 그리고 실현된 교육과정은 학습성과로서의 교육과정으로 수업을 통하여 학습자가 성취하는 교육과정을 의미한다.

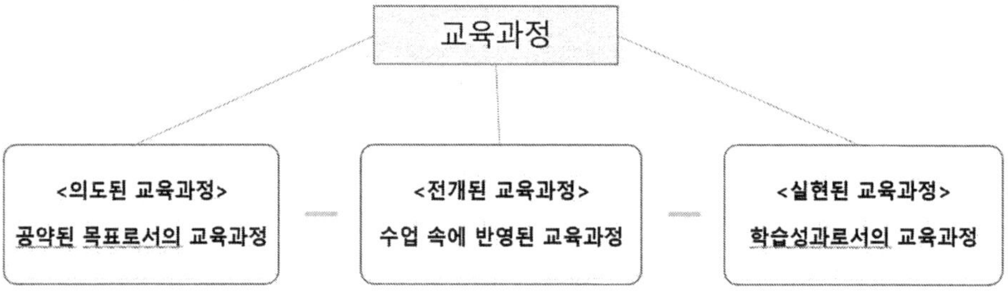

출처 : 김호권, 이돈희, 이홍우(1980).

[그림 1-1] 김호권, 이돈희, 이홍우(1980) 교육과정 개념 모형

(1) 의도된 교육과정

의도된 교육과정은 체제 수준에서 규정된 교육목적과 이를 달성하기 위해 마련된 교육내용이다. 의도된 교육과정은 계획적 교육과정, 표면적 교육과정. 문서로서의 교육과정이라고도 한다. 우리나라는 운영하는 주체에 따라 국가, 지역, 학교 교육과정으로 구분한다.

국가 교육과정은 교육부 장관의 이름으로 고시되는 초·중등학교 교육과정 문서로 교육부를 중심으로 하는 초·중등학교 교육과정의 총론과 각론을 의미한다. 지역 교육과정은 고시된 국가 교육과정을 기초로 하여 시·도 교육청이 중심이 되

어 관내 학교를 위하여 마련하는 교육과정 편성·운영지침을 말한다. 또한 학교 교육과정은 국가 교육과정과 지역 교육과정을 근거로 편성한 각 학교를 중심으로 하는 학교운영계획으로 학교에서 전개 및 실현되기 이전의 교육적 의도로서의 교육과정을 의미한다.

(2) 전개된 교육과정

전개된 교육과정(operational curriculum)은 교사가 의도된 교육과정을 해석해서 학생에게 가르치는 교육내용을 의미한다. 전개된 교육과정은 실천으로서의 교육과정이라고도 한다. 교사에 의해 재해석하고, 이렇게 의도에 머물러 있던 교육과정은 수업의 실천적 현상으로 번역되고 변형된다. 따라서 전개된 교육과정은 실제 학교 교실에서 실천되고 행해지는 교육활동으로 교사의 교수 행위와 관련되어 있다.

전개된 교육과정은 교사가 교육과정 문서를 바탕으로 수업에 포함하고 강조하는 내용이며, 교사가 가르치는 것이라 할 수 있다. 교사는 지식, 신념, 태도 등 학생과 직접적인 상호작용을 하는 과정을 포함하며, 실제 학생은 영향을 받게 된다. 이러한 전개된 교육과정에는 교사의 수업 실제, 학급경영, 자원의 활용, 교사의 배경 등이 해당한다.

(3) 실현된 교육과정

실현된 교육과정은 학생들이 교사의 수업을 통하여 학습한 내용을 의미한다. 이에 실현된 교육과정은 성과 및 산출로서의 교육과정이라고도 한다. 실현된 교육과정은 학생이 실제로 갖게 되는 경험 및 성취이다. 실현된 교육과정은 학생들이 실제로 배운 것의 학습 결과로써의 교육과정이다. 실현된 교육과정에는 학생들이 수행하는 숙제의 분량, 학생들이 수업에 임하는 자세, 학생들의 교실 행동 유형 등과 관련이 있다. 또한 학생들의 학교에 대한 태도, 포부 수준, 성공 능력에 대한 지각, 학생의 성공에 대한 학부모의 기대감, 가정의 사회 경제적 생활 수준 등도 학생의 개인적 배경으로서 실현된 교육과정에 영향을 준다.

Goodlad(1966)의 교육과정 개념 모형은 수업수준(instructional level)으로 교육과정의 결정은 특수한 학습자 집단을 지도하는 교사 및 교사팀이 행한다고 보았다. 교육과정의 결정은 기관 수준(institutional level)과 사회적 수준(societal level)에서 나눌 수 있으며, 기관 수준은 행정가의 지도성 하에 기관의 전 교직원이 행하는 것이며, 사회적 수준은 지역, 주, 중앙 정부의 교육요원 및 입법가가 행하는 것이라 할 수 있다. 이러한 교육과정의 결정유형은 교육과정 결정 주체에 의한 것과 교육과정 결정자 수준에 의한 것으로 구분할 수 있다.

3) 교육과정 결정 주체에 따른 분류

교육과정의 결정 주체에 따른 교육과정 결정 유형은 세부적으로 중앙집권형 교육과정과 지방분권형 교육과정으로 분류할 수 있다. 교육과정 결정에 있어 중앙집권형 교육과정의 경우는 정부 권한에 의한 구조이며, 지방분권형 교육과정은 지역의 교육기관, 학교, 교사 등 교육과 직접적으로 관련된 당사자들이 결정 권한을 갖는 구조이다.

(1) 중앙집권형 교육과정

중앙집권형 교육과정은 교육과정 결정 권한을 국가 수준에서 갖는다. 중앙집권형 교육과정은 교육과정의 정당성이 정부 권위에 의해서 뒷받침되는 결정구조이다(조미라, 2002). 중앙집권형 교육과정은 중앙 정부에서 학생에게 가르쳐야 할 내용, 교육방법, 교육평가 등을 결정하고 학교에서 중앙 정부에서 규정하는 대로 실행하는 교육과정 결정 방식이다(윤남순, 1997). 우리나라는 제5차 교육과정까지 교육부 주도의 중앙집권적 교육과정 결정방식을 채택했다. 중앙에서 학교 교육과정의 모든 것을 결정하고, 학교가 시행하는 역할로 규정하였다(교육과학기술부, 2009).

중앙집권형 교육과정은 각급 학교의 균등화, 사회통합, 국가 교육목표 달성과 일관성 유지, 새로운 교육과정 보급의 경제성 및 효율성 향상을 위해서 필요하다

(조미라, 2002). 중앙집권형 교육과정은 교육 결정 주체의 교육관, 사고방식, 이해관계, 시대적·사회적 상황, 교육행정 구조 등에 의해 권위주의적인 맥락에서 교육과정이 결정될 가능성이 있다. 따라서 중앙집권형 교육과정은 통일된 평가기준 등에 의한 교육내용과 방법이 획일화되고 경직될 수 있다(윤남순, 1997).

(2) 지방분권형 교육과정

지방분권형 교육과정은 지역의 교육기관, 학교, 교사 등 교육과 직접적으로 관련된 당사자들의 역할과 책임에 의해서 교육과정을 결정할 수 있도록 한 것으로 개방되고, 참여의 폭이 확대된 구조이다(조미라, 2002). 지방분권형 교육과정은 교육과정 의사결정 권한이 국가 수준의 권력 핵심부 및 행정 당국에 집중하는 것은 아니다. 제6차 교육과정 이후 2009년 개정 교육과정에 이르는 교육과정에는 중앙집권적 교육과정 결정방식이 초래하는 획일성과 경직성을 벗어나 다양화·지역화·자율화를 위한 분권화를 시도하였다(교육과학기술부, 2009).

지방분권형 교육과정은 학교와 교사 수준에서 의사결정이 이루어지기 때문에 교사의 책임감과 자발적인 참여, 창의적 실행을 기대할 수 있다(조미라, 2002). 그러나 지방분권형 교육과정이 지나치게 분권화되면 지역의 교육기관, 학교, 교사에 의해 편향된 이데올로기를 주입할 수도 있다(조미라, 2002).

4) 교육과정 결정자의 수준에 따른 분류

교육과정의 결정유형은 교육과정 결정자의 수준에 따라서 분류할 수 있다. Goodlad와 Richters(1966)는 교육과정을 교육과정 결정자 수준에 따라 교육과정을 학습자와의 거리에 따라서 사회적 수준(Societal), 기관 수준(Institutional), 수업 수준(Instructional), 이념 수준(Ideological)의 네 영역으로 구분하였다. 사회적인 영역은 국가 수준의 교육과정, 학교 영역은 초·중등·대학의 학교 수준의 교육과정을 의미한다. 또한 수업 상의 교육과정은 교사가 학생을 위하여 계획하는 것, 이념 차원의 교육과정은 교육과정의 조직, 목표, 내용이 순수한 이념의 형태로 구현되는 것으로 이러한 교육과정의 이념은 모든 수준의 교육과정 개혁에서 활용된다.

5) 그 밖의 교육과정 분류

Goodlad 등(1979)은 국가 수준의 교육과정은 교육과정 의사 결정자인 학부모와 교사, 학습자 관점의 일치적인 면을 살펴보기 위한 연구에서 수준에 따른 교육과정으로 이상적 교육과정, 공식적 교육과정, 인지적 교육과정, 실행된 교육과정, 경험된 교육과정으로 세분화하였다.

① 이상적 교육과정(Ideological curriculum)

이상적 교육과정은 교육과정 전문가가 바람직하다고 여기는 것을 중심으로 도출한 추상적 교육과정이다. 이상적 교육과정은 각종 위원회에서 교육과정 개정 시기마다 향후 교육과정이 어떠해야 한다고 주장하며 이상적으로 제시하는 교육과정이다.

② 공식적 교육과정(formal curriculum)

공식적 교육과정은 국가 및 지역 수준에서 법적인 권위를 가지고 학교에서 가르쳐야 하는 교육과정이다. 국가 및 지역사회 위원회에서 교육과정 문서, 교과서 등의 문서를 통해 공식적인 인가를 받아 학교와 교사에 의해 선택되거나 명령에 따라 채택된 교육과정을 의미한다. 공식적 교육과정은 교육과정 정책, 교과서에 관한 규정 및 교육과정 지침 등이 포함된다.

③ 인지된 교육과정(perceived curriculum)

인지된 교육과정은 공식적 교육과정에 관한 교사의 지각 및 인식된 교육과정이라고도 한다. 인지된 교육과정은 교사에 의해 인지 및 파악되는 교육과정으로 마음속의 교육과정이다. 인지된 교육과정은 교사가 학습자에게 무엇을 어떻게 제공하고 있는지와 관련된 인식과 믿음 체제로 교사의 가치관과 전문적 능력, 아동에 대한 요구, 관심, 능력 및 기대에 대한 파악으로 영향을 주며, 교사에 따라 다양하게 해석할 수 있다.

④ 실행된 교육과정(operational curriculum)

실행된 교육과정은 실제 수업 장면에서 교사에 의해 진행되는 교육과정이다. 실행된 교육과정은 교사가 학생에게 실제 가르친 교육과정으로 수업 현장에서 교사가 실제 가르쳤거나 전달한 교육과정이다.

⑤ 경험된 교육과정(experiential curriculum)

경험된 교육과정은 적용된 교육과정 중 학생이 실제 학습하였거나 사고 과정을 거친 경험이다. 이렇게 학생의 경험을 통해 실현되는 교육과정에는 외형적 교육과정과 잠재적 교육과정이 있다. 경험된 교육과정은 학생에 따라 다양하며 개별적으로 개인차가 있을 수 있으므로 개인의 교육과정이라고도 한다. 경험된 교육과정은 학생의 성취에 관심을 두며, 수정과 피드백에 집중한다(이귀윤, 1996).

Macdonald(1965)는 전체 교육과정(Total Curriculum)으로 교육과정과 학습지도를 계획의 단계, 계획된 것을 실천하는 단계로 구분하였다. 즉 교육과정은 계획하는 과정, 학습지도는 계획된 것을 실천하는 진행의 과정으로 가르치는 것은 교사의 고유 영역이고, 학습은 학생의 고유한 영역으로 서로 상관관계를 형성하고 있다고 보았다. Eisner(1985)는 교육과정을 목표, 내용, 활동 등에 관한 계획과 학급에서 실제로 일어난 것의 두 가지 수준으로 구분하였다. 계획된 것은 의도된 교육과정(intended curriculum), 실제로 일어난 것은 실행된 교육과정(operational curriculum)으로 구분하였다. 의도된 교육과정은 학생에게 어떤 내용을 배우게 하고, 기술을 획득하게 하며, 신념을 발전시키고, 가치로운 형태의 경험을 갖도록 고안한 것이다. 또한 실행된 교육과정은 학급 내 발생하는 모든 활동으로 학급 내 교사와 학생, 학생과 학생 간 발생하는 독특한 사건 체제를 의미한다.

곽병선(1985)은 교육과정을 국가 및 사회적 수준, 교사 수준, 학생 수준으로 구분하였다. 국가 및 사회적 수준의 교육과정은 국가와 사회가 학생에게 어떤 목적을 위하여 무엇을 가르칠 것인지에 대한 일련의 의사결정을 해 놓은 문서라고 하였다. 그러나 국가와 사회적 수준의 교육과정은 교사가 교육현장에서 그대로 가르치지 않으면 의미가 없게 될 수 있다. 학생 수준의 교육과정은 학생이 학교생활을 하는 동안에 가지는 경험의 총체이다.

김종서(1971)는 국가 및 사회적 수준의 교육과정, 교사 수준의 교육과정, 학생 수준의 교육과정으로 정의하였다. 국가 및 사회적 수준의 교육과정은 교육부령의 교육과정이나 교과서와 같이 국가와 사회가 문서 형태로 요구하는 교육과정이다. 국가 및 사회적 수준의 교육과정은 국가 및 사회가 학생에게 어떤 목적을 위해서 무엇을 가르칠 것인지에 대한 일련의 의사결정을 한 문서로 이 수준의 교육과정은 문서화되어 있다. 또한 교사 수준의 교육과정은 교사가 교육현장에서 경험으로 옮겨 놓는 행위에 관련된 교육과정이다. 그러므로 교사가 어떠한 목적을 위해서 무엇을 가르치려고 하는지 또는 가르치고 있는지를 의미하며, 이 수준의 교육과정에서는 교육과정의 결정자가 교사라는 점을 강조한다. 그리고 학생 수준의 교육과정은 학습자가 교육을 경험하는 동안 가지게 되는 경험의 총체로서의 교육과정을 의미한다. 학생들이 학교생활을 하는 동안 갖게 될 경험의 총체로 이 수준의 교육과정은 교육과정의 종착점이 된다고 하였다.

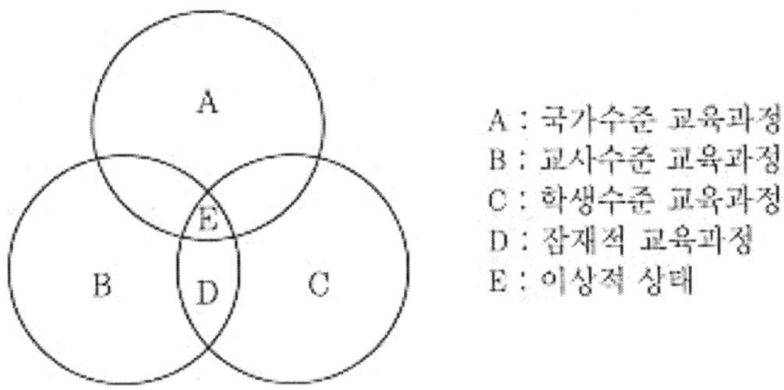

[그림 1-2] 이상적인 교육과정의 의미

제 2 장

교육과정 이론과 유형

1. 교육과정 이론의 개요

교육과정 이론에 대해서 James Macdonald는 세 부분으로 분류하고 있다. 첫째는 교육과정 이론은 교육과정과 관련된 실제 문제를 해결하는 프로그램을 개발하는 이론으로 제시하고 있다. 두 번째는 교육과정 이론에 대해서 교육과정에 영향을 주는 변인을 실증적인 방법으로 규명하는 이론이면서 과학적인 교육과정의 연구 방법으로 보고 있다. 또한 세 번째는 교육과정 이론을 교육과정에 대한 개념적이며 철학적인 연구를 하는 이론의 관점으로 취하고 있다. 이러한 교육과정 이론의 관점은 지식 중심의 이론, 존재 중심의 이론, 가치 중심의 이론으로도 살펴볼 수 있다.

1) 지식 중심의 이론

Bruner(1961)는 학교 교과를 지식의 구조 및 탐구 과정 중심으로 재구성하는 운동을 전개하였다. 이것은 많은 교과 관련 학자의 인정을 받고 교육과정 개편, 새로운 프로그램 구성, 새로운 자료, 교사 연수 프로그램 등을 만드는 계기가 되었다.

2) 존재 중심의 이론

존재 중심의 이론적 관점은 인간의 삶 및 존재와 관련된 사회적, 개인적, 문화적 환경에 관한 관심이다. 교육과정은 일차적으로 교육과정을 결정하는 개념과 관련되는 존재에 관한 관심이 초점이 되고 있다. James Macdonald의 경우 교육과정 이론의 중심 단위를 행동(actions)으로 보는 모형을 제시하였다. 이것은 학교 환경에서 나타나는 행동을 설명하고 이 상황에서 벌어지는 다양한 활동을 기술하는 것이다.

3) 가치 중심의 이론

교육과정 설계는 가치 지향적 설계가 중심이 되고 있다. 설계의 목적은 대안의 제시, 합법화, 합리화에 있다는 것이다.

2. 교육과정 유형

교육과정 유형에는 활동중심 교육과정(activity curriculum), 중핵 교육과정(core curriculum), 요구중심 교육과정(emerging needs curriculum), 교과중심 교육과정, 경험중심 교육과정, 학문중심 교육과정, 인간중심 교육과정, 내러티브 교육과정 등으로 다양하게 유형화하고 있다.

1) 교과중심 교육과정(1920년대 이전)

교과중심 교육과정은 지식의 체계를 중요시하는 교육과정이다. 교과중심 교육과정은 학교지도에서 학생이 배우는 모든 교과와 교재를 의미한다. 교과는 인류의 문화유산을 논리적으로 조직한 것이며, 조직은 각 교과 전문가에 의해서 이루어진다고 할 수 있다. 이에 교사는 교과를 가르치고 아동은 교과를 중심으로 학습하게 된다. 여기에서 교육과정은 과목별로 아동들에게 가르칠 만하다고 생각되는 주제를 열거한 교수요목을 의미한다.

교과중심 교육과정은 교육의 주요 기능을 인류의 위대한 문화유산을 다음 세대에 전달하는 것으로 본다. 따라서 교과는 문화유산을 분류하고 논리적으로 조직하여 체계화한 것이다. 교과중심 교육과정은 고전적 인문을 중심으로 교육의 목표는 이성 계발에 있다. 이러한 교과중심 교육과정의 이론적 기초는 형식도야이론(formal discipline theory)에서 살펴볼 수 있다. 교육은 정신을 도야하거나 훈련하는 과정으로 정신 능력은 훈련을 통해서 더욱 강화된다고 보는 관점이다. 형식도야이론에서 인간의 정신은 서로 뚜렷이 구분되는 몇 가지 능력들, 지각, 기억, 상상, 추리, 감정, 및 의지로 구성되어 있다고 한다. 신체의 근육을 단련하는 것과 마찬가지로 마음의 근육을 단련하는 것으로 정신도야가 가능하다고 보았다.

교과중심 교육과정은 이러한 형식도야이론을 근본으로 학교와 교사의 지도하에 학생이 각 교과에 의해 배워 나가는 일련의 내용체계를 강조하였다. 형식도야이론에서는 7자유학과(문법, 수사학, 논리학, 대수, 기하, 음악, 천문학)를 도야적 가치가 큰 교과로 인정하고 있다. 이러한 교과를 중시하는 것은 여기에 담겨 있는 내용이 개인 생활 및 사회발전을 위한 수단이 되기보다 그 교과가 정신 도야의 기회를 제공해 준다고 보기 때문이다. 따라서 교과의 내용 자체보다 교과 내용을 담고 있는 교과의 형식을 중요시한다.

그러므로 교과중심 교육과정은 학생에게 일률적인 교육내용이 제공되고, 학습활동은 대부분 한정된 교과영역 내에서 이루어지는 지식 습득에 중점을 둔다. 이에 교과중심 교육과정에서 교육의 주체는 교사이며, 교사는 학습자보다 많은 지식과 기술을 가지고 이러한 지식과 기술을 학습자에게 전달해야 한다고 본다. 그리고 교육의 방법은 교사 중심의 설명으로 신체적 근육을 발달시키는 것과 같이 교과를 반복적으로 연습하는 것으로 한다(이홍우, 1977). 우리나라에서 교과중심 교육과정은 제1차 교육과정 시기로 1954년 4월 문교부령 제35호 처음으로 교육과정 시간 배당 기준령 법적 용어를 사용하고, 1955년 8월에 각급 학교 교과 내용에 교과과정으로 명시하여 이 시기를 교과과정기로 보고 있다.

교과중심 교육과정의 특징은 다음과 같다(최화숙, 박일수, 이재철, 2024).

① 수업을 사전에 객관적으로 계획한 대로 진행할 수 있는 점이며, 학습자 관점에서 조직적이고 계통적인 학습을 할 수 있도록 사전에 철저히 계획된다.

② 교사가 주도권을 장악하며, 교사가 교육의 주체이기 때문에 모든 수업이 교사로부터 통제된다. 학습자 개인의 의견이나 문제 또는 욕구 등이 수업을 변경시킬 수 없다.

③ 일률적 교재 중심으로 획일적으로 전개된다. 교과가 규정하는 영역 안에서 그 내용을 다루고 학습활동이 제안되어 전개된다. 획일적인 교육을 초래하므로 학습을 일정한 틀에서 벗어날 수 없게 한다.

교과중심 교육과정의 내용조직 유형은 다음과 같다(최화숙, 박일수, 이재철, 2024).

① 분과형은 한 과목을 다른 과목과 완전히 독립시켜 지식의 체계를 논리적으로 조직한 것으로 과목 간 수평적 관련성은 거의 고려되지 않고, 개별 과목의 수직적 계열을 중시한다.

② 상관형은 각 과목의 공통부분을 상호 관련짓거나 유사과목을 서로 연결해 구성한 것이다.

③ 융합형은 각 교과의 성질을 그대로 유지하면서, 그 사이의 내용 및 성질 면에 다수의 공통 요인을 추출하여 교과를 재조직한 것이다.

④ 광역형은 전통적 교과목의 엄격한 한계를 제거하여, 넓은 영역에서 관련 사실과 원리 등을 조직하는 것으로 영국의 Huxley에 의해 논의되기 시작하였고, 미국에서 1920년대부터 활용되기 시작하였다.

교과중심 교육과정은 인류의 문화유산이 주된 교육내용으로 이에 따른 설명 위주의 교수법을 요구하는 경우가 많으며, 한정된 교과 영역 안에서 교수-학습활동이 이루어진다. 따라서 교과중심 교육과정의 조직은 단순하며 이해하기 쉽고, 손

쉽게 평가할 수 있어 지식을 체계적으로 조직하여 전달하는 데 효과적이다. 특히 교육내용에 대한 교육 당국의 통제, 결과의 편정 및 평가판 객관적 측정이 용이하다. 그러나 교과중심 교육과정은 논리적이고 체계적인 교과조직이 심리적 과정과 일치하지 않는 경우가 많다. 학습을 분과적이며 세분화하게 되어 전체의 통일성, 관련성이 부족하기 쉽다. 그리고 교과중심 교육과정은 지식의 기능적 활용에 토대를 두지 않아서 문제 해결력, 사고력 등 향상에 대한 효율성이 부족하며, 윤리적이고 체계적인 교과조직으로 학생들의 흥미, 필요, 능력 등의 심리적인 조직은 부적합하다고 할 수 있다. 또한 교과중심 교육과정은 바람직한 학습성과를 달성하는 데 있어서 학생활동을 제한하고, 교과목 자체로서 바람직한 인지능력 훈련이 될 수 없다. 학습을 분과적으로 조직하여 관련성, 통일성 등의 결여와 지식의 기능적 활용에 토대를 두지 않고 있다. 이 외에도 비실용적인 지식을 전달할 수 있고, 주입식 수업으로 학습자의 요구가 무시될 수 있다. 이에 학습 내용이 학습자들의 일상생활과 괴리되거나 비판력, 창의력 등 고등정신 능력의 함양이 어려울 수 있다.

2) 경험중심 교육과정(1930년~1950년대)

경험중심 교육과정은 생활중심 교육과정, 활동중심 교육과정, 아동중심 교육과정이라고도 한다. 경험중심 교육과정은 교과중심 교육과정을 비판하고 등장하였다. 기존 인문학에 대한 반성과 새로운 사회적 질서에 대응하는 지식을 가르치도록 학교의 역할이 변화하며, 전통적인 정신 도야에 균열을 가져오게 되었다. 경험중심 교육과정은 아동의 구체적인 필요에서 출발하며 사회생활에 의의 있는 활동을 경험하게 하여 보다 나은 성장과 전인적 발전을 조성하도록 하는 진보주의 교육론에 기반을 두고 있다. Dewey를 중심으로 진보주의 교육사조가 나타나며 전통적인 교과중심 교육과정은 아동이 급변하는 사회에 적응할 수 없고 현실 생활의 문제를 해결하는 데 직접적인 도움이 되지 않는 교과를 맹목적으로 주입한다고 보았다. 이에 학생의 흥미, 필요, 경험, 활동 등을 강조하는 경험중심 교육과정이 등장하게 된다(김진규, 2015). 경험중심 교육과정은 Herbart, Rousseau, Froebel

등 자연주의 교육사상가들의 영향을 크게 받았다.

경험중심 교육과정은 교육과정이 문서상에 존재하는 것이 아니고 학생들의 경험 속에 존재한다고 본다. 경험중심 교육과정은 아동의 욕구와 흥미를 중요시하는 교육원리로 아동들의 실제 생활에서의 적응능력을 강조하였다. 따라서 경험중심 교육과정은 교육과정을 학생 개인에 따라 다르게 나타나는 경험 자체로 규정하고 있다.

경험중심 교육과정의 교육목표는 학습자 중심으로 학습자의 전인적 발달을 중시하며, 학생들의 흥미와 관심 및 현재 생활 경험에 토대를 둔 교육내용 조직을 강조한다. 이에 경험중심 교육과정은 아동의 기본적 욕구나 흥미를 중심으로 하며, 그 내용은 아동 생활에 의미가 있고 아동이 스스로 학습에 참여할 수 있는 것으로 구성된다. 그러므로 경험중심 교육과정은 학생의 흥미와 요구를 토대로 구성되고 학습자의 자발적인 활동을 강조한다. 김종서(1983)는 경험중심 교육과정이 교과활동 못지않게 과외활동을 중시하고, 생활인의 육성을 목표로 하며, 아동중심 교육을 강조한다고 하였다. 또한 사회의 급격한 변화에 적응하는 인간을 육성하고자 하고, 문제 해결력의 함양을 강조하며, 전인교육을 강조한다고 제시한다.

경험중심 교육과정의 특징에 대해서 Hopkins(1934)는 다음과 같이 제시하고 있다.

① 교육과정의 중점을 교과에 두지 않고 학습자에 둔다.
② 교재를 가르치는 데 치중하지 않고, 학생의 바람직한 성장을 조성하는 데 힘쓴다.
③ 교재는 사전에 조직되는 것이 아니라 학습 현장에서 결정된다.
④ 교육과정은 교사가 일방적으로 부과하는 것이 아니라 모든 학습자의 협동적인 참여로 구성된다.
⑤ 분산된 사실을 가르치는 것보다는 통합된 의미를 체험시키는 것을 중요시한다.
⑥ 교재와 결부된 교수법을 맹목적으로 따르기보다 청소년의 학습법을 존중하여 지도한다.

⑦ 어린이 개개인의 창조적인 특성을 육성한다.
⑧ 교육을 교수라고 생각하기보다 끊임없는 성장의 과정이라고 생각한다.

경험중심 교육과정의 내용조직 유형은 다음과 같이 제시할 수 있다(최화숙, 박일수, 이재철, 2024).

① 활동형은 학생들의 활동과 생활경험을 중심으로 교육과정을 조직하는 것이다.
② 중핵형은 중핵 과정을 중심으로 주변 과정을 동심원적으로 조직하는 것으로 중핵 과정은 주로 학생들의 생활이나 욕구와 관련된 내용이 중심이 되고, 주변 과정은 여러 교과목이 계통학습 및 하위 영역으로 구성한다.
③ 생성형은 교과와 같은 학습영역의 구분을 없애고, 교육과정의 일방적인 사전계획을 배제하면서 학습자의 요구와 경험을 중심으로 학생과 협력하여 교육현장에서 직접 교육과정을 계획한다.

Alberty는 경험중심 교육과정의 장점에 대해서 다음과 같이 제시하였다(오성삼, 구병두, 1996).

① 경험중심 교육과정은 학습자의 흥미와 필요가 교육과정 구성의 기초가 되어 반영되어 적극적인 참여를 유발하기가 쉽다.
② 경험중심 교육과정은 현실적이고 실제적인 생활문제를 해결하는 데 도움이 된다.
③ 경험중심 교육과정은 민주사회에서 민주시민으로서의 자질 함양이 용이하다.
④ 경험중심 교육과정은 학교와 지역사회와의 유대를 강화할 수 있다.
⑤ 경험중심 교육과정은 학교생활의 여러 가지 장면의 통합을 증진케 한다.

Alberty는 경험중심 교육과정의 단점에 대해서 다음과 같이 제시하였다(오성삼·구병두, 1996).

① 경험중심 교육과정은 학생들의 기초학력 저하를 가져올 수 있다.
② 경험중심 교육과정은 교육과정 분류의 준거가 명확하지 못하다.
③ 경험중심 교육과정은 교직적 소양과 지도방법이 미숙한 교사의 경우 생활중심 교육과정 운영에서 실패할 수 있다.
④ 경험중심 교육과정은 행정적인 통제가 어렵다.

경험중심 교육과정은 학습자의 욕구와 흥미를 반영할 수 있고 전인교육이 가능하며, 아동의 흥미와 요구를 기초로 교육과정의 구성 및 자발적인 활동을 요구할 수 있다. 또한 학습자의 개인차를 고려하면서 민주시민의 태도를 형성할 수 있어 민주사회의 유능한 시민양성에 적합하다. 또한 경험중심 교육과정은 학습활동이 활기가 있고 생동적이다. 그러나 경험중심 교육과정은 사전계획을 세울 수 없어 학습의 방향성 상실, 기초학력 저하, 행정적 통제의 곤란, 무질서한 교육상황을 초래할 수 있다. 그리고 교육과정에서 강조하는 진정한 흥미, 요구 등을 결정하기 어렵다. 경험중심 교육과정은 학습활동에 많은 시간이 소요되어 교육의 경제성이 무시될 수 있고, 진보주의 교육에서 제기되는 사회적 방향감과 사회적 책임에 대해서 등한시될 수 있다. 이에 현실적으로 아동의 흥미와 요구에 맞는 학습활동을 위한 제반 시설과 환경을 마련하기 어려워 학교에서 실현될 가능성이 적고, 계속성과 계열성에 입각한 아동의 성장을 보장할 학습자료와 학습경험의 제공이 어렵다. 우리나라는 제2차 교육과정기에서 생활에 대한 적응을 강조하는 교육과정으로 개편하였다.

3) 학문중심 교육과정(1960년~1970년대)

학문중심 교육과정은 경험중심 교육과정에 대한 회의와 비판에서 시작된 교육개혁운동으로 등장하였다. 생활에 적응을 강조하는 교육과정의 학력 저하 현상과 더불어 1957년 10월 구소련의 인공위성 스푸트니크(Sputnik) 1호를 미국보다 먼저 발사한 충격으로 미국의 국가 안보 위협과 국제간 과학기술 경쟁의 우위를 확보하기 위해서 과학기술을 진흥해야 할 필요성의 대안으로 발전하였다. 학생들에게 수학과 과학지식을 어떻게 효과적으로 가르칠 수 있고, 흥미롭게 배우게 할 수 있는지에 대한 과학과 수학 분야의 교과 전문 교육학자들의 연구에서 시작하였다. 학문중심 교육과정은 1957년 소련 인공위성 스푸트니크(sputnik)의 영향으로 보기도 하지만 지식의 폭발적 증가로 인하여 교육과정을 각 학문에 내재해 있는 지식탐구 과정의 조직으로 보면서 무엇을 가르칠 것인가에 대해서 교육과정 문제가 제기된 것에 의한다.

학문중심 교육과정은 1960년 Bruner에 의하여 공식적으로 천명되었다. Bruner는 지식의 구조와 탐구학습을 중시하면서 「교수이론 서설(Toward a Theory of Instruction)」에서 지식 구조의 표현 방법을 제시하였다. 지식의 구조는 이해할 수 있고, 기억하기 쉽고, 학습 이외 사태에 적용할 수 있으며, 학생은 구조를 학습함으로써 해당 학문 분야의 첨단에서 학문을 발전시키는 학자들이 하는 일과 성과를 알 수 있게 된다고 하였다. 지식의 구조를 가르치는 것은 지식을 이해, 기억, 적용할 수 있도록 가르치는 것이라고 하였다. Bruner는 지식의 구조를 학습하는 데 있어서 어떤 교과든지 지적으로 올바른 형식으로 표현하면 아동들이 어떤 발달단계에 있어도 효과적으로 가르칠 수 있다고 보았다. 어려운 지식의 구조도 아동의 지적 수준에 적절하게 표현하면 누구나 이해하여 배울 수 있다고 하였다.

학문중심 교육과정은 학문에 내재해 있는 지식의 구조, 학습의 전이가 높은 지식을 가르쳐야 함을 강조한다. 지식의 구조를 가르친다는 것은 학문의 성격을 충실히 가르친다는 것으로 지식의 구조는 학문을 특징짓는 사물을 보는 안목, 각 학문의 기본적인 아이디어, 지식의 기본 개념, 지식의 기본원리, 지식의 탐구과정 등을 동의어로 한다.

학문중심 교육과정은 교육내용 구성에 있어서 지식의 구조를 강조하고, 교과의 구조를 이해하면 그 교과를 이해하기 쉽고, 언제라도 필요할 때 재구성이 가능하며 전이 효과도 기대할 수 있다고 보고 있다. 학문중심 교육과정은 학습방법으로 발견학습의 과정 및 탐구과정을 중요시하고, 교육내용의 조직으로 나선형 교육과정(spiral curriculum) 조직을 중요시한다. 나선형 교육과정은 학교급에 따라 교육내용을 반복하여 제시하며 교육내용의 깊이와 폭을 더해 가도록 지식을 구조화하는 것이다. 나선형 교육과정은 학년 수준이 높아지면서 계속해서 다루는 내용이 심화되고, 광범위해진다.

1959년 Woods Hall 회의 의장을 맡았던 Bruner는 그 결과로 저서 「교육의 과정(The Precessof Education)」에서 학문의 구조라는 관점에 기반을 둔 지식의 체계화와 탐구원리로 학문중심 교육과정의 방향을 제시하였는데 그 기본적 입장을 살펴보면 다음과 같다.

첫째, 지식의 기본구조화를 강조한다.

둘째, 어떤 교과든지 어떤 학생에게도 효과적으로 가르칠 수 있다는 것을 강조한다.

셋째, 탐구과정을 중시한다.

넷째, 학습자에 대한 내재적인 동기유발을 강조한다.

학문중심 교육과정의 장점은 다음과 같다(오성삼 · 구병두, 1996).

① 학문중심 교육과정은 교육내용을 선정하고 조직하는 데 있어서 경제성을 기할 수 있다.

② 학문중심 교육과정은 교육내용이 기본적 개념을 중심으로 조직되므로 지식의 전체 구조를 쉽게 파악할 수 있어서 기본 개념의 이해를 촉진할 수 있다.

③ 학문중심 교육과정은 학생들 자신이 능동적으로 탐구과정에 참여함으로써 탐구력을 향상시킬 수 있다.

④ 학문중심 교육과정은 학습내용이 양적으로는 적지만 질적으로는 가장 기본적이고 핵심적인 것을 다루기 때문에 학습에 관한 흥미를 지속적으로 유발할 수 있다.

학문중심 교육과정의 단점은 다음과 같다(오성삼, 구병두, 1996).

① 학문중심 교육과정은 학업능력이 우수한 학생들에게만 적합하다.
② 학문중심 교육과정은 자연과학 분야 교과목을 중심으로 한 일부 교과에 적합하다.
③ 학문중심 교육과정은 지적 교육을 지나치게 강조하게 되어 통합적 교육과정 구성이 소홀하게 되고 있다.
④ 학문중심 교육과정은 탐구과정에 학습자가 능동적으로 참여할 수 있는 교육적 환경의 조건의 정비가 어렵다.
⑤ 학문중심 교육과정은 평가방법에 관한 개발이 되어 있지 않다.
⑥ 학문중심 교육과정은 청소년의 욕구와 그들의 광범한 생활문제를 등한시하고 있다.
⑦ 학문중심 교육과정은 사회적 제 조건의 성질, 사회적 현실, 민주적 이념 등이 잘 반영되어 있지 않다.

학문중심 교육과정은 교육내용과 방법의 현대화를 강조한다. 교육내용의 현대화는 각 학문의 개념을 강조하기 위한 교육내용의 대담한 정선을 의미하며, 교육방법의 현대화는 발견이나 탐구에 의한 기본적인 개념의 파악을 의미한다(오성삼, 구병두, 1996). 또한 학문중심 교육과정은 교육의 수월성과 이론적인 면에서 철학적 기초를 제공하고 있다. 최화숙 등(2024)은 학문중심 교육과정이 체계화된 지식을 학습하기 때문에 능률적이고 양질의 교육이 가능하고, 탐구과정에 참여로 지적 희열과 내적 동기 유발이 용이하며, 탐구과정을 통해 고등정신 능력을 계발할 수 있어 지식의 전이가 잘되어 생성력이 높다고 제시하고 있다. 그러나 학문중심 교육과정에서 지식의 구조는 실생활과 유리되어 쓸모가 없을 수 있고, 지식을 단순화시켜 문제 해결력을 기르지 못할 수 있다. 또한 정의적 영역의 학습에 소흘하기 쉽고, 교과 간의 통합성이 결여되며, 각 학문에 내재한 지식의 구조는 학생이 발견하기 어려울 수 있다. 특히 학습부진아에 대한 조치가 없어, 학업 성취가 높고 학습능력이 상위권에 있는 학생에게 유리하고 적합할 수 있다. 우리나라의 경우 학문중심 교육과정은 제4차 교육과정에 강조하고 있으며, 제3차 개정 교육과정 기본방침의 지식 · 기술교육의 쇄신 항목 속에서도 제시되고 있다.

4) 인간중심 교육과정(1970년대 이후)

고도 산업화에 따른 현대 산업사회의 기계문명과 거대한 사회조직은 물질만능의 풍조, 인간 소외, 인간성 상실, 청소년 문제 등의 사회병리 현상이 나타나게 되었다. 이에 1970년대 들어오면서 학문중심 교육과정의 부적절성과 부도덕성이 강하게 지적되었다.

인간중심 교육과정은 학생이 학교생활을 하는 동안 가지게 되는 모든 경험이다. 인간중심 교육과정의 목적은 인간의 잠재력을 최대한으로 계발하여 보다 인간다운 인간성을 간직하면서 개인적으로 자아실현하고 사회발전에 기여하는 삶을 살도록 돕는 것에 있다. 교육의 목표는 자아실현 및 전인적 인간 양성으로 학습자의 자아실현과 전인적 성장을 목적으로 한다.

인간중심 교육과정은 삶과 보다 나은 인간관계, 자아실현을 위해 바람직한 교육적 방향을 결정하는 데 관심을 두고 있다. 이에 교육의 인간화를 강조하여 인본주의 교육, 전인교육 사상과 같은 맥락으로도 보고 있다. 전인교육은 인간성의 특정한 부분이 아닌 전반적인 교육으로 지적 · 사회적 · 정서적 · 신체적 · 도덕성 발달을 조화롭게 개발시키는 것을 목적으로 하고 있다.

인간중심 교육과정은 잠재적 교육과정과 통합교육과정을 중시한다. 이에 교육과정을 통합 지향하고 의도한 학습경험 및 의도하지 않은 학습경험을 모두 중시한다. 인간중심 교육과정은 교육환경의 인간화와 학습자의 자율성을 강조하며, 학습자의 선택권을 최대한 보장한다. 따라서 인간중심 교육과정의 수업 방법은 학습과정 및 학습 결과에 대한 자기 평가를 장려하고, 스스로 학습할 수 있는 여건을 형성해 주는 데 있다.

인간중심 교육과정은 교육의 궁극적인 목적이 자아실현을 위한 인간 육성에 있어 자아실현을 위해서 학교 환경을 인간화하는 데 노력해야 한다. 또한 교육의 비인간화를 막기 위해서 표면적 교육과정보다 잠재적 교육과정(latent curriculum)을 중시하며, 학생의 잠재적 교육과정에 영향을 주는 학교 환경의 비인간화를 막기 위해서 생에 대한 공감적 이해를 가진 인간주의적인 교사가 필요하다.

최화숙 등(2024)은 인간중심 교육과정이 자아실현을 강조하기 때문에 학생들에게 긍정적인 태도 및 자기 계발의 능력을 부여해 주고, 타인과의 원만한 인간관계를 유지하여 타인을 존중하고 수용하는 건전한 가치관을 형성해 준다고 보았다. 이에 사람들 간의 이해, 진실성, 신뢰성 형성이 교육목적 실현에 도움을 주며, 전인교육을 통해 인간이 타고난 인지적, 정의적, 신체적, 사회적 성장 가능성을 조화롭게 발전시킬 수 있다고 하였다. 따라서 인간중심 교육과정은 학습자의 개별적인 자기 성장을 조장할 수 있고, 학습자의 자아개념을 긍정적으로 형성할 수 있다. 그러나 인간중심 교육과정은 내용이 사변적, 추상적이어서 인본주의 교육을 위한 교사들의 교육관이 확립되지 않으면 실현이 어렵고, 과대학교와 과밀학습에 대한 개선과 학교교육에서 지나친 경쟁과 비교를 지양한 학교행정적 지원이 선행되지 않으면 실현이 어렵다. 또한 주지교과 난이도가 하향조정되거나 도덕적·심미적 교과를 지나치게 강조하고 있다. 인간중심 교육과정은 교과의 통합, 교과의 시간 단위의 융통성 있는 운영과 과대학교와 과밀학급의 규모를 줄이는 개선책, 학교교육에서의 지나친 경쟁을 지양하는 학교행정의 조건 정비가 선행되어야 한다.

〈표 1-1〉 교육과정 유형

구분	교과중심 교육과정	경험중심 교육과정	학문중심 교육과정	인간중심 교육과정
연 대	1920년대 이전	1930~1950년	1960~1970년	1970년대 이후
교육과정 정의	교수요목	지도된 경험	지식의 구조	경험의 총체
목적	이성 계발	전인적 인간 형성	탐구심 배양	자아실현
내용	문화 유산	생활 경험	구조화된 지식	포괄적 내용 (지덕채)
조직	분과형	통합형	나선형	균형성

출처 : 한상길 외(2019). 재구성

5) 통합교육과정

통합교육과정은 미국 진보주의 교육사조에 따라 경험중심 교육과정과 함께 강조되었다. 전통적인 분과주의 폐단을 시정하기 위한 것이 목적이다. 통합 교육과정은 통합의 의미를 무엇으로 보고 중심으로 통합하는가, 어떠한 방식으로 통합하는지 등에 따라 규정된다. 통합교육과정은 1920년대부터 강조되기 시작하여 1950년대까지 지속되었다. 1960년대 학문중심 교육과정의 강조로 통합교육과정의 필요성은 상대적으로 가라앉았지만 1970년대에 인본주의 교육과정이 강조되면서 다시 부상하게 되었다.

통합교육과정은 교과 내용의 통합을 의미하며, 학습자들의 학습 통합을 지향하고, 궁극적으로는 학습자들의 인격 통합을 목적으로 한다. 통합교육과정은 통합의 의미를 무엇으로 보며, 무엇을 중심으로 통합하는가, 어떠한 방식으로 통합하는지 등에 따라 다양하게 규정된다.

통합교육과정의 다양한 정의는 다음과 같다(권낙원, 2003).

첫째, 통합교육과정은 교과 경계선이 없다는 점이다. 통합교육과정은 여러 교과를 새롭게 조직한다는 것으로 분과된 상태로서 교과 내 통합이 아니라 여러 독립 교과가 서로 관련된 상태로서 제3의 교육과정을 의미한다.

둘째, 통합교육과정은 실생활 문제를 중시한다는 것이다. 통합교육과정은 학교에서 배운 지식, 기술은 그 자체로 의미가 없으며, 실생활 문제와 관련이 있을 때 의미가 있다.

셋째, 통합교육과정은 학습과제, 프로젝트, 주제, 토픽 등을 선정, 개발하는 데 학생이 직접 참여한다. 통합교육과정은 학습경험의 통합을 앞당길 수 있다.

넷째, 통합교육과정의 평가는 단편적 지식 및 기능 습득에 주안점이 있기보다는 아동 성장과정 자체에 있다.

(1) 통합교육과정의 유형

① 중핵 교육과정

중핵 교육과정은 중심학습이 있는 교육과정의 전체 계획으로 교과중심 교육과정과 경험중심 교육과정의 단점을 극복한다. 중핵 교육과정은 실생활의 문제를 중심으로 여러 교과목이 통합하여 문제 해결력을 높여준다.

② STEAM형 교육과정

STEAM(융합)형 교육은 과학(Science), 기술(Technology), 공학(Engineering), 예술(Arts), 수학(Mathematics)의 약칭으로 이들 교과 간 통합적인 교육 방식을 의미한다. 과학기술에 대한 학생들의 흥미와 이해를 높이고 과학기술 기반의 융합적 소양과 실생활의 문제 해결력을 배양하는 교육이다.

③ 나선형 교육과정(spiral curriculum)

나선형 교육과정은 기본 개념이나 핵심적 아이디어를 조직함에 있어 질적으로 향상되면서 양적으로 취급 범위가 넓어지는 입체적인 조직을 이루어 가는 방식이다. 나선형 교육과정에서는 분과별로 가지고 있는 개념과 원리 또는 핵심적 아이디어를 교육과정 조직의 핵심 내용으로 본다.

④ 통합교육과정은 Drake의 분류에 따라 학문의 연계 방식을 고려하여 세 가지로 나타낼 수 있다.

간학문적 통합은 개념 및 방법이나 절차를 중심으로 2개 이상의 학문을 연결하거나 재구성하는 방식이다. 다학문적 통합은 주제 및 문제를 중심으로 관련된 학문의 개념이나 방법, 절차를 활용하여 몇 개 학문이 동시에 주제를 다루어 나가는 방식이다. 탈학문적 통합은 학문 간 개념이나 방법의 관련성에 관심을 두지 않고 학생들의 관심이나 흥미 경험을 중심으로 학습 내용이 선정되고 표현활동까지 전개되는 방식이다.

6) 다문화 교육과정

다문화 교육과정은 평등교육 실현을 위한 목표 설정, 목표 달성을 위한 내용의 선정·조직, 학생이 함께 경험할 수 있도록 평등한 기회를 제공하는 교육이다. 다문화 교육은 1960년대 미국 교육체계에서 교육적 평등주의를 이루고자 하는 이념에서 비롯하였다. 1970년대 범세계적으로 확산되었고, 1980년대 사회 내 많은 인종적 문제와 하위문화의 구성원에 의한 개인적, 집단적, 집단 상호 간 문제로 확산하였다. 1990년대 이후 세계화가 국가의 관심사로 주목받으며, 교육적 대안으로 국제 이해교육이 제안되었다. 우리나라에서는 제7차 교육과정에서 국제 이해교육에 대한 내용을 추가하였다.

(1) 목표 측면

다문화 교육과정에서 문화에 대한 다양성을 기초로 문화적인 차이에 대한 인식을 다문화 교육의 목표로 본다. 평등에 대해 강조하며, 상호관계에 대해 관심을 두고 촉진하는 것에 목적을 둔다. 다문화 교육과정에서 비판적 사고를 길러주는 것을 의도하는 측면이다.

(2) 내용 측면

김영옥(2008), 정정희(2006)는 문화, 협력, 편견, 정체성 형성, 평등성, 다양성 등으로 제시하였다. 또한 Banks(2007)는 다문화 교육내용 영역을 내용 통합, 지식 구성, 동등한 교수법, 편견 해소, 학교문화 강화 등으로 제시하고 있다.

(3) 교수·학습방법 측면

다문화 교육과정에서 교과 및 교과 외 활동에서 활용할 수 있는 교수-학습방법은 문화적 학습양식과 특성을 인정해 주는 범위 내에서 다양한 방법을 활용한다는 것이다. 실제 생활과 관련된 다양한 기회를 지속적으로 제공하고, 단편적 소재나 활동을 통해서 학생들이 의사결정 기술, 사회적 참여 기술, 효능감 등을 키울 기회를 획득한다.

(4) 평가 측면

다문화 교육과정에서 목표와 내용, 교수-학습방법 등과 일관적이고 체계적인 평가를 해야 한다. 교과에 따라서 수준별 평가가 이루어질 수 있고, 교과 외 활동에 있어서 자기 평가나 담당 교사에 의한 관찰평가 등을 활용할 수 있다.

제2부

교육과정의 개발

제 3 장

교육과정 개발의 개요

1. 교육과정 개발(curriculum development)의 의미

교육은 모두에게 공정하고 공평해야 하며, 학생들에게 무엇을 어떻게 가르치고, 이것을 토대로 한 학습 결과의 평가방식 기준이 필요하다. 따라서 교육과정을 구성할 때 각 분야의 전문가와 현장의 의견을 반영하여 심혈을 기울여야 한다. 교육과정은 기술과 사회, 경제 발전, 정보의 확산, 다양한 문화의 유입을 통한 시대적 흐름과 요구를 반영한 교육과정 개발이 이루어지도록 체계적인 준비가 필요하다.

교육과정 개발은 교육과정을 설계하고 시행하고 평가하는 모든 과정을 광범위하게 제시해야 한다. 교육과정 개발은 교육과정 계획, 교육과정 시행, 교육과정 평가를 포괄하는 종합적인 개념으로 교육과정을 개발하는 측면에서 교육과정의 구체적인 실천 계획을 수립해야 한다. 이렇듯 교육과정 개발은 다양한 교육과정의 계획과 설계, 계획과 설계가 이루어지는 과정이다(소경희, 2000). 이에 교육과정 개발은 교육과정에 대한 계획 입안과 그 계획을 실행하는 데 필요한 전체적 편성을 다루어야 한다(Schubert, 1986).

교육과정 개발은 교육과정 시행을 위해 세워진 계획을 실천에 옮기는 행동이며, 교육과정 계획과 시행을 평가하여 이를 환류시키는 이음새 역할을 하는 과업이다(이성호, 1984). 교육과정 개발은 새로 창출하는 작업으로의 대상이 무엇이고, 어떠한 방식으로 이루어지는 것인지를 파악해야 한다. 교육과정 개발 과정은 설정된 교육목표를 달성하기 위하여 교육목표를 구체적으로 세목화하고, 학습 내용과 경험을 선정하여 조직하며, 학습자가 이수하고 경험할 내용을 구성하는 과정을 거친다.

교육과정 개발은 교육목적과 교육내용 체계, 이를 효과적으로 전달하기 위한 교육방법, 교육평가, 교육운영 등 종합적인 계획이 담긴 문서를 만든다. 그러므로 교육과정 개발은 학생들이 사용할 자료를 포함하여 교육과정 자료의 창출 작업으로 교육과정 설계 개념을 포함하는 넓은 개념으로 교육과정 문서와 교육용 자료를 만들어 내는 작업을 포함한다. 교육과정 개발은 교육과정을 어떤 방식으로 생각하는가에 따라서 특정한 교과들의 목록이 담긴 문서, 학습경험 계획에 관한 문서, 의도된 학습성과의 목록을 적은 문서를 만드는 활동이라 할 수 있다(김대현, 김석우, 1996).

2. 교육과정 개발의 접근

E. Vallance(1985)는 교육과정 개발 접근에 대해서 Tyler식 접근, Schwab식 접근, Huebner식 접근 등으로 구분하였다. Huebner식 접근은 교육과정을 설명할 때 활용하는 다양한 언어의 제시, 특정 교육과정의 판단을 위해 활용할 수 있는 기준을 제공한다(한혜정, 조덕주, 2012). Huebner는 1966년 「교육과정 언어와 교실에서의 의미(Curricular Language and Classroom Meaning)」 논문에서 교육적 활동을 평가하는 데 기준이 되는 원리적인 관점을 제시하였다. Huebner는 바람직한 목적을 실현하기 위해서 자료를 효율적으로 동원하는 것과 관련된 공학적인 것, 교육체계와 공동체 사이의 권력 관계와 관련된 정치적인 것, 교육 현상을 이해하는 것과 관련된 심미적인 것, 교육적 활동이 아동에게 가지는 가치와 교사의 책임감이 가지는 도덕적 의미 등으로 보았다.

교육과정 개발의 기본원리를 제시하면 다음과 같다(이성호, 1984).

첫째, 교육과정 개발은 교육을 기본 책무하는 기관의 특성 있는 자아실현(institutional self-actualization)을 이룩해나가는 과정이다.

교육과정 개발은 모든 학교가 각기 목적을 성취하기 위하여, 개별적인 특성을 교육과정에서 확보하고 신장시켜야 한다.

둘째, 교육과정 개발은 교육과정의 계획 · 시행 · 평가에 관련된 요소들을 체계적으로 분석하고 통합 · 수렴하는 종합적인 과정이다.

교육과정 개발은 전체의 테두리 안에서 부분 상호 간 유기적인 관련성을 고려하는 교육과정 개발이 이루어져야 한다. 교육과정 개발은 기계적이고 단순한 운용적 기술에 초점을 두었고, 교육과정 설계를 위한 심오한 이론적 연구에 바탕을 둔 연역적인 논리보다 실천을 통한 경험에서 발전되는 경향이었다. 이에 대부분 교육과정 개발은 전반적, 종합적이기보다 특수적, 부분적인 경우가 많았다.

셋째, 교육과정 개발은 교육에 대한 부단한 물음에 대한 해답을 추구하며 미래에 보다 나은 교육을 위한 점진적인 개혁 과정이어야 한다.

교육과정 개발은 성장과 발전을 가져오기 위한 미래지향적인 노력이다. 이를 위해서 교육과정 개발은 미래 학교와 교육이 어떠한 것이 되어야 하고, 무엇을 해야만 하는지 이상을 끊임없이 창출해 내는 선도적 기능을 수행해야 한다.

넷째, 교육과정 개발은 교육과정 개발 작업 과정에 참여자 간 협동적인 합의에 바탕을 둔 집단 의사결정 과정이어야 한다.

교육과정 개발은 관련된 다양한 분야의 교과 전문가, 시민, 학부모, 학습자, 교수자, 경영관리자 등 전문가의 협동적인 의사결정이 필요하다.

다섯째, 교육과정 개발은 참여하는 모든 사람의 자아 혁신적 개발 노력과 교육기관 조직의 개발을 위한 노력으로 성취될 수 있는 참여적 발전과정이어야 한다.

교육과정 개발은 계획, 시행 · 평가하는 사람의 변화와 발전을 전제로 이루어진다. 개인의 자발적 변화는 자발적인 참여와 책무 의식을 기대할 수 있으며, 교육과정을 통해 계획하는 교육개혁과 발전의 파급을 가져오는 원동력이 된다.

3. 교육과정 개발의 구성요소와 절차

Taba(1962)는 교육과정 개발 구성요소를 목적 및 목표, 내용 및 학습경험, 평가 등으로 제시하였다. Zechiel 외(1942)는 교육과정 개발 구성요소를 교육목표, 교과, 방법과 조직, 평가 등으로 제시하였다. 그리고 Tyler(1949)는 교육과정의 구성요소를 목표, 학습경험의 선정, 학습경험의 조직 및 평가로 보았다. 또한 Fitzgerald 등(1956)은 교육과정 개발 구성요소를 철학, 교과과정, 배열, 방법, 측정, 진단 및 교정 등으로로 제안하였다. Glaser(1960)는 교육과정 개발 구성요소를 교수목표, 출발점 행동, 교수절차, 성취도평가 등으로 구분하고 있다.

정범모(1956)는 교육과정 개발 구성요소를 교육목표 설정, 학습경험 선정, 학습경험 조직, 학습지도, 교육평가 등으로 제시하였다. 김호권 등(1994)은 교육과정 개발 구성요소를 수업목표의 상세화, 학습경험의 선정과 조직, 수업의 설계와 실천, 학습성과의 평가 등으로 분류하였다. 그리고 이영덕(1981)은 교육과정 개발 구성요소를 교육목표, 교육내용의 선정 및 조직, 학습경험 과정, 평가 등으로 구분하고 있다. 또한 김성권(1991)은 교육과정 개발 구성요소를 교육목표, 교육내용(선정 · 조직), 교수 - 학습과정, 평가 등의 요소로 분류하였다.

교육과정 개발 구성요소에 따른 절차 단계는 다음과 같다.

(1) 1단계 교육목표

교육목표는 교육을 통하여 달성하고자 하는 행동의 변화이다. 지식의 이해, 응용, 사고, 창의성, 흥미. 태도, 가치관, 지능 등 일반적, 특수적인 행동 변화를 포함한다(정범모, 1956). 교육목표는 교육과정의 전체 방향을 제시하며 교육내용, 구체적인 학습활동, 지도 활동의 기준, 근거를 제공하는 기능을 가지고 교육과정 구성 및 전개 절차로 우선적으로 상정해야 한다. 교육목표가 결정되지 않으면 교육내용, 방법, 평가 기준으로 나아갈 수 없다. 또한 교육과정에서 교육목표가 충분히 반영되어 구현하려면 명백하고 가치론적 차원에서 진술해야 한다.

(2) 2단계 교육내용

교육과정 구성에서 설정된 교육목표를 달성할 수 있게 교육내용을 선택하고 조직해야 한다. 설정된 교육목표를 달성하는 교육내용 중 실제로 가치롭고 효율적인 것으로 입증된 것을 선택해야 한다. 선택된 교육내용은 체계 있게 조직하여 학생들에게 제시되어야 한다. 교육을 통해서 달성해야 하는 것이 교육목표이고, 교육목표를 달성하게 해주는 강력하고 효율적인 수단이 교육내용이다. 교육목표와 교육내용의 관계는 목적과 수단의 관계에 있다.

(3) 3단계 교수 - 학습과정

교수-학습과정은 학습지도로 표현된다. 학습지도는 경험주의 교육이론가들에 의해서 주로 사용되었고, 1960년대 이후 학문중심 교육과정이 소개되면서 사용되기 시작하였다. 교수 - 학습과정의 중심은 학습자가 직접 학습경험을 쌓아 나가는 활동 과정으로 특정한 학습 상태 속의 학습활동을 거쳐 학생들이 가지는 구체적인 학습경험 여하가 학습의 내용과 질을 결정한다.

학습과정은 실제 전개되는 학습 및 행동과정으로 관련되는 제 요인의 상호작용적 관계를 통정하는 종합적 사고체계가 필요하다. 교수-학습과정에서 학습자의 심리적 특성, 교사의 인성과 자질 및 지도능력, 목표와 내용, 교수 여건 및 방법, 학교 및 학급의 학습 분위기, 물리적 환경 등의 제 요인들이 역동적으로 상호작용하여 이루어져야 한다. 특히 교사 변인이 학습자 변인에 의해 영향을 주는 단계로 학습자에 관한 하위 변인으로 발달단계 및 특징, 지능, 학습방법과 습관, 지식과 지능 및 태도, 가치관, 학습자의 인성, 교사에 관한 하위 변인으로 교사의 인성, 교육배경, 지식수준, 가치관, 목표의식, 교수방법과 기술 등을 들 수 있다.

(4) 4단계 교육평가

교육평가는 교육과정 속에 포함되는 활동이다. 교육평가는 교육적 향상과 발전을 위하여 체계적이고 계획적인 교육적 노력의 계속 과정으로 평가대상은 학습자의 학습성과, 학습을 지도하는 교사 자신의 평가, 교육과정 자체의 평가를 포함한다. 학습자 평가는 단순히 나타난 학습 결과로 끝나는 것이 아니고 학습자의 학습활동 전 과정을 평가해야 한다. 교사 자신의 평가는 교사의 지도계획, 지도과정, 지도방법, 목표의식, 평가계획의 모든 것을 평가해야 한다.

4. 국가 교육과정 개발

우리나라의 국가 수준 교육과정은 교육과학기술부 장관이 결정·고시하는데 초·중등교육법 제23조 2항에 근거하여 전국의 모든 학교에 적용되는 교육과정을 말한다. 국가의 초·중등교육의 기본 설계도이며, 교육에 대한 국가의 의도를 담은 문서 내용이다. 중앙부처인 교육부에서 개정의 기본 계획을 수립하고, 기초연구를 수행하며, 교육과정 개정 시안을 개발하고, 교육과정 전문가와 각계각층의 요구를 반영하여 수정·보완 과정을 거치고, 전문가 집단의 심의회 결과를 반영한 개정안을 마련하고, 이 개정안에 대한 공청회를 거쳐 다시 수정·보완한 다음 확정·고시하는 절차를 거치고 있다.

국가 교육과정 개정은 수많은 집단이 참여하여 서로의 입장과 이해를 조정해 나가는 복잡하고 지난한 과정이다. 교육과정은 국가의 전반적이고 체계적이며 교육 형태의 초석이 되는 시스템이다. 이에 학교급별로 달성해야 할 교육목표, 내용 및 방법, 평가기준이 세분화되어 있으며, 가치를 반영하고 교사와 학생, 크게는 학교의 학습 환경을 구성하는 지침이 된다.

국가 교육과정 개발은 중앙집중적 개발방식과 학교 중심적 개발방식이 있다. 중앙집중적 개발은 개발의 주도권이 주로 국가에 있으며, 학교 중심적 개발은 주권이 학교와 교사에게 있다. 우리나라는 해방 이후 국가적, 사회적 필요와 변화로 적합한 교육 수준 향상을 목적으로 국가 주도 교육과정을 개발했으나 제6차 교육과정부터 교육과정 개발은 점차 분권화로 지역이나 학교에 교육과정 개발권을 이양하고 있다(한혜정, 조덕주, 2012).

1) 국가 수준 교육과정 개발

국가 수준의 교육과정은 국가가 주체가 되어 제정·개정하고 고시하는 교육과정으로 교육과정을 개정하는 전 과정을 중앙 정부가 주도하는 방식이다. 국가가 고시하는 교육과정은 학교에서 교육과정을 편성·운영할 때 필요한 공통적이고 일반적인 기준을 제시한다. 또한 지역 및 기관 수준, 학급(반) 및 개인 수준의 다양성도 존중한다. 국가 수준 교육과정은 국가에서 일방적으로 만들어 주는 교육과정이 아니며 교육을 직접 실천하는 각 학교 수준에서 편성·운영하여 만들어가는 교육과정이다.

국가 수준 교육과정은 시대적 요청에 부응하여 교육부에서 초중등학교의 교육과정 개선 계획을 수립한 후 교육과정 체제·구조개선 기초연구, 교원·학생·학부모의 개정 요구조사 등의 기초연구를 토대로 교육과정 개정의 기본 방향을 설정한다. 이에 따른 각 시도 교육청별로 지역적 특성에 적합한 '교육과정 편성운영

지침'을 개발하여 학교 교육과정이 개발된다.

우리나라 국가 수준 교육과정은 교육에 대한 국가의 의도를 담은 문서내용이다. 국가 수준 교육과정은 교육부장관이 교육법에 의거해 결정 · 고시, 초 · 중등학교에서 편성 · 운영해야 할 교육과정의 목표, 내용, 방법, 평가, 운영 등에 관한 기준 및 기본 지침이다. 국가 수준 교육과정은 전국 공통의 일반적인 기준 초중등학교의 교육목적과 교육목표를 달성하기 위해서 문서로 결정, 고시한다. 교육목표, 교육내용, 교육방법과 운영, 교육평가 등 국가 수준 기준과 기본 지침으로 학교교육의 질적 제고 수단 및 법적 구속력을 지닌다. 국가 수준 교육과정에는 기초 · 공통 교육을 통하여 추구하고자 하는 인간상이 제시되어 있고, 이러한 인간상을 형성하기 위해 학교교육을 통하여 공통적으로 다루어야 할 국가의 교육목표 및 목적, 내용 기준, 학생의 성취기준, 교육방법, 평가, 교육기관 및 교육행정기관의 교육과정 운영 기준 등에 관한 기본 지침을 담고 있다.

우리나라 국가 교육과정은 총론과 각론으로 구분되어 있으며, 총론은 교육과정의 전체 방향, 각론은 과목별 기준을 제시한다. 우리나라 교육과정에서는 각 교과의 방향을 제시하는 총론을 먼저 제시한다. 우리나라의 국가 수준 교육과정 총론에는 국가 수준 교육과정의 핵심 내용을 포함한 전반적인 내용을 기술하고 있다. 총론도 교육과정에 대한 요구조사 연구 등 기초연구에 의해서 결정된다. 총론은 교육에서 추구하는 인간상이나 교육목표를 선정하기 위한 현재 사회의 요구를 밝히기 위한 기초연구와 함께 학생, 교사, 학부모 등의 요구와 의견을 청취하여 교육과정의 방향이 설정되어 있다.

국가 수준 교육과정 총론에는 우리나라 학교 교육에서 길러야 할 교육목표로 인간상을 국가 철학적 교육이념과 현대사회의 요구를 반영하여 설정하고 있다. 총론에는 교육과정 구성의 방향이나 각급 학교의 교육목표 등이 포함되어 있다. 총론은 교육과정의 전반적인 편성과 운영에 관한 교육과정 구성의 전체적인 방향, 학교급별 교육목표, 편제와 시간(단위)배당 기준, 교육과정의 편성 · 운영지침 등을 담고 있다. 총론 체제는 교육과정 개정 시 형식과 내용이 달라져 왔다.

총론은 각 교과의 교육과정인 각론의 방향을 제시하는 역할도 한다. 각론은 각 교과에서 어떠한 내용을, 어떤 방법으로, 어떻게 가르치고 평가할 것인가를 제시하는 내용으로, 교과(목)별 교육과정이다. 각론은 각 교과 관련 내용으로 주로 추구하는 인간상, 학교급별 교육목표, 교수 · 학습방법, 평가 등을 기술하고 있다. 각론의 목표가 결정된 다음 목표를 성취하는 데 적합한 교육내용이 선정 · 조직될 수 있다(윤병희, 1993). 국가 수준 교육과정에 제시되는 교육목표는 교육이념, 추구하는 인간상, 학교 급별 교육목표, 교과 교육목표로 구조화된다. 각론에서 구체적으로 교과 교육목표가 설정되면 목표 달성에 유용한 교과 내용이 선정되고, 효율적인 조직이 구성되며, 평가의 방향과 방법을 모색한다.

국가 수준 교육과정은 교육과정의 표준화로 학교 교육의 질 관리가 쉽고, 학생들에게 교육과정의 일관성과 연속성을 보장한다. 그러나 국가 수준 교육과정은 각 지역 및 학교 특성을 반영하지 못하고 있고, 구체적이거나 상세하게 규정되는 경우 지역 및 학교 자율성과 교사 전문성에 영향을 줄 수 있다.

2) 지역 수준의 교육과정 개발

지역 수준 교육과정은 교육에 대한 지역의 의도를 담은 문서 내용이다. 지역 수준 교육과정은 국가 수준의 기준과 학교 수준 교육과정을 연결하는 교량 역할을 한다. 지역 수준 교육과정은 각 시도의 지역적 특수성과 필요, 요구, 교육기반, 여건 등의 제 요인을 조사 분석하여 전국 공통의 일반적 기준으로 국가 수준 교육과정을 조정, 보완한다. 각 시 · 도교육청은 국가 수준 교육과정에 대한 면밀한 분석과 해석을 통해 해당 지역의 특성에 부합한 교육과정으로 거듭나도록 국가 수준 교육과정을 보완하거나 새롭게 조정해야 하는 역할을 수행한다.

지역 수준 교육과정은 시 · 도교육청 수준의 '각급 학교교육과정 편성 · 운영지침'을 작성하기 위한 절차를 거친다. 시. 도교육청의 편성.운영지침 개발과정은 실무위원회 조직, 기초 조사 · 연구, 편성 · 운영지침 작성, 편성운영지침안 심의 · 확정, 편성운영지침의 적용, 편성운영지침의 평가에 이른다. 실무위원회 조직은 연구진, 심의진으로 조직한다. 기초 조사 · 연구는 국가 수준의 교육과정을 분석 검토하고, 시 · 도교육의 강조점을 모색하며, 각종 실태조사를 분석한다, 편성 · 운영 지침 작성에서는 교육과정편제와 교과별 교육내용을 작성하며, 심의회 운영을 통한 편성운영지침안의 심의 · 확정한다. 편성운영지침의 적용으로 교원연수, 후속 지원대책을 수립한다.

지역 수준 교육과정에는 각 시 · 도나 시 · 군 · 구에서 학교에 제시하는 각급 학교 교육과정 편성 · 운영지침이나 실천 중심 장학 자료가 해당한다. 시 · 도교육청에서는 교육과정 편성 · 운영지침을 작성하고, 시 · 군 · 구교육청에서는 장학자료를 개발하여 학교 교육과정을 안내하고 통제한다. 지역 수준 교육과정은 지역의 특수성을 반영하고 지역교육청의 교육 문제해결 능력을 신장하며, 교육 관련 전문성을 키울 수 있다. 그리고 지역 수준 교육과정은 시간, 인력, 비용 등의 부족으로 질이 낮아지고, 지역 간의 교육격차가 심화될 수 있다.

3) 학교 수준의 교육과정 개발

학교 수준 교육과정은 학교 중심, 학교 수준 등 교육과정 의미와 동일하게 사용되거나 구분된다. 학교 수준 교육과정은 학교와 교사 수준의 주도적인 개발과 평가에서 이루어지는 분권적 교육과정이다. 학교 수준 교육과정은 교육에 학교의 실태를 반영하며 학부모 및 학생의 특성과 요구를 고려하여 학교의 의도를 담은 문서 내용이다. 학교 수준 교육과정은 교육목표, 내용, 방법, 평가, 운영 방식 등을 포함한다.

Skillbeck(1984)에 의하면 학교중심 교육과정(School - Based Curriculum)을 학교에서 학생들의 학습 프로그램을 기획, 실행, 평가하는 것으로 제시한다. 학교중심 교육과정은 교육과정에서 의사결정 과정에 개입할 수 있는 사람의 역할을 포함하고, 다양화를 위한 기술적인 명칭이며, 모든 학교 활동의 지침을 의미한다. 학교중심 교육과정은 교사와 학생 간 공유된 의사결정, 학교의 자율성, 학교 구성원 간, 지역과의 역동성, 교육과정 실행 면의 효율성, 교육과정 의사결정에 따른 교사의 성취감 등을 강조한다. 학교 수준 교육프로그램을 계획하고 실행하며 평가하는 것과 교육과정의 효율적인 실행을 의미한다. 학교중심 교육과정은 학교중심의 교육과정(School-Cenntered Curriculum), 학교 초점의 교육과정(School-Focused Curriculum), 학교 수준의 교육과정(School Level Curriculum) 등으로 제시되고 있다.

학교 수준 교육과정은 교육의 효율성, 교육의 적합성, 교육의 다양성, 교사의 자율성과 전문성, 학습자 중심 교육 등을 위함에 있다.

(1) 교육의 효율성 향상

학교 수준 교육과정은 국가 수준 교육과정을 학교 실정에 맞게 재구성하여 학교 교육과정을 탄력적으로 운영하여 교육의 효율성을 높일 수 있다.

(2) 교육의 적합성 제고

학교 수준 교육과정은 지역의 특수성 및 학교의 실정, 교원, 학생, 학부모 요구와 필요를 반영하여 해당 학교 교육과정을 편성·운영할 수 있으므로 학교교육의 적합성을 제고할 수 있다.

(3) 교육의 다양성 구현

학교 수준 교육과정은 획일화된 교과서 중심에서 학생 개인의 적성을 반영한 교육과정 중심의 학교교육으로 전환하여 교육의 다양성을 구현할 수 있다.

(4) 교사의 자율성과 전문성 신장

학교 수준 교육과정은 학생의 능력과 요구, 학교의 지역적 특수성을 이해하는 학교 교사들이 학교 교육과정 편성·운영 과정에 참여하여 교원의 자율성과 전문성을 신장할 수 있다.

(5) 학습자 중심 교육의 운영

학교 수준 교육과정은 학생 개인의 요구, 흥미, 적성, 능력 등을 수용하여 학습자 중심 교육과정을 융통성 있고 탄력적으로 운영할 수 있다.

학교 수준 교육과정의 계획과 운영 평가체제는 제6차 교육과정 해설서에서 학교에서 실제로 경험하는 전체 교육프로그램 계획으로 제시되고 있다. 여기에는 학교 수준 교육과정에 대한 국가 수준의 획일적인 교육과정 계획과 운영에 따른 성찰과 대안으로 교육현장의 실행성을 향상하는 데 있었다. 이후 학교 수준 교육과정은 제7차 교육과정에서는 더욱 강조되었다.

학교 수준 교육과정의 개발은 국가 교육과정에 규정되어 있고, 학교에서는 국가에서 위임된 범위 내에서 교육과정의 수정과 개발을 한다. 학교 수준 교육과정 개발은 학교 교육과정의 편성 및 운영 절차를 거친다. 학교 수준 교육과정의 개발은 국가 수준의 교육과정 기준, 지역 시·도교육청 수준의 교육과정 편성·운영지침을 기준으로 해당 지역과 학교의 특성에 적합하게 개발해야 한다. 학교 수준 교육과정의 개발 과정은 국가 교육과정의 전반적인 틀이 정해지면, 시·도교육청 틀을 준수하는 범위 내에서 각 시·도교육청의 특수성을 반영하여 교육과정을 편성하고·운영지침을 만드는 절차를 거친다. 그리고 국가 수준 교육과정과 시·도 교육청 교육과정 편성 운영지침을 근거로 학교별로 학교의 실정, 학생의 실태, 지역의 요구 등 학교의 특수성과 학생 수준을 고려하고 반영하여 개발한 후 학교에서 구체적으로 실행하도록 운영한다.

학교 수준 교육과정 개발을 위해서는 편성 운영위원회를 조직하여 국가 수준의 교육과정을 분석하고 시·도교육과정 편성·운영지침을 분석한 후 기초 조사 연구를 진행한다. 그리고 학교 수준 교육과정 구성 방향 및 편성 기준을 결정하여 학교교육 목표 및 구현 방안을 설정하며 학교 수준 교육과정 시안을 작성한다. 학교 수준 교육과정 시안의 분석과 검토를 통해서 확정되면 학교 수준 교육과정을 운영하게 되고, 학생의 교육목표 달성도를 조사하게 된다. 학교 수준 교육과정은 각 학교 학교장의 학교경영 철학과 교육적 신념에 따라서도 창의적인 특색 있는 교육과정이 개발된다.

학교 수준 교육과정의 개발 형태는 교육내용의 재구성, 교과목의 탄력적 편성, 수업 시간의 탄력적 운영, 새로운 과목 신설 등으로 구분할 수 있다.

① 교육내용의 재구성

교육과정에 있는 내용 요소를 중심으로 교사가 순서와 내용을 재조정 할 수 있다.

② 교과목 탄력적 편성

여러 학년에 걸쳐 이수하는 교과목을 특정 학년 및 학기에 집중하여 이수하도록 편성 · 운영할 수 있다.

③ 수업시간의 탄력적 운영

학교 특성 및 교사, 학생, 학부모의 요구와 필요에 따라 교과(군)별 20% 범위 내 시수를 증감하여 편성 · 운영할 수 있다. 수업시간표 작성 시 특정 요일에 특정 과목 시간을 1시간씩 고정 배당하는 것보다 필요에 따라 교과목 수업시간을 융통성 있게 운영할 수 있다.

④ 새로운 과목 신설

중고등학교는 필요에 따라 국가 교육과정에 없는 과목을 개설할 수 있다. 고등학교는 지역사회 학습장에서 이루어지는 학습을 이수 과목으로 인정할 수 있고, 대학선 이수제도 과목과 국제적으로 공인된 과목도 개설할 수 있다.

4) 교사 수준 교육과정 개발

교사 수준 교육과정 개발의 수준은 국가, 지역, 학교, 교사로 연계된다. 교사 수준 교육과정은 공식적으로 기술된 공식적 교육과정(oicial curiculum)이라 할 수 있다. 교사 수준 교육과정은 교사가 학생의 발달단계의 성취 능력, 특성 등을 고려하여 교육과정 및 교과서 내용의 수준, 지도 순서, 시간, 비중, 방법, 자료 등을 재구조화하거나 첨가하는 것으로 교사의 실행과 관계된다. 교사 수준 교육과정은 주간 계획안, 일일과정안 등 직접적인 교수 대상인 학생을 고려한 작성 과정에서 학습자 상황의 직접적인 반영과 교사의 개인적, 실천적 지식의 반영이 가능하다. 교사 수준 교육과정은 교사의 실제 수업 시행 이전의 구체적인 방향의 제시, 학생 평가를 위한 기반 제시, 행정가의 학교 및 교사 실행과 결과에 대한 책임 토대를 제시하기도 한다. 이러한 교사 수준 교육과정은 전개된 교육과정, 잠재적 교육과정, 영 교육과정 등을 포함하고 있다.

5. 국가 교육과정 수립변경 체계

국가 교육위원회 설치 · 운영 이후 국가 교육과정 수립 · 변경 체계 절차는 국가 교육과정 수립 · 변경 요청, 수립변경 진행 여부 심의 · 의결, 국가 교육과정 연구 · 개발, 국가 교육과정 고시에 이른다.

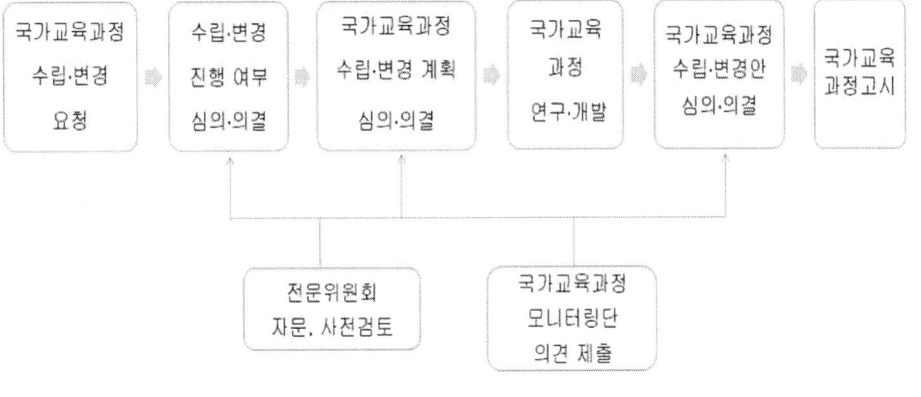

[그림 2-1] 국가 교육과정 수립변경 절차

1) 국가 교육과정 수립 · 변경 요청

국가 교육과정 수립 · 변경 요청은 「국가 교육위원회 설치 및 운영에 관한 법률 시행령」 제10조(국가 교육과정 기준과 내용의 수립 · 변경등) 1항과 2항에 다음과 같이 제시하고 있다.

① 국가 교육위원회는 법 제12조제1항에 따라 국가 교육발전계획의 수립, 교육환경 변화 등을 고려하여 국가 교육과정의 기준과 내용을 수립 또는 변경할 필요가 있다고 인정하는 경우에는 국가 교육위원회의 심의 · 의결을 거쳐 국가 교육과정의 기준과 내용을 정해야 한다.

② 국가 교육위원회는 제1항에 따라 국가 교육과정의 기준과 내용을 정할 때 다음 각 호의 어느 하나에 해당하는 요청 등이 있는 경우에는 그 수립 또는 변경의 진행 여부를 심의 · 의결해야 한다.

1. 교육부장관이 새로운 교육 수요 등을 고려하여 국가 교육과정의 기준과 내용을 새로 수립하거나 종전의 기준과 내용을 변경할 것을 요청하는 경우
2. 「지방교육자치에 관한 법률」 제42조제1항에 따른 교육감 협의체가 시 · 도교육감 과반수의 동의를 받아 국가 교육과정의 기준과 내용을 새로 수립하거나 종전의 기준과 내용을 변경할 것을 요청하는 경우
3. 제13조제1항에 따른 국가 교육위원회 인터넷 홈페이지 등에 게시된 국가 교육과정 기준과 내용의 수립 또는 변경에 관한 국민 의견에 대해 게시일부터 30일 이내에 동의하는 사람의 수가 20만명 이상인 경우

2) 수립 · 변경 진행 여부 심의 · 의결

수립 · 변경 진행 여부 심의 · 의결은 「국가 교육위원회 설치 및 운영에 관한 법률 시행령」 제10조(국가 교육과정 기준과 내용의 수립 · 변경등) 3항에서 다음과 같이 제시하고 있다.

국가 교육위원회는 제2항 각 호에 따른 요청 등이 있은 날(같은 항 제3호의 경우

에는 국민 의견 게시일부터 30일이 지난 날)부터 90일 이내에 같은 항에 따른 심의·의결결과를 요청기관 등에 통보해야 한다. 다만, 부득이한 사유로 그 기간 내에 심의·의결하지 못했을 때에는 60일의 범위에서 그 기간을 연장할 수 있다.

3) 국가 교육과정 수립·변경 계획 심의·의결

국가 교육과정 수립·변경 계획 심의·의결은 「국가 교육위원회 설치 및 운영에 관한 법률 시행령」 제10조(국가 교육과정 기준과 내용의 수립·변경등) 4항과 5항에서 다음과 같이 제시하고 있다.

4항은 국가 교육위원회는 국가 교육과정의 기준과 내용을 수립하거나 변경하려는 경우에는 미리 추진 일정·내용 및 적용 대상 등이 포함된 계획을 수립하여 국가 교육위원회의 심의·의결을 거쳐 확정해야 한다. 5항은 국가교육위원회는 제4항에 따라 확정된 계획을 지체 없이 국가 교육위원회 인터넷 홈페이지에 게시해야 한다.

4) 국가 교육과정 연구·개발

국가 교육과정 연구·개발은 교육과정과 관련된 여러 주체의 참여를 통한 사회적 합의를 만들기 위한 방향으로 기구 조직 및 운영한다.

5) 국가 교육과정 수립·변경안심의·의결

국가 교육과정 수립·변경안심의·의결은 대외적 고시 준비를 한다. 국가교육과정 모니터링단 의견, 전문위원회의 사전검토 의견 수렴한다.

6) 국가 교육과정 고시

제12조(국가교육과정 모니터링단) ① 법 제12조제1항에 따른 국가 교육과정 기준과 내용에 대한 국민 의견을 수렴하고 같은 조 제2항에 따른 국가 교육과정에 대한 조사·분석및 점검 업무를 지원하게 하기 위하여 국가 교육위원회에 국가 교육과정 모니터링단(이하 "국가 교육과정 모니터링단"이라 한다)을 둘 수 있다.

제23조(교육과정 등) ② 국가 교육위원회는 제1항에 따른 교육과정의 기준과 내용에 관한 기본적인 사항을 정하며, 교육감은 국가 교육위원회가 정한 교육과정의 범위에서 지역의 실정에 맞는 기준과 내용을 정할 수 있다.

제 4 장

제4장 교육과정 개발의 기본 모형

1. 교육과정 설계

교육과정 개발은 교육의 목적 설정과 목적 달성에 적합한 교육내용 및 방법을 조직하는 교육과정 설계 절차를 따른다. 교육과정 개발 과정에서 교육과정 설계는 교육과정 요소의 상호 관련 형태의 정의를 통해서 학습경험을 선정하고 조직하여 활용하는 원칙을 진술하며, 교육과정 계획과 결정에서 교사와 아동의 역할을 지시하는 역할을 수행한다(Macdonald, Anderson & May, 1965). 교육과정 설계는 교과 중심의 구성된 지식을 학생이 학습하도록 수업계획서를 구성하는 것에 있었다. 이에 교육과정 설계는 목표를 정하고 목표를 달성하기 위한 교사의 수업계획서와 수업지침서 구성을 의미하며, 교과 내용의 선정과 조직에 중점을 두었다. 따라서 교육과정 설계는 학교에서 어떤 교과를, 어떤 방법으로 어떤 순서로 가르칠 것인가에 대한 프로그램 제작이 중심이 되었다.

그러나 교육과정 설계는 교육과정 개발의 방향과 지침을 제공하는 틀을 제공하는 것이다. 교육과정에 포함된 구성요소는 교육목표, 교육내용, 학습활동, 평가 등이 있다. 교육과정 설계는 학습목표 달성에 초점을 두면서 이러한 교육과정 개발의 주요 구성요소를 배열하는 방식이다. 교육과정 설계는 일반적으로 Tyler 모형 중심의 주요 구성요소에 따른 교육목표의 설정, 교육내용의 선정 및 조직, 평가 등으로 실행되고 있다.

교육과정의 설계는 이렇듯 교육과정 요소를 확인하는 내용, 요소 간 존재하는 관계 형태의 설명, 목적, 내용, 학습 기회 등 조직 구조를 서로 관계되도록 연계하는 것이다. 즉 교육과정 설계는 교육과정 구성요소의 성격 및 내용을 명확하게 하여 요소를 하나의 체계적인 교육과정으로 결합한다고 할 수 있다. 따라서 교육과정 설계는 개발되는 과정(process) 보다 무엇을 포함하고 어떻게 제시하는지 교육과정 자체의 내용과 실체(substance)에 중점을 두어야 한다.

Macdonald(1965)는 교육과정 설계는 목표-수단의 관점에서 나아가 교육현장의 일어나는 행위(action)가 중심이 되어야 한다고 제시하였다. 따라서 Macdonald는 교육과정 계획안에 교육이 실행되는 교육현장 요소를 포함하고, 교육과정 설계에 교육현장에서 실제 이루어지는 교사와 학생의 행위를 중점으로 조직해야 한다고 하였다.

Herrick(1950)은 교육과정 결정에 대한 교육과정 설계의 역할을 다음과 같이 제시하였다.

첫째, 교육과정 요소의 상호 관련 형태를 어떻게 정의하는지에 따라 교육과정 설계 절차가 어떻게 이루어지는지에 대한 관점이다.

둘째, 학습경험의 선정 조직원리는 무엇인가에 대한 관점이다.

셋째, 교육과정 계획과 실행에 있어서 교사와 아동의 역할을 어떻게 보는가에 대한 관점이다.

2. 교육과정 설계 유형

교육과정 설계를 위한 유형으로 Ornstein과 Hunkins는 기술적-과학적 설계 모형과 비기술적-비과학적 설계 모형으로 구분하여 제시하고 있다. 여기에서 기술적-과학적 모형은 행동주의적-합리적 모형, 체제 관리적 모형, 지적-학구적 모형으로 세분화하였고, 비기술적-비과학적 모형의 경우 인간중심주의적-심미적 모형, 재건주의자 모형으로 나누고 있다. 이경섭과 이종원(1992)의 경우 교육활동 중심의 모형, 프레임 웍(frame work) 도식으로 되어 있는 모형, 공학 설계와 대칭을 이루고 있는 모형, 학습내용 조직 중심의 모형으로 구분하여 제시하고 있다. 그리고 김대현(1997)의 경우에는 학습내용 조직을 중심으로 학습자중심 설계모형, 학문중심 설계모형, 사회중심 설계모형, 문제중심 설계모형으로 분류하였다. 또한 소경희(2001)는 Tyler식(Tylerian) 전통주의적 접근, J. Schwab 개념 · 경험주의적 접근, W. Pinar 재개념주의적 접근으로 구분하고 있다.

3. 교육과정 개발 모형

교육과정을 체계적으로 구성하고 조직하기 위해서는 교육과정 개발에 대한 개념 모형 이해와 적용이 필요하다.

1) 목표 모형 - Tyler의 합리적 교육과정 개발 모형

R. W. Tyler는 교육과정의 구성 절차, 학교교육 현장의 전개, 학교 교육의 본질적인 문제에 대한 체계적이고 종합적인 이론적 모형을 제시하였다. Tyler 모형은 합리적 모형, 목표중심 모형, 목표-수단 모형, 평가중심 모형이라고도 한다. Tyler는 미국 진보주의교육협회에서 추진된 '8년 연구(the Eight-Year Study, 1933~1941)'의 연구위원으로 평가 분야를 총괄하며 1949년 「교육과정과 학습지도의 기본적 원리(Basic Principles of Curriculum and Instruction)」 저서를 출판하였다. Tyler는 교육과정 개발을 합리적이고 조직적으로 해야 한다고 주장하였다. 이에 Tyler는 교육과정과 학습지도 프로그램 계획에 대해서 인식하고 분석하며 설명하는 원리(rationale)를 제시하였고, 이 원리를 학습지도 프로그램에 관련된 요소가 무엇인지 알려주고 상호 관계를 이해하도록 하는 것으로 설명하였다.

Tyler의 교육과정 개발 모형에서 목표 설정은 목표 달성에 있어서 가장 도움이 되는 경험과 조직을 선택하는 준거로 보았다. 그리고 교육과정의 설계에서 가장 중심이 되는 것은 교육목적의 설정이라고 하였다. 특히 전통적인 교육과정 개발에서 Tyler 모형은 가장 대표적인 모형으로 활용되며 현재 교육과정 설계에서도 가장 일반적인 절차로 주로 국가 수준, 지역 수준, 학교 수준의 교육과정 개발에 활용되고 있다.

(1) Tyler 교육과정의 네 가지 기본 구성요소

Tyler는 교육과정 개발에 있어서 교육과정과 수업을 계획하는 경우 네 가지 기본적인 질문을 고려하고 다루어야 한다고 주장하였다. Tyler는 이러한 교육과정의 기본 요소를 다음의 네 가지 목적, 경험, 조직, 평가의 요소로 표현하고 있다.

첫째, 학교는 어떤 교육목표 달성을 위해 노력해야 하는가?
둘째, 목표 달성에 유용한 학습 경험은 어떻게 선정되는가?
셋째, 학습경험들을 효과적으로 조직하는 방법은 무엇인가?
넷째, 교육목표가 달성되고 있는지를 평가할 수 있는가?

Tyler 교육과정의 목적, 경험, 조직, 평가와 관련된 네 가지 기본 구성요소는 교육목표의 설정, 이를 기초로 하여 이루어지는 학습경험의 선정, 학습경험의 조직, 학습 성과(결과)에 대한 평가를 의미한다. 즉 교육과정은 교육목표를 설정하고 학습경험을 선정하며 적절한 원리에 따라 학습경험을 조직하여 목표 성취의 정도를 평가하는 단계로 이루어진다는 것이다.

(2) Tyler의 교육과정 개발 모형 단계 및 절차

Tyler의 목적, 경험, 조직, 평가와 관련된 네 가지 요소는 순차적이면서 단계적으로 이루어져야 하는 교육과정 개발 절차로 교육목표의 설정, 학습경험의 선정,

학습경험의 조직, 학습 성과(결과)의 평가 순으로 전개되어야 함을 의미한다. 이것은 학교에서 교육목표를 가장 먼저 설정하고, 이렇게 설정된 교육목표에 따라서 성취할 수 있는 적절하고 교육적인 학습경험을 선정하며, 선정된 교육적 경험에 대해서 효과적으로 가르칠 수 있는 순서를 정하여 조직하고, 그 결과에 대해서 설정된 목표에 도달했는지 평가가 이루어져야 하는 과정으로 보는 것이다. 그리고 평가한 결과에 대해서 다음 교육과정 개발에 반영하여 교육과정을 수정, 보완하도록 하였는데 이것은 교육과정 절차에서 평가를 통해서 얻은 정보를 다시 교육목표 설정에서 유용한 자원으로 환원하는 것이라 할 수 있다. 이렇듯 Tyler의 전체적인 교육과정은 목표 설정에서 다시 시작하는 순환적 과정에 이르도록 연계하고 있다. 교육과정 설계에서 Tyler 모형은 학교 밖 현재 사회의 요구, 학습자의 필요와 흥미, 교과목 등의 자료 수집으로 교육목표를 규명하는 것에 있으므로 자료가 중요하다고 할 수 있다.

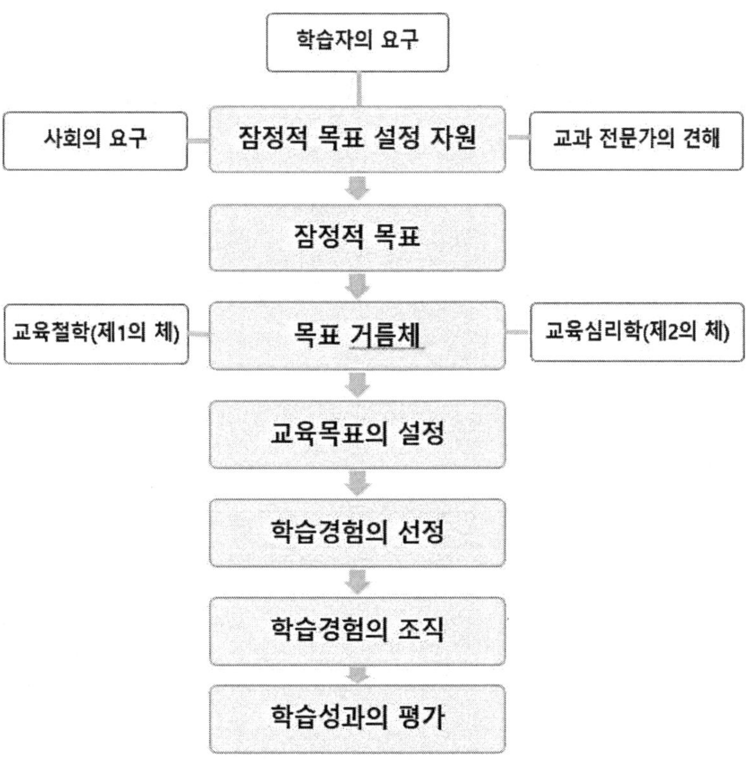

[그림 2-2] Tyler의 교육과정 개발 모형 단계 및 절차

① 교육목표의 설정

Tyler의 교육과정 개발 모형에서 가장 중요한 것은 교육목표의 설정이다. 교육목표는 Tyler 교육과정 이론의 순환적 과정에서 가장 먼저 결정되어야 할 요소이다. Tyler는 교육목표의 설정과 기준을 통해서 학습경험의 선정과 조직, 학습결과의 평가가 가능하다고 보았다. 이렇듯 Tyler는 교육과정 개발에서 교육목표의 선정과 진술의 비중을 높게 보고 있다(김성훈, 2009). 이러한 교육목표는 Tyler 교육과정 개발 과정에서 가장 먼저 결정되어야 하며, 절차에서도 기준이 된다.

Tyler는 교육목표 설정에서 교육목표를 현명하고 포괄적으로 결정하는 데 기초 근거를 제공할 수 있는 정보로는 학습자, 사회, 교과 전문가의 견해로 이를 교육목표 설정 자원으로 보도록 하였다. 이에 Tyler는 교육목표가 학습자, 사회, 교과 전문가의 제안인 세 가지 지식 자원으로부터 설정되어야 함을 제시하였다(Brandt & Tyler, 2003).

학습자에 관한 지식 자원은 학습자가 가지는 보편적인 필요와 흥미를 기초로 교육목표를 설정해야 한다는 것이다. 교육목표 설정은 학습자의 교육적, 생리적, 심리적 필요를 중요하게 다루고 학습자의 흥미에 관한 연구를 기초로 해야 한다는 것으로 이는 학습자의 흥미나 욕구를 탐색하는 과정이 따른다. 그러나 학생의 생활 실태 및 문제 활동을 자동적으로 의미 있는 교육목표로 보는 것이 아니며, 기준에 의한 양자 간 현격한 격차가 있다고 판단될 때 구체적인 목표를 시사할 수 있다.

사회에 관한 지식 자원은 교육목표가 과거의 문화유산을 계승 및 발전시키고 현재와 미래 생활에 잘 적응할 수 있는 인간 육성을 하도록 사회적 요구가 반영되어야 한다는 것이다. 현대사회는 과학의 급속한 발달과 지식 팽창의 증가로 학교 교육과정에 학자의 이론을 모두 포함하기는 어렵다. 따라서 학습자가 학교에서 학습한 것을 응용하도록 학교 밖에 실례의 연습 기회를 제공하면 학교에서 배운 능력이 생활 장면으로 전이되어 일반화할 수 있다고 보았다.

교과 전문가에 관한 지식 자원은 교육목표의 설정 자원으로 여러 학문 분야의 교과 전문가의 견해를 통해서 주요한 교육목표를 시사하는 것이다. 교과 전문가는 교과의 성격과 기본적으로 학습할 내용 및 중요하게 다루어야 할 내용 등을 잘 파악하고 있다고 보았다.

Tyler 모형에 의한 교육과정 개발은 학교에서 달성하고자 하는 교육목표가 무엇인가라는 질문에 관한 연구를 확인하는 것이다. Tyler 모형에 의한 교육과정 개발에서 교육목표는 학습자에 관한 연구, 사회 요구에 대한 조사, 교과 전문가의 견해와 제언 등으로부터 도출될 수 있다. 따라서 교육목표에 대한 설정은 이러한 학습자 연구, 사회요구 조사, 교과 전문가의 견해를 통한 잠정적 목표로 원천을 분석해야 한다. Tyler는 이러한 3가지 교육목표 설정 자원에 의해서 설정된 잠정적인 교육목표가 학습자에게 적절한 것인지, 추구할 가치가 있는지 등을 파악하여 최종적인 교육목표를 설정하도록 하였다. 이에 잠정적인 교육목표를 교육철학과 학습심리학에 따르는 두 가지 체(screen)에 걸러서 타당한 최종 교육목표를 설정하도록 하고 있다(최미정, 2005). 교육철학은 일차적 선별 준거로 역할을 하며, 추출된 많은 교육목표가 학교와 사회를 지배하고 있는 가치와 일치될 때 논리적으로 타당하고 일관성 있는 교육목표가 설정된다고 하였다. 학습심리는 두 번째 체의 역할을 하며, 교육목표가 학습을 통하여 달성하고자 하는 목표로 학습심리에 비추어 교육목표를 설정해야 한다고 하였다. 이렇듯 교육철학과 학습심리학에 따라 거르는 목표 거름체에 의한 선택 기준을 설정하여 교육목표는 학습 후 수행하게 될 학생의 구체적인 행동으로 표현하게 된다.

교육목표를 결정하는 데 유용한 정보로 활용될 수 있는 자료는 다음과 같다.

첫째, 학습자에 대한 정보는 학습자의 필요와 흥미에 대한 실제 조사를 통하여 획득할 수 있다.

둘째, 현대사회의 생활 활동을 규명하는 경우 본질적으로 바람직하다는 것을 어떻게 알고 오늘날 성인 생활에 필요한 지식 및 기능이 학생이 성인이 되었을 때

낡은 것이 되지 않는지 등을 비판한다.

셋째, 교과 전문가의 견해에서 제기해야 하는 질문은 교과가 그 교과 분야에서 전문가가 되지 않는 학생 교육에 기여하는 부분에 관한 것이다.

넷째, 철학은 상호 모순된 목표들을 고르고 교육목표가 일관성을 가지도록 한다.

다섯째, 학습심리학적 지식은 학습자 정보, 학교 밖 사회 정보, 교과 전문가의 견해, 철학, 학습심리학 등에 의해서 도출된 교육목표가 의도적인 교육으로 달성될 수 있는지 분별 되게 한다.

② 학습경험의 선정

Tyler는 교육목표가 결정되면 학생이 교육목표에 도달할 수 있도록 학생에 대한 학습경험 제공을 결정해야 한다고 보았다. Tyler는 학생들의 학습경험은 교육목적을 달성하도록 선택되고 조직된다고 하였다. 이에 Tyler는 학습경험 선정과 교육목표에 적절한 교육내용을 선정하는데 고려해야 할 일반적인 원리를 기회의 원리, 만족의 원리, 가능성의 원리, 다 경험의 원리, 다성과의 원리로 제시하였다.

㉮ 기회의 원리

기회의 원리는 목표 달성에 필요한 경험의 기회를 제공하는 것이다. 교육목표를 달성하기 위해서 그 목표가 의미하는 행동을 학생이 스스로 해결할 수 있는 기회가 있어야 한다. 기회의 원리는 교육목표 속의 행동과 내용 측면에도 적용되어야 한다.

㉯ 만족의 원리

만족의 원리는 학습에서 만족을 느끼는 경험을 제공하는 것으로 학생들이 학습활동에서 만족을 느끼는 것이다. 교육목표가 추구하는 학습활동을 통해 학생들이 만족감을 느낄 수 있도록 하는 것이며, 이에 교육내용을 계획하는 교육과정 전문가와 교사는 학생의 흥미, 필요, 인간 등 만족감의 원리를 기본적으로 이해해야 한다.

㉰ 가능성의 원리

가능성의 원리는 학생의 현재 수준에 알맞은 경험을 제공하는 것이다. 주어진 학습경험을 통해 학생들의 행동 변화가 가능해야 한다는 원리로 학습자의 현재 수준에서 학습 가능한 것이어야 한다. 학습자가 학습경험을 통해 성취감을 느낄 수 있을 때 의미 있는 학습이 되며, 이에 교육내용이 학생들의 현재 학업성취 능력, 발달 정도 등에 적절해야 한다.

㉱ 동목표다경험의 원리

동목표다경험의 원리는 하나의 목표를 달성하기 위해 여러 가지 경험을 할 수 있는 학습경험을 선정하는 것이다. 동일한 목표 달성을 위해서 다양한 학습경험을 사용할 수 있다. 그러므로 동목표다경험의 원리는 하나의 목표 달성을 위해 다양한 경험을 할 수 있도록 학습경험을 선정하는 것이다.

㉲ 동경험다성과의 원리

동경험다성과의 원리는 동일한 학습경험을 통해 여러 교육목표를 도달할 수 있도록 학습경험을 선정하는 것이다. 동경험다성과의 원리는 하나의 학습경험으로 다양한 학습결과를 유발할 수 있다. 동경험다성과의 원리는 교육내용이 반드시 한 가지 목표 달성에 유용하거나 한가지 학습 성과를 가져오는 것이 아니며, 동시에 여러 목표를 달성하게 하거나 학습 성과를 가져온다는 것이다.

Tyler는 일반목표와 이에 적합한 학습경험의 예로 사고능력의 개발에 필요한 학습경험, 정보획득에 도움이 되는 학습경험, 사회적 태도를 함양하기 위한 학습경험, 흥미 개발에 도움이 되는 학습경험의 4가지로 제시하였다. Tyler는 학습경험은 학습자와 학습자를 둘러싸고 있는 환경 속의 여러 외적 조건 사이에서 벌어지는 상호작용이라 제시하였다. 교사는 학습경험의 계획자로 학생의 능동적 경향을 파악하고 학생에게 작용하는 환경 조건을 계획 및 조작하여 학생이 원하는 경험을 제공하도록 해야 한다고 하였다.

③ 학습경험의 조직

학습경험의 조직에서 고려해야 할 측면은 수직적 조직과 수평적 조직에 대한 차원이다. 수직적 조직의 차원은 학습 내용 간의 종적 관계를 고려하여 시간적 순서에 따라 순차적으로 배열하여 조직하는 것이다. 수평적 조직의 측면은 학습 내용의 어느 한 영역과 다른 영역 사이의 횡적 관계를 고려하여 나란히 배열하여 조직하는 것을 의미한다.

또한 Tyler는 학습경험을 효과적으로 조직하기 위한 준거를 계속성(continuity), 계열성(sequence), 통합성(integration)인 세 가지로 제시하였다. 계속성은 동일한 내용의 동일 수준을 반복하는 것이며, 중요한 교육과정 요소가 반복적으로 강조되도록 조직하는 것이다. 학습경험의 여러 동일한 요소들이 학기와 학년을 계속하면서 반복 경험할 수 있도록 조직하는 것을 의미한다. 계열성은 동일한 내용을 다른 수준으로 반복하는 것으로 학습 경험을 단계적으로 넓히고 확대하여 경험을 계속 축적해 가는 것이다. 즉 선수학습 및 인지발달에 기초를 두고 교육내용이 이전보다 점차 깊이와 넓이를 더해가도록 전개하는 방법이다. 그리고 통합성은 학습경험을 수평적으로 연계 및 연관시키는 것으로 학습내용과 행동을 통합시키는 것을 포함한다. 교육내용의 요소를 서로 연결하여 제시하고 교육내용의 관련성을 바탕으로 하나의 교과, 과목, 단원으로 묶는 것을 의미한다.

④ 학습경험의 평가

Tyler의 모형은 처방적, 연역적, 직선적 모형으로 교육 결과를 더 중시한 모형이다. 교육과정 개발에 있어서 어떠한 순서로 어떻게 해결할 것인가에 대한 절차를 제시한다는 점에서는 처방적 모형이면서 전체 교과에서 단원의 개발로 향하는 점에서는 연역적 모형이라 할 수 있고, 목표에서 평가로 진행하는 일정 방향을 가진다는 점에서 직선적 모형으로도 간주된다.

학습경험의 평가는 교육과정이 조직되고 개발되는 기본 가정의 타당성을 확인하는 과정이다. 학습경험의 평가는 제공된 학습경험들이 목표 달성에 효과적이었는지 측정하는 데 목적이 있다. 선정된 교육목표가 학습경험을 통해 달성되었는지를 판단하여 교육과정의 강점과 약점에 관한 정보를 제공하며, 교육과정의 효율성을 점검하는 과정이다. 학습경험의 평가는 교육목표를 행동적 용어로 분명하게 진술하고 여기에 따라 행동을 표현할 기회로 학습 행위를 학생들이 성취할 기회가 어떻게 주어졌는지 밝힌 후 적절한 평가도구를 고안해야 한다.

Tyler 모형은 범교과 및 수업에서 활용하고 적용할 수 있는 폭넓은 유용성이 있다. Tyler 모형은 논리적이고 합리적인 일련의 절차를 제시하였기에 비교적 쉽게 교육과정을 개발할 수 있다. 또한 Tyler 모형은 학생의 행동과 학습경험을 강조하여 평가에 광범위한 지침을 제공한다. 그러나 Tyler 모형은 수업 진행 과정 중 새롭게 생기는 부수적이고 확산적인 목표에 대한 중요성이 간과되어 있고 교육목표와 교육내용에 대한 직접적인 답을 제공하지 못하는 측면이 있다. 또한 Tyler 모형은 내용의 경우 목표 달성을 위한 수단으로 전락하고, 정의적 특성의 변화를 확인하는데 약하다. 그리고 교육목표를 내용보다 우위에 두고 있기에 가치와 규범적 의미를 내포하지 않고, 수단적이고 기술적인 용어로 규정하고 있다는 점이다.

Tyler 모형에 대한 비판은 다음 세 가지로 요약된다(소경희, 2000).

첫째, Tyler 모형은 교육과정 개발 과정은 교육목표 선정, 학습 경험 선정, 학습 경험 조직, 평가의 네 가지 요소가 순차적이거나 단계적인 과정으로 이루어진다.

둘째, Tyler 모형은 교육과정 개발 기준, 절차, 방법에 관심을 두고 있으며, 교육목표 및 교육내용에 대해서는 직접적인 해결을 제시하지 못한다.

셋째, Tyler 모형은 교육과정 개발에 교육목표의 효율적인 달성에 초점을 두고, 개발 과정에 개입될 수 있는 눈에 보이지 않는 정치적 측면이나 결과로 나타나는 잠재적 측면에 대한 설명이 없다.

Tyler의 교육과정 설계 모형은 교육과정 개발 과정이 직선적인 절차로 이루어지며, Tyler 교육과정 설계의 근본적인 문제로도 지적되고 있다. 직선의 개념(a linear conception)은 목적이 모든 것의 시발점이지만 교육목표는 교육과정의 실행 과정및 상황에서도 생겨날 수 있다. 그러므로 교육목표는 교육의 실행 과정에서 적합성이 평가되어야 한다. 교육목표는 교육과정 실행과 관계없이 교육 외부에서 추출되거나 교육목표가 과정에 군림하기도 한다. 따라서 교육과정의 선택, 조직, 학습지도의 방법, 평가과정, 평가방법 등은 독립된 요소가 아니며, 목표의 한 부분으로도 간주할 수 없다. 교육 요소는 교육목표와 서로 상호 의존적인 관계에 있고, 서로 영향을 주고받으므로 교육과정 개발 과정에서 네 가지 구성요소는 서로 영향을 주고받는 관계이다. 교육목표는 교육활동에 선행하여 결정되거나 교육은 그 목표를 달성하기 위하여 실행되는 것이 아니며, 교육활동이 이루어지는 과정에서 교육현장에서 새롭게 생겨날 수도 있고, 수정 및 변화될 수도 있다. 이로써 교육과정 개발 설계는 하나의 목적 - 수단으로 직선적 개념으로 이루어지는 것이 아니고, 교육목표와 교육현장의 행위가 서로 역동적으로 작용하며 이루어지는 상호 의존적인 관계에 의한다.

Kliebard(1975)는 Tyler 모형 설계에서 모든 교육활동에 기준이 되는 목표 선정, 이에 준거가 되는 학습자, 사회, 교과 전문가에 의한 선정, 교육과정 설계에 있어서 목표 - 수단 모형에 대한 문제점과 비판점을 제시하였다.

첫째, Tyler 모형 설계에서는 목표 선정에 학습자, 사회, 교과 전문가의 의견 등이 중요한 자료가 되는데 이러한 3요소는 오랜 이념적 전통을 갖고 서로 갈등이 있어 왔다. Tyler는 이를 모두 수용하는 태도를 취하고 있으나 교육목표 선정에 있어서 통일성을 부여하지 못하고 있다.

둘째, Tyler는 10인 위원회(Committee of Ten)의 목표 선정 자료로 교과 문제에 대한 의도를 잘못 해석하고 있다. 10인 위원회는 교과가 학생의 능력이나 장래 직업 선택이 희망에 의해서 달리 결정되어야 한다는 견해를 부정한다. 교과는 그 목표가 정신도야(mental training)에 있고, 장래의 직업 선택을 위한 도구가 아니라고 보았다. 그러나 Tyler는 교과가 각기 기능이 있는 것으로 이해하였다.

셋째, 교육목표 선정 자료에서 현대 생활문제에 관한 연구는 목표 선정에 도움이 되지 못한다. 현대 생활 요소가 교과 목표 선정에 바람직한 자료인지는 가치의 문제이다.

넷째, 평가의 문제이다. Tyler에 있어서 평가는 정해진 목표를 달성했는지를 판별하는 것이다. Dewey는 목적이 행위 중에 도출된다고 보았는데 교육과정과 학습지도의 시발점은 목표 진술이 아니라 학습활동(학습경험)이라는 것이다. 목표는 활동 중에 도출되므로 평가 과정은 예상되는 결과를 실제 결과와 비교하는 것이 아니며, 가능한 행동 범주를 설명해 주는 것이어야 한다.

2) Taba의 귀납적 교육과정 개발 모형

Taba(1962)는 Tyler의 4가지 모형 개발 단계를 더욱 정교화하여 하위 구분을 구체적으로 제시하였다.

출처 : 송나리(2020). 대학의 비교과 교육과정 개발.

[그림 2-3] Taba의 7단계 모형

(1) 요구의 진단

요구의 진단에서 교육과정 설계자는 교육과정의 대상인 학생들의 흥미, 요구, 수준을 파악한다.

(2) 목표의 공식화

목표의 공식화는 교사가 주의해야 할 요구를 파악한 뒤, 성취 목표를 구체화한다.

(3) 내용의 선정

내용의 선정은 목표와 내용의 조화, 타당성, 중요성을 모두 고려한다. 내용의 선정은 목표에 따른 교과와 교육과정 내용을 타당성과 가치를 고려하여 선정하도록 한다.

(4) 내용의 조직

내용의 조직은 선정된 내용의 수준과 순서에 대한 나열을 결정하는 것이다. 학습자들의 학문적 성취와 흥미를 고려한 후에 계열화한다.

(5) 학습경험의 선정

학습경험의 선정은 학습 방법과 전략을 선정하는 것이다. 학생들과 내용의 상호작용 및 교사와 학생이 함께하는 수업 방법을 선정한다.

(6) 학습활동의 조직

학습활동의 조직은 학습활동을 계열화하고 조직화하는 것이다. 이를 위한 가르칠 학습 방법의 상황과 순서를 결정한다.

(7) 평가와 평가의 방법

평가와 평가의 방법은 목표 성취를 확인하고 평가하며, 평가 절차는 학생과 교사를 고려하도록 한다.

Taba는 교육과정이 교사에 의해 개발되어야 한다고 강조하였다. 교육과정 개발은 교수-학습 단원을 만드는 것부터 시작해야 한다고 보았다. Taba는 학년과 교과의 특성을 나타내는 시험적인 단원 개발, 시험적인 단원의 실행, 시험적인 단원의 수정과 보완, 스코프와 스퀜스에 따른 단원 배열, 새 단원의 보급 등의 5단계로 이루어진 교육과정 모형을 제시하였다. 학생의 요구와 특성을 반영해 학습 내용을 먼저 정하고, 이에 맞는 교수-학습 방법을 선택하고 조직하여 학생에게 적합한 학습활동을 전개할 수 있다고 보았다. Taba 모형은 수업의 역동성을 교육과정에 반영하므로 다양한 상황을 반영한 교육과정을 개발할 수 있다.

① 시험적 교수-학습 단원 개발

시험적 교수-학습 단원 개발은 교사가 시험적 교수-학습 단원을 만들어내는 단계이다. Taba는 시험적 교수-학습 단원 개발에 대해서 요구 진단, 목표 설정, 내용 선정, 내용 조직, 학습경험 선정, 학습활동 조직, 평가도구 및 준거 결정, 균형성 및 계열성 평가 등의 8가지 하위 단계가 순차적으로 요구된다고 하였다. 시험적 교수-학습 단원 개발에서는 교사가 자신이 가르쳐야 할 학년 수준별과 교과 영역별의 시험적 교수학습 단원을 만드는 단계이다.

② 시험적 단원 실행

시험적 단원 실행은 시험 단원의 발전 가능성과 타당성을 검증해 보는 단계로 하나 및 그 이상의 학년 수준들과 교과 영역으로 확대될 수 있는 교과과정을 창출하는 단계이다. 첫 번째 시험적 교수-학습 단원 개발 단계에서는 시험적인 단원이 자신의 학급이나 교과 영역을 대상으로 개발되었다. 그러나 이에 대한 교수 가능성과 타당성을 검증해야 하므로 이를 위해 다른 수준의 학년 및 교과 영역에 확대하거나 적용해 보아야 한다.

③ 시험적 단원의 개정 및 통합

시험적 단원의 개정 및 통합 단계는 시험 단원의 오류를 수정하고 보완하여 보편화한 교육과정을 개발하는 단계이다. 개발된 단원들을 수정하고 통합하여 모든 유형의 학급과 교과 영역에 잘 맞는 보편화된 교육과정을 개발하는 것이다.

④ 범위와 계열성에 따른 단원 배열

범위와 계열성에 따른 단원 배열 단계는 여러 개의 단원을 구조화하여 전체 범위와 계열성을 검증하는 단계이다. 수정 및 보완이 완료된 시험 단원을 구조화하여 전체 범위와 계열성을 검증한다.

⑤ 새 단원의 정착 및 확산

새 단원의 정착 및 확산 단계는 실제 수업에 본격적으로 투입하여 정착시키고 교사들의 현직 연수 등을 통하여 확신시켜 나가는 것이 필요한 단계이다. 새 단원을 실제 수업에 투입해 정착시키고 교수자 연수를 통해 확산한다.

Taba의 교육과정 개발모형은 개발자들이 따라야 할 절차를 제시한다는 점에서 처방적 모형이고, 단원 개발에서 출발하여 교과 형성으로 진행된다는 점에서 귀납적 모형이며, 계속적인 요구 진단을 통하여 교육과정 요소들의 상호작용을 강조했다는 점에서 역동적 모형이라 할 수 있다.

3) Walker의 실제적(자연주의적) 교육과정 개발 모형- 숙의 모형

Walker(1971)는 자연주의적 모형(Naturalistic Model)을 제시하고, 교육과정을 실제에서 어떻게 계획되는지에 대한 과정으로 기술하였다. Walker 모형은 교육과정 개발자들이 실제로 따르고 있는 절차를 기술하여 기술적(descriptive)모형이라고도 한다. Walker(1972)는 교육과정 개발에서 따라야 할 합리적인 절차를 제시하는 것보다 교육과정 개발 과정을 관찰하여 그 과정을 묘사하는 것에 관심을 가졌다. Walker는 교육과정 개발 과정에 실제 참여하면서 교육과정 개발이 Tyler의 방식으로 진행되지 않는다는 사점을 발견했다. 이에 Walker는 실제 상황에서 교육과정이 어떻게 개발되는지 기술하면서 발견한 것을 토대로 교육과정 개발에서 무엇을 하는지를 구체적으로 드러내 준다.

Walker 모형은 강령(platform), 숙의(deliberation), 설계(design)의 과정으로 이루어진다. Walker 모형에서 강령단계는 교육과정 개발 과정에서 참여자들이 다양한 견해를 표방하는 것이다. 숙의단계는 다양한 대안들에 대해서 논쟁을 거쳐 합의 과정에 이르는 것이며, 설계단계는 숙의단계에서 선택한 대안을 실천할 수 있는 것으로 구체화하는 것으로 보았다. Walker 모형은 역동적인 모형으로 순서와 관계없이 융통성 있게 진행할 수 있다.

Walker 모형은 교육과정 개발 중 실제로 일어나는 일에 대한 정확한 묘사, 교육과정 계획자의 다른 '강령'에 대한 반응, '숙의'하기 위해서 보내는 상당한 대화 시간을 강조한다. Walker 모형은 교육과정 참여자들이 처음부터 서로 다른 토대와 입장에서 출발하고 반응하며, 숙의하기 위해서 의견 조정에 상당한 시간을 보내야 한다. 이처럼 Walker 모형은 교육과정을 계획하는 동안에 실제로 일어나는 과정을 정확하게 묘사한다.

Walker 모형은 교육과정의 계획 측면을 상세히 제시하고 있으면서 교육과정의 계획에만 초점이 맞추어져 있다. Walker 모형은 설계가 이루어지기 전까지의 과정을 상세하게 제시하고 있지만 교육과정 설계가 완성된 뒤에 일어나는 것에 대해서 언급하지 않고 있다. 또한 교육과정 개발 참여자가 강령을 설정하고 숙의하는 데까지 많은 시간이 소요되어 소규모 학교 중심 교육과정과 일상적이며 논쟁이 일어나지 않는 교육과정 활동에는 적절치 않다는 평가가 있다. Walker 모형은 Tyler 모형과 같이 교육내용에 대한 직접적인 해결을 제공하지 못하고 있다. 또한 Walker 모형은 교육과정에 관한 효과적인 의사결정 전개에 역점을 두고, 숙의 단계와 설계 단계에서 왜 이 내용을 가르쳐야 하는지에 대한 의문은 제기하지 않고 있다(이귀윤, 1996).

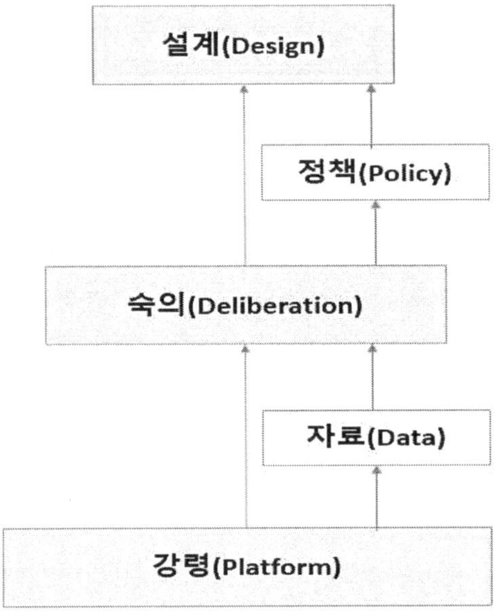

출처 : 박현주(2005). 재구성.

[그림 2-4] 워커(Walker)의 자연주의적 모형

① 강령(토대다지기)

강령은 교육과정 의사결정자의 믿음과 가치 체계를 의미한다. 교육과정 개발에 참여한 사람들의 기본 입장 검토를 통한 토대를 구축한다. 교육과정의 의사결정자는 자신의 관점 실현을 위해 어떤 결정을 내릴지에 대한 고민 상황에서 강령의 도움을 받는다. 강령은 현재 상태와 이해 및 지향점의 전망을 포함하고 있고, 교육과정 의사결정자는 자신의 관점 실현을 위해 할 일이 무엇인지 결정하게 된다. 강령은 객관화되지 않는 요소로 의사결정 중에 드러나며 실천적 지식(Practical knowledge), 전통적 지식(Traditional knowledge)이라고도 한다. 강령은 교육과정 개발 참여자들이 갖고 있는 개념, 이론, 목적 등을 밝히고 이에 관한 공감대를 형성하기 위해 노력하는 단계이다.

② 숙의

숙의는 설계 결정을 위한 강령 사용의 단계이다. 숙의 단계는 교육과정 개발 참여자의 의견이 타협되고 조정되는 과정으로 가장 현실적인 대안을 찾는 단계이다. 숙의는 다양한 대안에 대한 논쟁을 거쳐 합의의 과정에 이르는 단계이다. 숙의는 교육과정 개발을 위해서 참여자들이 탐구하고, 판단하며, 의사결정을 내리는 지적 과정에서 볼 수 있는 논쟁을 의미한다. 자신의 강령에 대한 방어 및 새로운 아이디어를 제시하고, 의사결정의 의견을 명확히 한다. 또한 교육과정 개발 목적과 수단을 분명히 하고, 대안들을 마련하며, 이전의 여건을 고려하여 제안된 대안 중 가져올 결과를 비추어 검토한다. 이에 대안에 필요한 비용과 결과 간의 비중을 살펴보고, 실행할 수 있는 최선의 대안을 합의하여 선정하는 것이다. 이렇듯 숙의 단계 과정에서는 교육과정 개발 참여자의 생각과 믿음에 대한 전개, 숙의를 통한 선택의 정당화에 초점을 두고, 교육과정 개발 참여자의 의견을 조사하여 그 의견이 과정을 거쳐 정당화되는지 살펴본다. 숙의 단계는 결과보다 의사결정 과정 및 절차에 초점을 두고 있어 과정 지향적인 성격을 지닌다.

③ 설계

설계는 교육과정 개발 과정의 산출물로 숙의의 결과를 구체화하는 단계이다. 설계는 교육과정에 담는 내용으로 구체적 프로그램을 만드는 것이며, 프로그램의 상세한 계획을 수립하는 단계이다. 설계단계는 교육과정 개발에 따른 교과의 선정, 수업 방법 및 자료의 확정, 효과적인 실행을 위한 행·재정적인 지원과 절차 등을 자세하게 계획하는 단계이다. 설계 단계에서는 합의된 대안에 대한 프로그램의 상세한 계획을 수립하고, 특정 교수 자료를 생산하는 단계로 교육과정을 구체적으로 적용하고 실행할 수 있도록 한다. 숙의 단계에서 완전한 합의가 이루어지지 않아도 설계는 진행되며, 설계과정 내에서도 숙의는 계속된다. 설계 단계는 교육과정의 여러 구성요소에 관한 결정이 이루어지고, 의사결정자들의 논의 및 조정을 통해 실현된다.

Walker 모형은 교육과정 의사결정자들의 믿음에 기초하여 그 의견들이 타협·조정되는 것을 강조한다. 교육과정 의사결정자들은 교육과정은 일련의 의사결정 결과로부터 나온 자연적인 결과물이라고 생각한다. Walker 모형은 교육과정을 계획하고 개발하는 동안 실제로 일어나는 것을 아주 정확히 묘사하고, 합의를 이루지 못했을 때 교육과정의 계획이 어떻게 진행될 수 있는지 잘 진술한다. 그러나 Walker 모형은 계획에 초점이 맞춰져 교육과정 설계가 완성된 뒤에 일어나는 일에 대한 언급이 부족하다. 따라서 Walker 모형은 큰 규모의 교육과정에 적합하며, 전문가, 시간, 자금 등이 넉넉하지 않은 소규모 학교나 숙의가 어려운 관료제에선 적용하기가 어렵다.

제 5 장

새로운 교육과정과 재개념주의 모형

1. 새로운 교육과정 모형

1) Skilbeck의 학교중심 교육과정 개발 모형(SBCD)

Skilbeck의 학교중심 교육과정 개발 모형(School-Based Curriculum Development, SBCD)은 교사가 주체가 되어 학교, 학부모, 학생의 특성을 고려한 학교 수준의 교육과정으로 학교 현장의 교사들이 융통성 있게 교육과정 개발에 참여할 수 있도록 허용하는 모형을 제시한 것이다. Skilbeck 모형은 전통적 교육과정 개발 모형에서의 경직성과 비현실성을 비판하며 등장하였다. Skilbeck의 학교중심 교육과정 개발 모형은 5단계 절차로 구성되어 어느 단계에서라도 계획을 시작할 수 있고, 어떠한 순서도 허용되며, 서로 다른 단계를 동시에 고려할 수 있다. Skilbeck 모형은 교육과정 개발에서 교육과정 구성요소와 개발 과정을 여러 측면에서 고려하고, 그 과정을 하나의 유기적 전체로 파악하며, 비교적 체계적인 방식으로 작업할 것을 제시한다. Skilbeck 모형은 상황분석을 중시하여 교육과정 개발의 출발점을 학교가 처한 상황분석에 두었고, 학교 특성에 따른 교육과정을 구성하여 학교, 교사, 학생의 특성에 따라 달리 구성하도록 하였다. Skilbeck 모형은 개방된 상호작용 모형으로 교사, 학생, 학부모, 지역사회 및 환경의 요구와 필요에 따라 발전적으로 수정 가능하며, 요구에 적합하다고 생각하는 단계에서 모형을 시작할 수 있다. 이에 Skilbeck 모형은 융통성 있고 상호작용적인 교육과정 개발 방식이라 할 수 있다.

[그림 2-5] Skilbeck의 학교중심 교육과정 개발모형

(1) 상황분석

상황분석은 사회의 특징과 학교의 교육 상황을 비판적으로 분석하는 것이다. 상황을 구성하는 요인들의 분석 단계를 외적 요인과 내적 요인의 관점으로 나누어 관련한 상황을 고려하여 분석한다. 외적 요인은 사회 문화적 변화, 교육제도, 교과의 성격, 교사 지원체제, 학부모 기대, 고용주의 요구, 지역사회의 가치와 문화적, 사회적 변화 등이 있으며, 내적 요인에는 학생의 적성 및 능력, 교사의 인지적 · 정의적 특성, 학교 풍토, 학교 시설, 교사의 태도와 교수기술, 학생의 능력, 학교 기대와 교육자료 및 자원 등이 있다.

(2) 목표 설정

목표 설정은 상황분석에 기초하며 교사와 학생의 행동을 강화할 수 있는 목표를 설정한다. 교육적 행위의 방향을 제시하기 위한 가치나 판단을 포함한다. 목표 설정은 교사와 학생의 행동을 구체화하고 기대되는 학습성과에 대한 견해이다. 목표는 상황을 수정하는 기준이 되며, 수정의 중요한 방법을 판단하게 된다. 또한 목표는 앞으로의 교육 활동 방향에 대한 선택, 가치, 판단을 암시하고 진술하는 것이다.

(3) 프로그램 구성

프로그램 구성은 교육내용, 교육방법 등 교수 학습활동을 설계하는 것이다. 교수·학습활동의 설계, 수단-자료, 적절한 제도적 장치와 연구 장면의 설계, 교직원의 인사 발령과 역할 분담, 학습시간표 및 규정 등을 계획하고 구성한다.

(4) 해석(판단)과 실행

해석(판단)과 실행은 교육과정의 변화를 일으키는 문제를 판단하고 실행한다. 교육과정의 변화를 일으킬 수 있는 문제를 중심으로 과거 경험을 검토하고, 교육과정 개혁에 관한 연구와 관련 이론을 분석하며, 예측을 통하여 미리 해결하는 것이다.

(5) 조정(모니터링), 피드백, 평가, 재구성

조정(모니터링), 피드백, 평가, 재구성을 하는 것으로 상황파악과 의사소통 체제의 설계, 평가 일정의 준비, 평가 절차의 준비, 지속적인 평가 문제, 연속적인 과정의 강화계획, 재구성, 확정 등을 포함한다.

Skilbeck 모형은 교육과정 결정을 분권형으로 전환하고, 실질적인 권한을 학교수준에서 위임하여 학교교육이 정치적인 영향을 받고, 학교중심 교육과정 개발이 정치적인 통제를 완전히 벗어나지 않고 있는 측면에서 실행되기 어려운 부분이 있다. 또한 Skilbeck 모형은 교육과정 개발자들이 교육과정 결정 과정에 얼마나 관심을 가지고 참여하고, 교육과정 결정을 위한 기초 자료로 학생의 요구를 파악할 수 있는 대화기술을 가지고 있는 부분을 해결해야 한다. 그리고 교사가 교육과정 결정에 관한 전문성과 책무성을 발휘할 수 있고, 학교의 지원 체제와 관련된 문제로 학교장 및 자문기관의 교육과정 지도성, 의사소통, 교육과정 개발자의 집단토의 능력, 교육과정 결정에 필요한 전략의 개발, 교사들이 교육과정을 계획하고 반성하며 개발하는 소요 시간 확보, 학교조직 구조, 재정지원 등을 고려해야 한다.

2) Wiggins와 McTighe의 이해중심 교육과정

Wiggins와 McTighe의 이해중심 교육과정(Understanding by Design, UbD)은 교육과정 설계에서 목표와 평가를 일치시킬 것을 강조하는 교육과정 설계 모형이다. Wiggins와 McTighe의 이해중심 교육과정은 학습활동보다 평가계획을 먼저 설계하는 선 평가-후 교육 모형으로 역방향 설계 방향으로 평가계획을 세우는 설계 모형이다. 이에 Backward 설계 모형, 역방향 설계 모형이라고 한다.

Wiggins와 McTighe의 이해중심 교육과정은 학습자의 목표도달 여부, 진정한 이해 여부를 확인하기 위해 평가를 구체적으로 계획하는 평가중심 모형이다. Wiggins와 McTighe의 이해중심 교육과정의 이론적 기초는 Tyler의 교육과정 개발 모형과 수업활동 계획에 있다. Wiggins와 McTighe의 이해중심 교육과정은 평가 개선으로 교수-학습의 질을 높이기 위한 성취기준 교육과정에 부합하는 모형이다.

Wiggins와 McTighe의 이해중심 교육과정의 설계 단계는 목표 설정, 평가계획, 수업활동 계획이다. Wiggins와 McTighe의 이해중심 교육과정은 단원을 설계할 때 전이가능성이 높은 아이디어, 핵심개념, 원리를 우선순위에 놓고 설계해야 한다. 또한 학습내용 선정에 앞서 구체적인 평가계획안을 마련해야 하는데 교육목표 설정 과정에서 평가계획과 성취기준을 수립하며, 이에 적합한 수업을 계획하여 효율적인 교육목표를 달성하도록 한다.

Wiggins와 McTighe의 이해중심 교육과정은 학생들이 복잡한 개념을 스스로 탐구하고, 비판적으로 사고하며, 실생활에 적용하는 능력을 기르는 것을 목표로 한다. Wiggins와 McTighe의 이해중심 교육과정은 성취기준의 도달을 강조하며, 교육목표로서 지속적 이해를 강조한다. Wiggins와 McTighe의 이해중심 교육과정은 학생의 이해력 신장을 강조하며, 학생이 배운 내용을 이해하는 데 초점을 두고 있다. 즉 학생들이 지식을 단순히 축적하는 것보다 그 지식을 활용하고 적용할 수 있는 능력을 키우는 것에 중점을 둔다. 따라서 Wiggins와 McTighe의 이해중심 교육과정은 지식 습득보다 학생들이 깊이 있는 이해를 통해 의미를 만들어가는 과정을 강조한다. '이해'는 단순히 정보를 암기하거나 기억하는 것이 아닌, 깊이 있는 사고와 개념적 이해로 학습자가 스스로 설명하고, 해석하며, 새로운 상황에 적용하는 능력이다. 또한 '이해'는 이해, 수행능력, 학습의 전이까지 포함하며, 학습자가 습득한 지식을 바탕으로 맥락 속에서 의미를 파악하고 새로운 상황 속에서 유연하게 적용하여 내면화한 것을 의미한다.

(1) 영속적 이해

Backward 교육과정 설계 모형은 교육목표로 학습자의 영속적 이해(enduring understanding)를 강조한다. Backward 모형은 단원을 설계할 때 전이가능성이 높은 아이디어, 핵심 개념, 원리를 우선순위에 놓고 설계하도록 하고 있다. Backward 모형은 교수학습 과정에서 학생들에게 기본개념에 대한 높은 수준의 이해를 요구한다. Backward 모형이 이루고자 하는 목적과 목표는 학생들이 학습한 내용을 기억하는 것 이상으로 그 내용을 다양한 상황에 적용할 수 있도록 하는 영속적 이해이다. Backward 모형은 학문에 가장 핵심적이고 기본적이면서도 변화하지 않으며 영속되는 지식의 이해로 이러한 영속적 이해는 학습자들이 배운 내용을 잊어버린 후에도 머릿속에 남아있는 큰 개념을 의미한다. 즉 영속적 이해는 학습한 내용을 장기적으로 기억하고, 새로운 문제 상황에서 이를 활용할 수 있는 능력으로 연결하는 것이다.

(2) 이해의 유형

Wiggins와 McTighe는 영속적 이해를 6가지 측면으로 구체화하여 제시하였다. 영속적 이해는 학습자가 무엇을 설명할 수 있고, 해석할 수 있고, 적용할 수 있고, 관점을 가지고 바라볼 수 있고, 공감할 수 있고, 자기지식을 가질 수 있는 것을 의미한다. 이러한 6가지 측면의 이해를 6가지 지식으로 보았다.

① 설명

설명은 어떤 일의 이유와 방법에 대해 자세하게 이야기하는 것이다. 설명은 어떻게 중심으로 서술할 수 있는 능력으로 사실, 사건, 행위에 대해 타당한 근거를 갖고 설명할 수 있는 능력이다.

② 해석

해석은 정보, 자료, 텍스트의 의미, 추론, 행간의 의미를 파악하는 것이다. 해석은 숨겨진 의미를 도출하여 해석할 수 있는 능력으로 의미를 제공하는 서술, 번역, 숨겨진 의미를 도출하는 능력이다.

③ 적용(적응)

적용은 배운 내용을 다른 상황에 응용하는 것이다. 적용은 지식을 새로운 상황 및 다양한 맥락에 효과적으로 사용하는 능력이다.

④ 관점을 가지는 것

관점을 가지는 것은 학습자의 관점을 전환하거나, 다양한 관점을 고려하고, 비판적인 자세를 가지는 것이다. 관점을 가지는 것은 비판적인 관점에서 통찰력 있는 견해를 제시하고 바라볼 수 있는 능력이다.

⑤ 공감

공감은 다른 사람의 입장에서 생각하는 것이다. 공감은 타인의 감정과 세계관을 공감하고 수용할 수 있는 능력이다.

⑥ 자기지식

자기지식은 상인인지능력을 갖추는 것이다. 자기지식은 학습에 대한 성찰과 반성으로 자신의 무지를 알고 있는 지혜와, 자신의 사고와 행위를 반성할 수 있는 능력이다.

(3) Backward 교육과정 개발 모형 단계

Backward 교육과정 개발 모형은 학문의 핵심적인 내용에 대한 학생의 이해를 심화시키고, 학습한 것을 전이할 수 있도록 하며, 효과적인 사고와 학습능력을 기르는 데 초점을 두었다. Backward 모형은 평가 우위 모형의 일종으로 목표 확인과 동시에 평가를 고려했다. 이에 Backward 모형은 학생의 도달 수준에 따른 교정과 보충학습이 이루어지므로 교육목표의 효율적 달성이 가능하다.

Wiggins와 McTighe는 이해중심 교육과정의 단원설계 방법으로 Backward 모형을 3단계 단원 설계 모형으로 제시하였다.

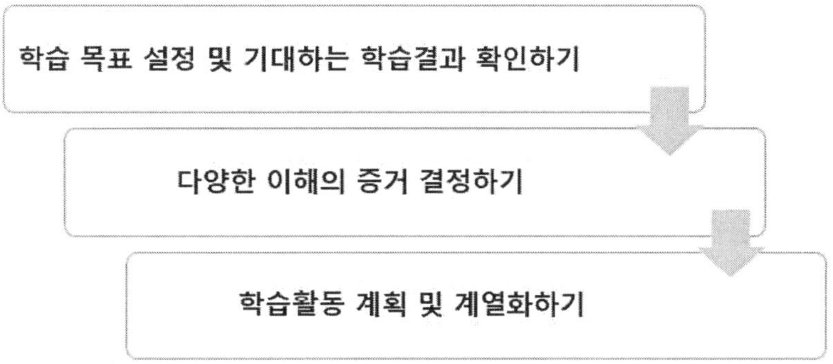

[그림 2-6] Backward 설계 단계

① 1단계 학습목표 설정 및 기대하는 학습결과 확인

1단계 학습목표 설정 및 기대하는 학습결과 확인에서는 중요한 교육내용의 선정 및 핵심 질문을 구성한다. 학습 목표 설정 및 기대하는 학습결과 확인은 단원 목적 설정과 질문을 개발하는 단계이다. 즉 학습목표 설정, 질문 개발, 기대하는 학습결과를 확인하는 것이다. 중요한 핵심 내용을 사실들의 기저에 있는 학문에 기반한 개념, 일반화, 기능(탐구과정)으로 추출하고, 구조화한다. 교육과정상 내용 기준(성취기준), 일반화, 핵심 질문, 사실과 개념적 지식, 기능, 과정적 지식이 1단계에 포함된다(김경자, 온정덕, 2011). 교과 내용은 질문의 형태로 전환시켜 학습자들을 내용으로 안내하고 광범위하고 추상적인 아이디어들을 구체화시키는데 활용한다. 사실, 개념(사실들 간 관계를 구조화한 것), 일반화(개념, 빅 아이디어)를 추출하고 학습자들이 핵심 개념과 일반화에 도달할 수 있도록 도와주는 핵심 질문을 구성한다.

단원의 궁극적 목적은 학문에 가장 핵심적인 영속적 지식의 이해에 있다. 영속적 이해가 가능한 학문의 핵심 내용을 학습목표로 설정한다. 성취기준의 개념이 어떤 이해를 바탕으로 하는지 확인 후 목표를 설정한다. 학습목표를 설정한 후 영속적 이해를 포괄할 수 있는 본질적 질문을 개발한다. 그리고 단원 전체를 구조화할 수 있는 포괄적 질문과 구체적인 내용 중심의 단원 질문을 진술한다. 빅 아이디어 선정, 'Know - Do - Be', 학습을 유발할 수 있는 핵심 질문을 구성한다.

② 2단계 다양한 이해의 증거 결정하기(평가 및 준거 결정)

다양한 이해의 증거를 결정하는 단계로 평가계획 수립하는 것이다. 다양한 이해의 증거는 평가 내용을 의미한다. 학생들의 이해정도를 확인하기 위한 수행과제로 포트폴리오법, 학생의 자기평가 등 다양한 평가 방법을 계획하고 평가의 준거 결정 및 루브릭을 작성할 수 있다.

학습자들이 중요한 핵심 내용을 이해했는지 보기 위해서 설정한 핵심 질문에 답할 수 있는 방식으로 수행과제를 개발할 수 있다. 수행과제를 결정한 후 학생의 이해를 확인할 수 있는 다른 수행과제로 지필검사, 퀴즈 등을 계획한다. 또한 학생의 자기반성을 위한 자기평가를 계획한다. 이해의 증거와 자기평가도 살펴보고, 자기평가 및 반성과 메타인지를 포함하는 자기평가도 중요하다.

수행과제는 중요한 교육내용을 이해하였는지 드러내는 증거로, Wiggins와 McTighe(2004)는 설명, 해석, 적용, 관점 가지기(비판적 및 통찰력 견해를 가지는 것), 통찰로서 감정 이입하기, 자기지식 가지기 등 6가지 측면을 고려할 것을 제안하였다. 이를 수행과제에 포함되어야 할 요소로 머리글자만 합하여 GRASPS모델이라고도 한다.

수행과제에 포함되어야 할 요소는 목표, 역할, 청중, 상황, 실행, 기준의 6가지이다. 수행과제는 학습자들이 실생활에 적응할 수 있는 상황(S)에서 어떤 목표(G)를 가지고 구체적인 대상 및 관중(A)을 고려하면서 특정한 역할(R)을 맡아서 기준(S)에 따라 결과물(P)을 만들어 내는 형식으로 개발되어야 한다는 것이다(김경자, 온정덕, 2011).

③ 3단계 학습활동 계획 및 계열화하기

학습활동 계획, 학습활동 개발, 학습활동 계열화 단계로, 학습경험의 선정과 조직을 한다. 학습활동 계획 및 계열화하기에서는 학습목표와 확인할 수 있는 평가계획에 근거하여 수업 전개 내용을 계획한다. 즉 수업, 활동, 경험을 통해 학습목표에 도달하는 성공적인 평가 내용이다. 개별 차시들을 통합하여 수업활동에 대한 구체적인 계획, 개발한 수행평가 과제를 성공적으로 완수할 수 있도록 도와주는 방식으로 조직한다. 단원의 목표와 방향, 배우는 것에 대한 이해, 학생의 동기유발과 관심의 집중, 학생을 준비시키고, 주요 개념에 대한 경험과 탐구를 하도록 한다. 그리고 주요 개념을 다시 생각해 보고, 반성 및 교정할 수 있는 기회를 제공하고, 과제 수행의 향상도에 대한 자기평가의 기회를 제공하며, 학생 개개인의 장점, 재능, 흥미를 고려하여 학습방식을 다양화한다. 또한 깊이 있는 이해가 가능하도록 체계화하여 조직한다. 이 단계에서는 학습경험과 수업 계획이 진행되어야 하는데 실제 활용할 수 있는 교수·학습지도안을 개발할 수 있다.

Wiggins와 McTighe(2004)는 수업 계획에서 WHERETO의 원리 내용을 절차적으로 포함하도록 하고 WHERETO의 요소를 다음과 같이 제시하였다.

㉮ W(Where and Why)

단원의 방향과 목적, 목표를 안내한다. 교사는 높은 기대수준과 학습 방향을 제시한다.

㉯ H(Hook and Hold)

주의 환기와 흥미 유지, 관심, 주의집중 시킨다. 학습자들이 도전의식을 고무하도록 하며 관심을 이끈다.

㉰ E(Equip, Experience, Explore)

탐구하고 경험하기, 과제 수행에 필요한 지식과 경험, 도구, 노하우 등을 갖추게 한다. 수행과제를 투입하면서 주제를 넓게 탐구한다.

㉱ R(Rethink, Reflect, Revise)

반성하기, 재사고하기, 개정하기, 핵심 아이디어를 다시 생각하고 반성하고 교정하며 재점검한다. 높은 성취수준을 수행하고 있는지 점검한다.

㉲ E(Evaluate)

작품과 향상도를 평가하기, 스스로 진보 및 향상도를 평가할 기회를 제공한다. 성취의 증거들을 발표하고 전시한다.

㉳ T(Tailor)

학습자에게 맞추기, 각 개인에 맞게 개별화하기, 학생 개개인의 감정, 재능, 흥미에 적합한 방식으로 차별화한다. 개인적 재능, 흥미, 필요를 반영할 수 있도록 설계한다.

㉶ O(Organize)

진정한 이해를 최적화하기 위해서 조직한다. 효과적인 학습을 위한 내용 조직 및 계열화, 깊이 있는 이해를 최적화, 주도적이고 지속적인 학습 참여를 최대화하도록 조직한다.

④ Backward 교육과정 개발 모형의 장단점

Backward 교육과정 개발 모형의 장점은 다음과 같다.

㉮ 목표, 내용, 평가의 일치를 꾀할 수 있다.

목표와 평가가 일치하는 내용 설계가 가능하여 수업과정에서 학습목표, 학습내용, 평가가 일치되는 교육과정 설계가 가능하다.

㉯ 교과에 대한 심화학습이 가능하다.

개념, 원리, 핵심 아이디어를 교수학습의 궁극적 목적으로 삼기 때문에 교과에 대한 학습자의 심화학습이 가능하다.

㉰ 교육에 대한 교사의 책무성을 강조한다.

Backward 모형은 목표 설정과 평가계획이 함께 고려되어 평가계획을 수립하는 과정에서 교사의 책무성을 강조한다.

㉱ 성취평가제에 대비한 수업 운영이 가능하다.

목표에 도달했을 때 나타내는 성취기준을 바탕으로 교육과정을 설계하기 때문에 성취평가제에 대비한 수업을 운영할 수 있다.

㉲ 국가 교육과정과 현장의 수업을 일치할 수 있다.

목표 설정과 평가 계획을 통해 내용과 관련된 성취기준을 명확히 한다는 점에서 국가 교육과정의 기준과 현장 수업을 일치할 수 있다.

㉥ 교육과정 중심의 수업으로 전환할 수 있다.

교사가 단원을 설계할 때 국가 교육과정에서 제시한 성취기준을 출발점으로 삼게 되어 교과서 중심 수업에서 교육과정 중심의 수업으로 전환할 수 있다.

Backward 교육과정 개발 모형의 단점은 다음과 같다.

㉮ 교육내용이 목표 달성을 위한 수단이 될 수 있다.

목표의 우위, 목표의 사전명세화 등을 강조하기 때문에 교육내용이 목표 달성의 수단으로 전락할 수 있다.

㉯ 평가 의존적 수업활동을 할 가능성이 있다.

평가 계획을 수업 계획에 앞서 수립하도록 하여 평가 의존적인 수업활동이 전개될 수 있다.

㉰ 학생의 관심, 흥미를 고려하지 못한다.

Backward 모형에서 강조되는 목표는 학문적 지식에 기초한 내용 이해에 있어 학생들의 관심, 흥미를 고려하지 못하는 측면이 있다.

㉱ 목표 자체의 정당성을 설명하기 어렵다.

목표의 중요성과 기능만 강조하여 목표 자체의 정당성에 대해서 제대로 설명하지 못한다.

2. 재개념주의 모형

재개념주의 모형은 Tyler의 합리적 모형으로 대표하는 전통주의를 비판하며 나타났다.

1) Pinar의 자서전적 교육과정 개발 모형

Pinar의 교육과정 재개념화 모형은 기술공학적이고 행동주의적인 교육과정 연구 모형에 대한 역사적 비판을 통하여 탈역사성과 가치중립의 허구, 이데올로기를 지적하여 등장하였다. Pinar는 모든 학문적 노력이 궁극적으로 추구하는 기본적 목표를 인간의 해방(liberation)이라고 규정하였다. 해방은 정치적, 경제적, 심리적 불공정성으로부터 자신과 타인을 자유롭게 하는 과정으로 인간을 추상적으로 이론화하고 표준화한 관념적 인식으로부터 벗어나 생동적이고 구체적인 개인의 직접적 경험의 세계를 회복하여 이루어질 수 있다고 하였다.

Pinar는 교육과정 탐구의 대안으로 'Currere'를 제시하였다. 교육과정은 그 내용과 탐구 방법에 있어서 Currere로 재개념화 되어야 한다고 보았다. 이것은 교육과정의 라틴어 Currere가 갖는 본래의 의미로 교육에 대한 개인적 경험이 갖는 본질적 의미를 제안하여 교육과정을 재개념화하였다. Currere 교육과정은 학생들이 경험을 자신의 존재 의미와 연관 지어 해석하고, 이를 통해 자기반성적 삶을 살아가도록 하는 과정으로 전통적인 교육과정의 개발, 설계, 평가의 개념을 반대하면서 시작하였다. Currere는 개인의 생생한 삶(lived experience)의 경험적 역사를 탐구의 대상으로 삼고 개별적 경험의 의미를 이해하기 위하여 반성적-진보적-분석적-종합적(regressive-progressive-analytic-synthetic)이라는 독특한 정신분석학적인 방법을 도입하였다. Currere는 개인의 교육적 경험의 역사가 갖는 숨겨진 측면을 노출하기 위하여 자서전적(autobiographic) 방법을 적용한다(김진호, 2009). Pinar의 교육과정 이론은 학생들에게 이미 주어진, 완성된 지식을 주입하거나 문제해결을 위한 처방이 아니며, 새로운 지식 세계를 창출할 수 있는 구체적인 개인의 회복을 도와주는 데 있다.

(1) Currere 4단계 방법론

① 회귀(소급)

자신의 실존적 경험을 회상하면서 기억을 확장하고 과거의 모습을 상세히 묘사한다.

② 전진

자유연상을 통해 아직 현실화되지 않은 미래의 모습을 상상한다.

③ 분석

과거, 현재, 미래라는 세 장의 사진을 놓고 이들 간의 복잡한 관계를 탐구한다.

④ 종합

생생한 현실로 돌아가 자신의 목소리를 주의 깊게 듣고, 현재의 의미가 무엇인지를 자문한다.

〈표 2-1〉 Currere 4단계 방법론 적용

단계		활동유형	학습자 활동
1단계	회귀	과거 경험 회상하기 자유로운 연상을 통한 기억 확장하기	회상하는 글쓰기 인생연보 그리기
2단계	전진	자유연상을 통한 미래 회상하기	자서전적 글쓰기 마인드맵 작성 앙케트, 질문표
3단계	분석	1, 2단계를 통해 회상한 것에 비편적으로 반성하기 과거, 미래, 현재라는 세 장의 사진을 놓고, 이들 간 복잡한 관계 탐구하기	집단토의, 토론 (현상학적 질문, 해석학적 읽기) 테이블 대화
4단계	종합	새로운 해석 정리, 느낌 말하기 새롭게 발견한 모습, 변화 찾기	한 문장 정리 자전적 에세이 쓰기

출처 : 최화숙, 박일수, 이재철(2024).

(2) 자서전적 방법론

자서전적 방법론은 Pinar가 학교교육의 병폐를 치유하려는 방법으로 제안한 것이다. Pinar는 학교교육 병폐의 근본적 원인을 객관성 강조로 인한 주관성 및 참자아의 상실로 규정하고, 이를 위한 치유는 교육 출발점의 전환으로 안으로부터 시작되어야 한다고 제안하였다. 자서전적 방법은 학생들의 주관적 내면에서 출발하여 학생들 자신의 주관성을 회복하기 위해서 필요하다고 보았다. 자서전적 방법론은 자신의 교육경험을 있었던 그대로 쓰는 것으로 행동 및 사고를 결정하는 데 작용했던 가정이나 논리 비판적 검토하며, 타인의 경험을 자서전적으로 분석한다.

2) Eisner의 예술적 교육과정 개발 모형

Eisner는 교육에 있어서 어떤 설정된 목표를 중심으로 수단화한 기술 공학적 사고의 경우 교육현장의 교육적 행위에서 기대할 수 있는 창의적 교육 결과에 한계가 있다고 보았다. 이에 Eisner는 교육과정의 설계와 결과에 대한 평가를 예술적 작업으로 개념화하는 대안을 찾았다. Eisner는 예술적 표현행위(Expressive Activity) 후에 표현결과(Expressive Outcomes)를 얻는 것처럼 교육 행위 후에 교육적 결과를 얻을 수 있다는 설계 절차를 제안하였다. 즉 Eisner는 목표가 우선되는 설계 절차의 한계를 지적하고 학교 현장의 학생과 교사가 상호작용하는 교육현장 중심의 설계 절차를 제시한 것이다. Eisner의 교육과정 설계는 목표가 모든 구성요소에 우선하는 것이 아니며, 교육적 행위가 우선할 수 있다는 견해이다.

Eisner는 표출목표를 중시하고 질적 탐구를 강조하였다. Eisner는 교육과정 개발의 선구자는 교사로 학생들의 학습경험을 관찰하는 교사에 의해서 이루어져야 하며, 교사의 교육적 감식안과 교육비평이 필요하다고 하였다. 또한 예술교과의 중요성 강조하고, 질적인 판단은 우뇌의 영역으로 예술교과를 통해 배양해야 한다고 보았다. 따라서 영 교육과정의 존재 지적하여 모든 학교는 공식적 잠재적 영 교육과정이 존재한다고 주장하였다.

(1) Eisner의 예술적 교육과정 개발 모형의 유형

Eisner(1979)은 세 가지 유형의 모형으로 제시하였다.

① 첫째 모형

의도가 정해지면 그 의도는 교육과정의 계획에 방향을 제시하며 하나의 제어기능을 수행하게 된다. 교육과정이 설정되면 교사의 수업목표가 되고 내용이 되며, 자료가 되는 것이다. 가르친다는 것은 학습을 신장시킬 수 있도록 교사가 교육과정의 의도나 자료를 수업에 적용시키는 여러 가지 작업을 말한다. 목적에서 시작하여 가르치는 일에서 끝난다.

② 둘째 모형

가르치는 일은 항상 교육과정과 관계를 맺고 있다. 가르치는 일에는 가르칠 내용이 수반된다. 교사는 가르치는 행위에 참여하고 그 행위를 하는 중에 교육과정 계획에 기초로 사용될 수 있는 목표가 생겨난다. 가르치는 행위가 목표 설정을 유도하고 있으며 다시 교육과정 계획에 연결된다. 가르치는 일에서 시작하여 교육과정 계획으로 끝난다.

③ 세 번째 모형

목표는 교육과정 계획을 유도하고 다시 가르치는 일에 내용과 방법을 제공하고 가르치는 과정에서 새로운 목표가 설정된다는 것이다. 교육과정을 계획해서 교육과정을 따라서 가르치는 일의 내용과 방법을 발견하여 다시 목표를 유도할 수 있고 가르치는 일을 시작해서 그 과정을 통해서 목표를 설정하며, 다시 교육과정을 기획하는 지표로 삼을 수 있다. 가르치는 일과 교육과정 계획의 순환적 관계를 나타낸다.

(2) Eisner의 예술적 교육과정 개발 절차

① 목표 설정

행동목표(behavioral objectives)는 Tyler의 목표, 행동용어로 진술된 목표이다. Eisner는 수업 시작 전에 행동목표의 진술이 불가능한 점, 예술 영역의 행동목표 진술이 어려운 점, 행동목표의 평가기준이 부적합하다는 점, 교육목표를 교육내용 선정과 조직 전에 명시하는 것이 옳지 않다는 점 등을 비판하고, 문제해결 목표(problem-solving objectives), 표현적 결과(expressive outcomes) 등을 제시했다. 문제해결 목표는 조건을 충족하며 문제를 해결해야 하는 목표로 문제와 문제를 해결할 때 지켜야 할 조건이 주어지면, 조건을 충족하면서 문제를 해결하는 경우이다. 문제해결 목표는 행동목표와 같이 미리 정해진 해결책을 학생이 찾아내도록 요구하지 않고, 정해지지 않은 수많은 해결책 중 하나 및 그 이상을 학생 각자가 찾아내도록 한다. 표현적 결과는 활동하는 도중 및 종료 후 얻게 되는 것으로 학생들이 학교에서 목표를 정하지 않고 재미있고 유익할 것으로 생각되는 활동을 하면서 배울 수 있다. 목표를 미리 정하지 않고 어떤 활동을 하는 도중 및 끝난 후 교육적으로 바람직한 것을 얻는 것이다. 명백한 교육목표, 정의되지 않은 목표(목적, 목표, 학습목표 구분)도 고려하며, 목표의 중요성을 토의하는 과정을 중시한다.

종류	특징	평가 방식
행동 목표	학생 입장에서 진술 행동용어 사용 정답이 미리 정해져 있음	양적 평가 결과의 평가 준거지향검사 사용
문제해결 목표	일정한 조건 내에서 문제의 해결책을 발견 정답이 정해져 있지 않음	질적 평가 결과 및 과정의 평가 교육적 감식안 사용
표현적 결과	조건 없음 정답 없음 활동의 목표가 사전에 정해지지 않고 활동하는 도중 형성 가능	질적 평가 결과 및 과정의 평가 교육적 감식안 사용

② 교육내용의 선정

교육내용의 선정은 교육과정 선택 시에 영 교육과정을 고려한다. 개인, 사회, 교과의 세 자원에서 내용을 추출하며, 영 교육과정을 고려해야 한다.

③ 학습기회의 유형

학습기회의 유형은 목표와 내용을 학생에게 의미 있는 적절한 학습활동으로 변형하는 것이다. 학생들에게 의미 있고 만족스러운 다양한 학습기회를 제공해야 하며, 교사는 교육적 상상력을 발휘하여 교육목표와 교육내용을 적절한 형태로 변형하여 제시해야 한다.

④ 학습기회의 조직

학습기회의 조직은 학생들의 다양한 학습결과를 유도할 수 있는 비선형적 접근방법(거미줄 모형)을 강조한다. 학습결과와 학습경험의 폭을 넓힐 수 있는 일련의 학습 자료와 교육활동을 제공해야 한다. 교사들은 안내자의 위치에 있으며, 학생의 참여 및 선택권을 강조했다.

⑤ 내용영역의 조직

내용영역의 조직에서 내용은 비전통적인 방법으로 다양하게 조직되고 통합되어야 하며, 다양한 교과들 사이를 꿰뚫는 내용 조직이 필요하다.

⑥ 제시양식과 반응양식

제시양식과 반응양식은 학생의 교육기회를 넓혀주는 다양한 의사소통 양식을 사용하는 것이다. 교사가 학생과 의사소통할 때 교과서 외 다양한 의사소통 양식을 활용할 것을 주장한다. 교사는 산문 형식보다는 시적 표현, 은유를 포함한 다양한 의사소통 양식을 활용해야 한다. 의사소통 양식이 다양하지 않으면 다양한 반응양식을 개발하는 학생들의 교육기회를 부정하게 된다.

⑦ 다양한 평가 절차의 적용

교육과정 개발과정의 다양한 단계에서 종합적인 평가 절차를 사용한다. 다양한 평가 절차의 적용은 교육과정 전반에 걸친 활동으로 실제적 과제를 해결하도록 하는 참 평가가 되어야 한다. 참 평가는 실생활에서 필요로 하는 문제해결 능력을 학습하는데 도움이 되는 평가이다. 실제적 과제를 다양한 관점에서 해결하는 것이 가능한 평가로 미묘한 질의 차이를 인식할 수 있는 교육적 감식안과 교육비평이라는 질적인 평가에 토대를 두어야 한다.

제6장

교육목적과 목표 선정

1. 교육목적과 교육목표 수립의 원리

교육과정은 교육목적과 교육목표를 설정하고 교육목적과 교육목표 달성에 적합한 교육내용을 선정한 후에 교육내용을 조직하는 것이다. 교육목적(aims of education)은 국가나 체제 수준에서 거시적, 장기적으로 제시한 것으로 일반적이고 광범위한 진술 형태이다. 수업목표(instructional objectives)는 개별 학교의 교사 수준에서 만들어지는 것으로 구체적이고 학습자 행동이 드러내는 진술 형태이다. 교육목적과 수업목표 사이에 있는 것이 교육목표(goals of education)로 교육목표는 교육목적보다 구체적이면서 분명하지만, 수업목표보다 일반적인 진술 형태를 이룬다.

교육과정에서 교육목적은 일반적으로 교육에 대한 국가나 사회의 요구를 담고 있으며, 장기간 교육을 통해 개발되는 인간의 다양한 특성을 진술하고도 있다. 교육과정에서 교육의 목적은 지적 능력의 개발, 사회의 유지와 개선, 개인의 성장과 행복 등으로 규정하고 있다.

교육목표는 어느 수준에서 쓰는가에 따라서 일반적인 수준에서부터 구체적인 수준으로 개념화하는 것이다. 교육목표는 교육을 통해서 기대하는 성과를 의미하며, 교육내용의 선정, 조직, 학습지도, 평가 등을 일관성 있게 반영해야 한다.

교육목표 설정을 위해서 기준이 되는 일반적 원리에는 구체성, 포괄성, 일관성,

실현가능성, 주체의 내면화, 적합성, 가변성, 타당성이 있다. 구체성은 교육내용 선정, 조직, 평가에 실질적인 시사점을 주도록 똑같은 의미로 이해 및 해석할 수 있게 용어를 구체적이고 명료하게 진술해야 한다는 것이다. 포괄성은 교육의 목적을 전인 육성에 있으므로 교육목표는 폭넓은 행동 특성의 변화를 포함하는 포괄적이어야 한다는 것이다. 일관성은 설정된 목표가 서로 논리적인 모순이 없고 철학적 일관성이 있도록 해야 한다는 것이다. 실현 가능성은 교육활동을 통해 실현 가능성이 있어야 한다는 것이며, 주체의 내면화는 모든 교직원의 행위와 교육활동 속에 내면화해야 함을 의미한다. 그리고 적합성은 학생과 사회적 요구와 맥락이 적절해야 한다는 것이다. 타당성은 학습자의 현재 및 미래 삶에 가치있는 것으로 교육목표는 타당성을 검증받아야 하고, 수정될 수 있어야 한다. 가변성은 필요와 상황에 변경될 수 있어야 한다는 것으로 타당성이 교육의 전 과정에서 재검토되고 필요에 따라 변화되어야 한다는 것이다. 교육장면에서 처음 의도한 교육목표와 성과는 반드시 일치하기 어렵다. 학교교육이 유목적적인 활동이 되기 위해서는 교육목표가 무엇이 되어야 하고 어떻게 설정하는 것이 바람직한지 신중하게 검토해야 한다.

1) 학교급별 교육목표

학교에서 이루어지는 교육활동은 교육목표를 달성하기 위한 노력과 수단이라 할 수 있다. 학교급별 목표는 학생들의 발달적인 특성과 사회적 요구가 내포된 학교의 단계별 특성을 고려하여 결정된다. 학교급별 목표는 각급 학교의 학생들에게만 적용된다. 이에 학교급별 목표는 교육의 목적에 비해서 덜 포괄적이면서 적용 기간은 짧다.

2) 기관별 교육목표

기관별 교육목표는 각 교육청이나 개별 학교에서 설정하는 교육목표이다. 기관별 교육목표는 기관에서 교육목적 및 상기한 학교급별 교육목표를 토대로 하여 해당 지역 및 학교의 특수한 여건과 요구에 대한 분석 결과를 참고하여 결정한다. 기관별 교육목표는 기관에 속한 교육에 대한 비전과 중점 과업, 교육에 대한 철학적 진술, 교육의 목적 및 목표 등을 다양하게 표현한다. 기관별 교육목표는 대체로 비전과 중점 과업을 중심으로 설정하며, 교육을 통해서 달성해야 할 교육적 가치가 있는 목표인지 검토 후에 설정한다.

3) 교과별 교육목표

교과별 교육목표는 교과의 성격에 바탕을 두고 설정된다. 국가 수준의 교육과정 문서에 일반적인 수준에서 교과별 교육목표를 제시한다. 각 교육청과 개별 학교의 교육과정 문서에 각 기관의 특수성을 감안한 교과별 교육목표를 제시한다.

4) 구체적 교육목표

구체적 교육목표는 비교적 단기간의 수업을 통하여 학생들이 성취해야 하는 것들을 상세하게 진술한 것이다. 학습 내용과 활동 등 달성하기 위한 수단을 구체적으로 제시한다. 각 교과의 학년별 내용을 분석하여 찾아내고, 여러 일이나 주에 이르는 단원의 목표, 단시 및 하루의 수업목표로 구분한다. 구체적인 교육목표는 학생들에게 명확하게 인지하게 하고, 획득하는 절차를 이해하도록 해야 기대 결과가 촉진될 수 있다.

2. 교육목표 설정 단계

교육목표를 설정하는 단계를 요약하면 다음과 같다(김대현, 김석우, 1996).

첫째, 잠정적인 교육목표를 설정한다. 교육과정을 계획하는 사람들은 교육과정 지침서, 교과서, 교육학자와 심리학자들이 제시한 기초 연구 등을 토대로 하거나 학교 행정가와 교육과정 전문가가 참여하는 협의회 및 학생 참여 모임을 통하여 잠정적인 교육목표를 설정하고 기대 수준을 측정한다.

둘째, 잠정적 교육목표들의 우선순위를 정한다. 교직원, 학부모, 학생, 지역사회 시민 등 잠정적 목표 중에서 가장 관심이 있는 것, 중요한 것, 강조할 목표를 중심으로 각각에 대한 우선순위를 정한다.

셋째, 잠정적 목표 영역에 대한 학생들의 현재 실태를 조사한다. 학생들의 실태는 관찰 및 주위 사람들의 보고 등으로 학생들의 현재 상태를 추정하는 방법, 목표 관련 평가지를 통한 객관적인 방식으로 조사한다.

넷째, 둘째 단계에서 결정된 잠정적 목표들의 우선순위와 셋째 단계에서 밝혀진 현재 실태 간 간격을 통하여 최종적인 교육목표와 우선순위를 결정한다.

3. 교육목표의 분류

교육목표는 교육을 통해 기대되는 성과로 교육활동의 기준과 방향을 제시하는 것이다. 교육목표는 구체적일수록 교육활동 내용과 이를 통해서 달성해야 하는 것들을 분명하게 밝혀 준다.

1) B. S. Bloom의 교육목표분류

교육목표는 구체적으로 다룰 내용과 추구할 행동을 함께 제시하는 것이다. Bloom과 그의 동료들(1956)은 구체적인 교육목표를 처음 제시하였다. 특정 학습 내용을 어떤 행동 수준으로 설정하고 제시하는지 해결하기 위해서 다양한 교육목표들을 어떤 원칙에 따라 체계적으로 정리·분류하는 교육목표분류학을 제시하였다. Bloom의 교육목표분류학은 1956년 발표한 후로 교육목표 분석 연구에 활용되고 있다.

Bloom의 교육목표분류는 인간의 사고 과정을 세분화시킨 것이다. Bloom(1956)은 교육목표로 학습영역에 대하여 인지적(cognitive) 영역, 정의적(affective) 영역, 심동적(기능적, 심체적, psychomotor) 영역으로 구분하고 영역마다 각각 교육목표에 진술되는 행동을 분류하는 준거를 제시하였다. Bloom의 교육목표분류학은 복잡성의 원칙(principle of complexity)을 도입하고 있다. 복잡성의 원칙은 지적 행동의 습득 과정에서 가장 학습하기 쉬운 것에서부터 가장 학습하기 어려운 단계로 분류하는 것이다. 이 세 영역은 가장 단순한 저차원에서 가장 복잡한 고차원 수준의 계층적 분류를 통해 유용한 분류체계를 제시해 주고 있다. 각각의 분야마다 학습 위계를 지적 활동이 낮은 수준에서부터 높은 수준으로 분류하여 체계화하였다. Bloom이 교육목표분류 체계로 제시한 인지적 영역, 정의적 영역, 심동적 영역 간 중첩 문제와 하위 항목 분류 기준의 불명확성 등은 한계점으로 지적되고 있다(Anderson & Krathwohl, 2001).

〈표 2-2〉 Bloom의 교육목표분류 체계

	인지적 영역	정의적 영역	심동적 영역
높은 수준 고등정신능력	평가	인격화	숙련된 운동기능
	종합	조직화	신체적 기능
↑	분석	가치화	운동지각능력
↓	적용	반응	초보적 기초 동작
낮은 수준 하위정신능력	이해	수용	반사적 운동
	지식		

(1) 인지적 영역

인지적 영역의 분류는 주로 안다는 일과 관계되는 기초적인 정신적·지적 과정이다. 지적 능력과 기능 발달에 관련된 영역이다. 인지적 영역은 지식, 이해, 적용, 분석, 종합, 평가의 6단계 영역으로 세분화하였다. 각 영역들은 일정한 위계관계를 가지며 하위분류 유목을 준거로 세분화된다.

6단계의 영역은 누가적, 복합적, 위계적 성질의 사고과정을 의미한다. 어떤 사상에 관한 최소한의 지식을 기억하고 있지 않으면 그 사상과 관련되는 개념이나 법칙을 이해할 수 없고 사상에 관한 법칙들을 종합하려고 하면 최소한의 지식과 함께 사상을 이해, 적용, 분석하는 능력을 갖추고 있어야 한다. 그러므로 지식, 이해 적용력과 함께 분석력이 포함되어 있으나 종합력과 평가력이 들어있지 않으면 그것은 분석력에 해당하고, 평가력은 나타나지 않으며 지식, 이해, 적용, 분석력과 종합력이 내포되어 있을 때는 종합력에 해당한다.

① 지식(Knowledge)

지식은 학습한 내용을 기억하고 상기해 내는 능력이다. 이미 배운 내용을 기억해 내는 능력이다. 지식에서 이미 배운 내용으로 사실, 개념, 원리, 방법, 유형, 구조 등에 대한 기억이며, 한 교과영역에 담겨 있는 특정 요소에 대한 상기, 재생, 재인(再認)을 의미한다. 지식수준의 학습 목표는 학생들이 사실, 용어, 문제해결 전략, 규칙 등을 기억하게 한다. 특수사실, 보편적 법칙, 방법과 절차, 형태와 구조 등의 내용 영역이다. 정의하라, 나열하라, 기억하라, 묘사하라, 연결하라, 분류하라, 서술하라 등을 들 수 있다.

② 이해(Comprehension)

이해는 지적 기능의 가장 낮은 단계이다. 지식을 바탕으로 자료의 의미를 파악하는 능력으로 의사전달 내용이나 자료의 의미를 파악하는 것이다. 이해는 의사전달 내용을 이해, 다른 수준의 내용으로 바꾸거나 후속된 경향을 추론하는 것이다.

이미 배운 내용에 관한 의미를 파악하는 능력이며, 단순히 자료를 기억하는 수준을 넘어 의미를 파악하고 해석하며 추론하는 능력을 의미한다. 이해는 학습 내용의 이해를 요구하며 읽은 내용을 자신의 언어로 변경하여 말하거나 관계의 연결 및 결론을 끌어낸다. 번역, 해석, 추리능력을 포함한다. 추론하라, 설명하라, 번역하라, 구별하라, 구분하라, 요약하라 등을 들 수 있다.

③ 적용(Application)

적용은 학습 내용을 새로운 구체적 상황에 사용하는 능력이다. 구체적 사태에 추상 개념을 적용하여 문제를 해결할 수 있는 능력이다. 적용은 학습한 개념, 방법, 원리를 새로운 문제에 적용해서 해결한다. 적용은 다수의 개념을 구체적인 새로운 문제 사태 해결을 위해 사용할 수 있는 것과 관련 있다. 배운 것을 상황에 적용하는 것이며, 현재 학습한 내용을 이용하여 다른 문제를 해결한다. 바꿔라, 수정하라, 연관시켜라, 계산하라, 조직하라, 변환하라 등을 들 수 있다.

④ 분석(Analysis)

분석은 주어진 자료의 구성요소를 찾아내고 각 요소 간 관계와 조직원리를 발견하는 능력이다. 주어진 자료를 부분으로 분해하고, 부분 간 상호관계와 조직되는 원리를 발견하는 능력이다. 즉 모종의 전달 내용에 대한 구성요소와 부분으로 분해한다. 분석은 조직, 구조 및 구성요소의 상호관계를 이해하기 위하여 주어진 자료의 구성 및 내용을 분석하는 능력이다. 분석은 이미 배운 내용으로 개념, 규칙, 원리, 이론, 기술, 방법 등을 구체적 또는 새로운 장면에서 응용하는 능력이다. 분석은 내용 속 요소, 부분을 비교·대조하여 논리적 오류, 차이, 위계관계 등을 알아내고 요소, 관계, 구성 원리를 분석한다. 분석은 논리적인 오류를 찾아내거나 사실, 의견, 추측, 가설, 결론 간 차이를 구별해 내는 것으로 여러 생각 간 관계를 비교 및 대조한다. 분류하라, 구별하라, 추출하라, 예를 들어라, 추론하라, 요점을 말하라 등을 들 수 있다.

⑤ 종합(Synthesis)

종합은 여러 요소와 부분을 결합하여 하나의 새로운 전체를 묶어 구성하는 능력이다. 요소 및 부분의 결합을 의미한다. 종합은 비교적 새롭고 독창적인 형태, 원리, 관계, 구조 등을 만들기 위하여 주어진 자료의 내용 및 요소를 정리하고 조직하는 능력이다. 여러 요소 및 부분을 하나로 묶을 수 있는 능력이다. 종합은 학생들이 고유하고 독창적인 것을 만들어 내는 것으로 독특한 방법으로 어려운 문제해결 및 창의적인 해결 방법을 제시한다. 범주화하라, 창조하라, 공식화하라, 편집하라, 디자인하라, 예측하라 등을 들 수 있다.

⑥ 평가(Evaluation)

평가는 특정 소재 또는 방법의 가치나 중요성을 판단하는 능력이다. 평가는 특정한 목적과 의도를 근거로 주어진 자료 및 방법이 갖고 있는 가치를 판단하는 능력이다. 일정한 목적에 비추어 어떤 준거를 활용하여 소재, 방법, 자료의 가치를 판단하거나 중요성을 판단하는 것이다. 평가는 내적준거에 의한 평가, 외적준거에 의한 평가 등 준거(목표)에 의한 평가를 한다. 평가는 방법, 생각, 사람, 물건 등에 대한 비판과 판단으로 왜 그런 판단을 하게 되었는지 말할 수 있게 한다. 비판하라, 정의하라, 비교하라, 정당화하라, 지지하라, 판단하라 등을 들 수 있다.

(2) 정의적 영역

정의적 영역은 흥미, 태도, 믿음, 가치관 발달에 관련된 영역이다. Krathwhol, Bloom, Masia(1964)는 정의적 영역의 목표 분류에서 가장 중요한 가정은 가치 획득의 유형이 가장 낮은 인지의 단계에서 점차 높은 수준의 가치의 단계로 옮아가며, 이때 분류의 기초가 되는 것이 내면화의 수준(level of internalization)이라고 하였다. 정의가 얼마나 내면화되느냐에 따라 5단계의 정의적 행동으로 분류하였다. 즉 어떤 사상에 대한 주의, 흥미, 동기, 태도, 가치, 신념 등 형성과 변화에 관계되는 정의적 영역의 행동을 감수, 반응, 가치화, 조직화, 인격화라는 5가지의 유목으로 분류하였다. 이러한 행동의 목표들은 흥미, 태도, 감상, 가치, 정서적 반응 경향 또는 편견 등으로 표현되고 있다.

① 감수(Receiving)

감수는 특정한 현상 및 사상에 대하여 주의를 기울이는 단계이다. 자극에 대해 주의집중하여 인지적으로 받아들이는 것이다. 학습자가 특정한 현상이나 자극을 피하려 하지 않고 받아들이며 주의를 기울이는 일이다. 감수는 어떤 현상이나 자극을 감지하는 것으로 자극을 감지하고 집중하여 수동적으로 받아들이고 인지하는 것이다. 자극이나 활동을 기꺼이 수용하고 자발적으로 주의를 기울이게 되는 것과 같은 민감성을 의미한다. 주의 집중하라, 식별하라, 보라, 들어라, 주목하라, 조절하라 등을 들 수 있다.

② 반응(Responding)

반응은 현상에 대해서 단순히 감수하는 것 이상 능동적으로 반응하는 것이다. 어떤 자극에 대해 반응하거나 기대되는 행동을 보여준다. 반응은 주의집중을 넘어 특정 현상 및 자극에 대하여 학습자가 적극적, 능동적, 활동적으로 반응한다. 반응은 자극 및 활동의 적극적 참여와 자발적 반응, 참여와 반응의 만족감을 얻는 행동이라 할 수 있다. 현상 및 자극에 대해 유의하는 정도를 넘어 어떠한 형식의 반응 및 자극에 관심의 수준을 넘는 능동적 행동을 보인다. 박수쳐라, 따르라, 가지고 놀아라, 응하라, 연습하라, 논쟁하라, 참여하라 등을 들 수 있다.

③ 가치화(Valuing)

가치화는 행동의 지침이 되는 근본적인 가치에 관여되어 동기가 유발되는 것이다. 느낌, 현상, 행동, 활동에 대해 의미를 부여하고 가치롭게 여기고 내면화하는 것으로 일관적인 반응을 보이는 단계로 행동에 대한 일관성과 안정성을 가지고 특정 가치를 지향하는 것이다. 가치화는 특정한 대상, 활동, 행동에 대하여 의의와 가치를 직접 추구하여 행동으로 나타내는 정도이다. 즉 어떤 상황에서 일관된 태도와 믿음을 가지고 행동하는 것으로 확신을 가지고 행동하며 선호를 확실히 말한다. 행동하라, 토의하라, 도와라, 보여주어라, 조직하라, 확신하라, 표현하라 등으로 표현할 수 있다.

④ 조직화(Organization)

조직화는 여러 가치를 하나의 체제로 정립 조직하는 것이다. 여러 가치를 비교하고 연관을 통해 가치를 종합하며, 일관된 가치체계를 확립한다. 각 상황에서 자신의 가치를 구체화하고 평가하며, 가치체계를 몇 가지 준거에 따라 분류하는 것이다. 조직화는 하나 이상의 가치가 관계된 상황에서 하나의 체계로 가치들을 조직하고, 그들 간 상호관계를 결정하고, 지배적인 가치체계를 수렴하여 조직된 가치체계가 나타나므로 가치들을 개념화하고 위계적 관계를 수립하는 것이다. 학생 자신의 가치에 대한 책임으로 가치가 있는 것과 없는 것의 바른 선택을 하게 한다. 요약하라, 결정하라, 골라라, 정의하라, 조직하라, 비교하라 등을 들 수 있다.

⑤ 인격화(characterization)

가치 및 복합가치의 인격화(characterization by a value or value complex)라고도 한다. 인격화는 여러 가치가 개인의 가치 위계에 흡수, 내적으로 일관된 체계 속으로 조직되는 단계이다. 이미 수용되어 조직화된 가치체계에 따라 일관성 있는 행동을 할 만큼 인격의 일부로 내면화된 상태이다. 즉 특정 가치관이 학습자에게 내면화되어 그 가치에 따라 행동을 일관성 있게 유지하고 내면화되는 것이다. 가치 및 복합가치의 인격화는 확고한 행동 및 생활양식으로 발전하여 인격의 일부가 되는데 개인의 행동 및 생활의 기준이 되며 가치관이 지속적이고 일관성 있고 행동을 예측할 수 있을 가능한 정도로 확고하게 인격의 일부로 내면화된다. 이는 학생의 가치에 따른 지속적이며 일관성 있는 행동으로 자신의 가치체계와 사회의 가치체계 간 원활한 행동을 할 수 있도록 한다. 피하라, 내면화하라, 저항하라, 보여줘라, 다루라, 결정하라 등을 들 수 있다.

(3) 심동적 영역

심동적 영역은 신체적 행위를 통한 신체적 능력과 기능을 발달시키는 것과 연관된 영역으로 모방, 조작, 정확, 연합, 숙달의 단계 수준으로 분류하고 있다. 심동적 영역은 근육이나 운동기능을 강조하는 것으로 자료나 대상의 조작, 신경근육적 조정 등이 요구되는 행동들이 여기에 속한다. 심동적 영역은 근육의 발달과 사용, 신체의 운동을 조절하는 신체 능력에 관한 행동을 지칭, 대부분의 지능, 운동, 지각 활동을 포함한다. Simpson(1966)과 Harrow(1972) 등은 Bloom의 목표분류체계에 입각하여 심동적 영역의 목표분류를 체계화하였다.

심리운동적 영역에 관한 분류는 Simpson(1966)이 개발한 「교육목표 분류학 : 심리운동적 영역」이 가장 대표적이다. Simpson의 분류방식은 지각, 태세, 인도된 반응, 기계화, 복합적 외현반응으로 구분하고 있다.

① 지각(perception)

지각은 감각기관을 통하여 대상과 대상의 특징 및 관계 등을 알아보는 과정이다. 신체의 감각기관이 사물의 특성이나 관계를 지각하여 운동행위를 수행한다. 운동행위를 수행하는데 가장 먼저와야 할 단계가 감각기관을 통해 사물의 질, 관계 등을 지각하는 과정이다.

② 자세(set)

자세는 신체적 준비자세, 특정한 행동에 필요한 준비이다. 특정한 행위나 경험을 하기 위한 예비적 적응상태(preparatory adjustment)이다.

③ 인도된 반응(guided response)

인도된 반응은 타인의 지도 및 조력을 받아서 나타나는 외현적 동작이다. 운동기능을 발달시킬 때의 초기 단계에 해당한다.

④ 기계화(mechanism)

기계화는 어떤 동작에 있어서 숙련도와 자신감이 높아져서 몸에 밴 것이다. 한 가지 심리 운동적 및 지각적 행위를 수행하는 데 상당한 수준의 자신감을 가지는 단계이다. 상황에 따라 습관적 동작이 자동적으로 나타나며, 상황이 요구하는 것에 따라 자기가 갖고 있는 행위의 레퍼토리에서 선택해서 자동적으로 반응하는 것이다.

⑤ 복합적 외현반응(complex overt response)

복합적 외현반응은 복잡한 운동행위를 할 수 있게 되는 단계이다. 복합적 외현반응은 비교적 복잡한 동작을 최소한의 노력과 시간으로 자연스럽고 효과적으로 표현하는 것이다. 이 수준이 되면 개인은 복잡한 운동행위를 할 수 있게 된다.

Harrow(1972)는 심동적 영역을 반사적 운동, 초보적 기초 동작, 운동지각능력, 신체적 기능, 숙련된 운동기능으로 구분하고 있다.

① 반사적 운동

반사적 운동(동작)은 개인의 의지 및 의사와 관계없이 나타나는 단순한 동작이다. 반사적 운동은 더욱 정교한 동작의 기초가 된다. 반사적 운동은 자극에 대하여 무의식적으로 수행하는 반사적 행동으로 개인의 의지와 관계없이 수행한다. 파악 및 무릎반사와 같이 개인의 의지와는 관계없이 나타나는 단순한 반사운동을 말한다. 반사적 운동은 훈련과 교육으로 발달하는 것이 아니며, 교수목표로 설정될 수 없는 행동이지만 보다 높은 운동기능의 발달에 기초가 된다.

② 초보적 기초동작

초보적 기초동작은 반사운동이 함께 발달되고 통합으로 이루어지는 것이다. 반사적 운동보다는 높은 수준의 운동기능이다. 반사적 운동과 결합된 걷기, 달리기 등의 행동, 개인의 의지에 따른 가장 기초적인 운동으로 붙잡기, 매달리기, 달리기, 구르기 등의 운동이다. 잡기, 서기, 걷기와 같이 여러 가지 및 몇 개의 반사적 운동이 함께 발달하고 통합됨으로써 이루어지는 동작이다.

③ 운동지각능력

운동지각능력은 개인의 의사와 관계없이 나타나는 동작이다. 시각, 청각, 촉각 등을 이용하여 특정 운동기능을 익히는 것이다. 운동지각능력은 감각기관을 통하여 주변의 자극을 인식하고 해석하며 대처하여 적용하는 능력으로 균형 잡기, 공 피하기 등의 운동기능이 있다. 운동지각능력은 감각기관을 통하여 자극에 대해 지각하고 해석하며 그것을 토대로 환경에 대처하고 적응하는 기능을 한다.

④ 신체적 기능

신체적 기능은 계속된 체력과 근육운동들의 통합으로 이루어진 기능이다. 신체적 기능은 지구력, 신체의 유연성, 민첩성을 포함하는 능력이다. 신체적 기능은 일련의 숙달된 운동기능의 발달에 필요한 부분으로 민첩하고 유연하게 일련의 숙달된 운동을 연속시켜 가는데 필요한 기초 기능을 말한다. 신체적 기능은 민첩하고 유연한 신체적 능력으로 왕복달리기 등과 같은 숙련된 운동기능의 기초가 된다.

⑤ 숙련된 운동기능

숙련된 운동기능은 비교적 복잡하고 숙련된 운동기능을 실천하는데 나타나는 능률성과 우아성 및 숙련성의 정도이다. 즉 정교하고 복합한 운동을 하는 데 필요한 숙련된 기능 및 미적 우아함 등을 포함하는 능력이다. 숙련된 운동기능은 타자 및 기계체조와 같이 비교적 복잡하고 숙련된 기능을 요구하는 운동을 할 때 동작의 능률성, 숙달도, 통합성을 요구하는 운동기능을 한다. 특히 다양한 신체적 기능을 통합한 비교적 복잡하고 숙련된 운동능력으로 각종 구기운동, 수영, 무용, 체조 등이 해당한다.

⑥ 동작적 의사소통

동작적 의사소통은 간단한 안면 표정을 비롯한 무용과 같이 신체적 운동 및 동작을 통하여 감정, 흥미, 의사 욕구 등을 표현하는 능력, 표현 자체를 창작하는 운동기능이다. 동작적 의사소통은 신체를 통한 의사소통을 의미한다. 동작적 의사소통은 얼굴, 표정, 손짓, 발짓 등을 포함하여 정교한 신체적 동작 및 운동을 통한 의사소통을 이루는 창의적 운동능력을 말한다.

2) Bloom의 신교육목표분류

Anderson과 Krathwhol(2001)은 Bloom의 교육목표분류를 수정 보완하여 새롭게 구성한 신교육목표분류 체계를 제시하였다. 신교육목표분류는 Bloom이 개발한 교육목표분류 체계에서 나타난 문제점을 수정한 분류체계이다. 신교육목표분류는 교사들이 보기에 과다하게 많은 수의 모호한 목표와 마주치게 될 경우, 학습의 방향성을 설정하기 어려움을 확인하고 목표들을 조직화할 필요성으로 등장하였다. 신교육목표분류는 '내용 대 지식', '행동 대 인지과정'으로 기술되기에 성취기준을 지식과 인지과적 이원적으로 분류된다. 교육목표는 동사와 명사를 포함한 진술문으로 동사는 학생이 수행할 인지적 과정, 명사는 학생이 습득 및 구성하는 지식을 진술하여 인지적 과정과 지식의 두 가지 차원을 지닌다. 동사는 의도된 인지적 과정을 기술하고, 명사는 일반적으로 학생이 획득하거나 구성할 것으로 기대되는 지식을 기술한다(강현석 외, 2005).

신교육목표분류는 지식 유형을 사실적 지식(factual knowledge), 개념적 지식(conceptual knowledge), 절차적 지식(procedural knowledge), 메타인지 지식(meta-cognitive knowledge)으로 나누었다(강현석, 2005). 앞에서 뒤로 갈수록 추상성의 수준이 점점 높아진다. 사실적 지식은 기본 요소로 학문에 친숙해지거나 학문 내 문제를 해결하기 위해 알아야 할 기본적인 요소이다. 정보단위에 해당하는 것으로 각 별개 내용 요소로 판단할 수 있다, 개념적 지식은 학문의 기본적 요소들이 함께 가능하도록 큰 구조로 묶는 기본 요소 간의 관계이다. 요소 간 상호관계로 복잡한 지식형식으로 분류와 유목, 원리와 일반화, 이론, 모형, 구조에 대한 지식이다. 절차적 지식은 어떤 것을 행하는 방법, 탐구의 방법과 기능, 알고리즘, 테크닉, 방법을 사용하는 준거이다. 수행을 위한 절차나 방법으로 무엇을 언제 해야 하는지 결정할 때 사용하는 준거에 대한 지식과 기능, 알고리즘, 기법에 대한 지식이다. 메타인지 지식은 일반적인 인지에 대한 지식과 자신의 인지에 대한 인식과 지식이다. 인지에 대한 지식으로 자신의 인지에 대한 인식 및 지식과 인지 전반에 대한 지식이며, 전략적 지식, 맥락 및 조건적 지식을 포함하는 인지 과제에 대한 지식, 자기 지식 등이다. 이는 교육 후 기대하는 학생의 상태를 지식 차원과 인지과정 차원으로 명세화시켜 줄 수 있으며, 상위 차원의 교육목표를 지향하는데 도움을 줄 수 있다(조희형, 1984; Krathwohl, 2002; Kreitzer & Mad면, 1994; Ormell, 1994).

신교육목표분류에서 인간의 사고 측면은 기억하다, 이해하다, 적용하다, 분석하다, 평가하다, 창안하다 순으로 구성되어 있다. 순서에 따라 인지과정 차원에서 복합적이고 복잡한 사고 과정을 경험하게 된다. 인지과정 차원의 분류에서 '기억하다'는 장기기억으로부터 적절한 지식을 회복하는 것이다. 정보의 인출로 장기기억으로부터 관련된 지식을 인출하는 것이다. '이해하다'는 문어, 구어, 시각적 의사소통을 포함한 수업에서 전달된 메시지로부터 의미를 구성해 내는 것이다. 의미의 구성으로 말이나 글, 그래픽 등을 통해 전달된 수업 메시지에서 의미를 구성하는 것이다. '적용하다'는 주어진 상황에서 어떤 절차를 수행하는 것이다. 지식의 실행 및 활용으로 특정 장면의 절차를 실행하거나 활용하는 것이다. '분석하다'는 재료를 구성 요소들로 나누고 부분들이 상호 간 전체 구조와 목적에 어떤 관계를 맺는지 결정하는 것이다. 구성요소와 그것 간 관계의 파악, 전체구조의 확인으로 자료를 구성요소로 분할하고 요소들의 상호관계, 전체 구조, 의도와 관련된 결정을 하는 것이다. '평가하다'는 준거, 기준, 표준에 기초하여 판단 내리는 것이며, '창안하다'는 일관적이거나 기능적인 전체를 형성하기 위해 요소들을 함께 묶거나 요소들을 새로운 패턴 및 구조로 재조직하는 것이다. 부분들을 결합하여 새롭고 일관성 있는 전체를 구성하거나 독창적인 산물을 만들어 내는 것이다.

3) Tyler의 교육목표 진술방법

R. W. Tyler는 교육목표 이원분류표를 제안하였다. 교육목표 이원분류표는 교육목표를 내용 차원과 행동 차원에서 이차원 구조로 제시하여 보다 분명하고 간명하게 교육목표를 진술하는 것이다. Tyler는 교육목표의 의미를 명료하게 하려고 교육목표 진술 시 행동목표로 진술하도록 하였다.

행동목표는 학습의 결과인 도착점 행동을 관찰할 수 있는 용어로 진술하는 것이다. 교육목표를 행동적 목표로 진술하기 위해서 교육목표를 진술할 때 '어떤 내용에 관한 어떤 행동'이라는 식으로 '내용'과 구체적 '행동'을 동시에 진술하여야 한다고 하였다. 교육목표에는 내용과 행동 두 가지 요소가 포함되도록 진술하며 교육목표 속에 행동과 행동이 나타나게 될 영역으로 내용이 담겨 있어야 한다. 행동은 수업이 끝난 후 학생들이 보일 행동, 도착점 행동으로 표현하도록 하였다. 동사는 객관적으로 확인할 수 있는 구체적인 동사를 사용한다.

Tyler는 교육과정 구성의 원칙에 의존하고, 이에 기초해서 교육목표 중 지적 영역(cognitive domain)을 체계화를 주장하였다. 지적 영역은 지식의 기억, 상기, 사고, 문제해결, 창의력 등 광범위한 지적 과정을 모두 포함하는 것으로 정의한다. 지적 행동의 교수목표는 지식(knowledge)과 지적 기능(intellectual skills)으로 분류하고, 지적 기능 속에 이해(comprehension), 적용(application), 분석(analysis), 종합(synthesis), 평가(evaluation) 등 다섯 가지 지적 능력을 포함한다.

타일러의 수업목표 진술방법에 따른 예시를 들면 다음과 같이 제시할 수 있다.

- 곤충의 생김새를 기술할 수 있다.
- 대통령제의 장점과 단점을 열거할 수 있다.

4) Mager의 교육목표 진술방법

Mager(1962)는 교육목표를 내용과 행동으로 진술하는 것만으로는 충분하지 못하다고 보고 Tyler의 교육목표 진술방법을 구체화하였다. Mager는 교육목표 진술의 구성요소로 상황(조건), 준거, 도착점 행동 등 세 가지를 제시하고 있다. 교육목표는 성공적으로 수업을 마친 학생들이 보여주어야 할 관찰될 수 있는 행위(performance)를 명시하도록 설정되고 표현되어야 한다고 하였다. Mager는 명시적 동사를 사용해서 교육목표를 진술해야 하며, 교육목표는 이러한 세 가지 요소를 포함하고 있어야 한다고 하였다.

① 도착점 행동(performance)

도착점 행동은 학습자가 학습목표에 도달한 증거로 확인할 수 있는 행동이다. 도착점 행동은 수업이 끝났을 때 수업목표 도달에 성공한 학습자가 나타내는 관찰 가능한 행동의 증거이기도 하다. 학습자가 하나의 하위 학습과제를 학습한 후 시연할 수 있는 관찰과 측정할 수 있는 행동이기도 하다.

② 상황이나 조건(conditions)

상황이나 조건은 행동이 일어나는 환경적 조건이다. 상황이나 조건은 구체적인 상황에서 나타나는 것으로 상황은 목표에 명시되어야 한다. 학습자가 학습한 후 보여주는 행동과 학습자 특성을 고려해서 설정한다. 의도한 목표를 시연할 때 있어야 하거나 제거해야 하는 자료, 보조물, 제한사항 등이다.

③ 도달수준(criterion)

도달수준은 행동을 학습 성공으로 받아들일 수 있는 수준이다. 도착점 행동만 표시된 수업목표는 여러 면으로 해석될 수 있다. 이에 성공을 판단할 수 있는 근거로 도달할 수 있는 기준의 명시를 해야 한다. 학습자의 행동이 목표를 달성했다고 보는 기준으로 결과를 평가하는 데 중요한 기준이 된다.

Mager의 수업목표 진술방법에 따른 예시를 들면 다음과 같이 제시할 수 있다.

- 10개의 이차방정식 문제가 주어졌을 때 30분 이내에 8개 이상의 문제를 풀 수 있다.

5) Gagné와 Briggs(1979)의 수업목표 진술방법

Gagné와 Briggs(1979)는 수업목표 진술의 애매한 부분을 극복하기 위하여 다섯 가지 요소를 반드시 포함하도록 주장하였다. 목표 진술에 있어서, 설계자가 목표에서 나타내고자 하는 학습성과는 학습될 능력 동사에 따라 유목화된다고 하여 수업목표를 5가지 요소를 중심으로 진술할 것을 제안하였다. Gagné와 Briggs는 수업목표 진술의 요소를 행동, 목적(대상), 상황(사상), 도구 및 제약, 학습된 능력으로 제시하였다.

① 행동

행동은 타인이 관찰할 수 있는 성취 행동을 기술한다.

② 목적(대상)

목적은 수행한 행동의 결과로 학습자가 무엇을 달성하였는지 기술한다. 행동이 나타나는 대상을 표시해야 한다.

③ 상황(사상)

상황은 학습자의 성취 행동이 표현되는 상황을 기술한다. 어떤 상황에서 행동이 나타나기를 바라는지 명시해야 한다.

④ 도구 및 제약

도구 및 제약은 성취 행동이 어떻게 수행되어야 하는 것으로 도구와 행동에 가해지는 제한사항을 기술한다.

⑤ 학습능력

학습능력은 성취 행동의 종류나 학습된 능력을 기술한다. 학습능력은 지적 기능, 인지전략, 언어기능, 운동기능, 태도 등에 대해서 제시되어야 한다.

Gagné와 Briggs의 수업목표 진술방법에 따른 예시를 들면 다음과 같이 제시할 수 있다.

- 중국어 문장이 제시되었을 때 인터넷 검색을 통해 모르는 단어의 의미를 찾아 해당 문장을 이해할 수 있다.

6) Gronlund(1973)의 교육목표 진술방법

Gronlund(1973)는 교육목표는 이원적 분류가 필요하다고 보고 교수목표를 일반적 교육목표와 구체적 교육목표로 구분하였다. Gronlund는 일반적 교육목표는 일반적인 학습성과로서의 교육목표로 수업의 일반적 방향을 명시하는 기준이고, 구체적 교육목표는 평가의 구체적 지침이 되는 것을 명세적 목표로 제시하는 것이다. 교육목표는 일반적 교육목표를 진술하고, 이 목표에 행동적 증거가 될 수 있는 구체적 교육목표를 진술하는 것이라 하였다. 일반적 교육목표는 '안다', '이해한다' 등 직접 관찰되거나 측정될 수 없는 암시적 동사를 사용하여 교수 방향을 지시해 주어야 한다고 강조하였다. 교육목표에서 구체적 교육목표만 진술할 때는 교수-학습의 과정을 융통성 있게 진행할 수 있으며, 교육과정과 교과 및 단원목표 간 연계성을 찾아볼 수 있다는 점에서 가장 현실적인 목표 진술 모형이라 할 수 있다.

Gronlund의 교육목표 진술 과정은 다음과 같다(최화숙, 박일수, 이재철(2024).

① 주어진 단원을 포함되도록 8~12개의 일반 교수목표에 대해서 일반동사를 사용하여 진술한다.
② 일반 교수목표를 달성했을 때 학생이 나타내는 도착점 행동인 일련의 명세적 교수목표를 각 일반 교수목표 아래 진술한다. 명세적 목표는 관찰될 수 있는 충분한 수로 일반 교수목표와 일관성을 나타내야 한다.
③ 일반 교수목표를 명세적 교수목표로 재정의하는 과정에서 필요에 따라 일반 교수목표를 재조정한다.

Gronlund의 수업목표 진술방법에 따른 예시를 들면 다음과 같이 제시할 수 있다.

(1) 일반 목표

한글창제의 의미를 이해할 수 있다.

(2) 구체적 목표

- 한글창체의 역사적 배경을 찾을 수 있다.
- 한글창제에 참여했던 학자들의 이름을 알 수 있다.
- 한글창제가 이루어진 당시의 글자수와 현재의 글자수를 비교할 수 있다.
- 한글창제가 가지는 의의를 설명할 수 있다.

교육목표를 진술에서 고려해야 할 점은 다음과 같다.

첫째, 교육목표는 학습경험 조직과 지도에 구체적 시사를 줄 수 있는 정도로 하고, 구체적이고 명료한 용어로 진술되어야 한다.

둘째, 진술된 전체 교육목표는 포괄적이어야 한다.

셋째, 진술된 교육목표 속에는 통일성, 일관성이 있어야 한다.

넷째, 진술된 교육목표는 실현성이 있는 것이어야 한다.

다섯째, 진술된 교육목표는 모든 교사가 이해하고 받아들이며, 교육적 직책 수행에 있어서 그 목적에 항상 살아갈 수 있어야 한다.

여섯째, 진술된 교육목표는 완성되고 불변한 것이 아니고, 타당성이 항상 비판되고 필요에 따라 언제나 변경될 수 있어야 한다.

제 7 장

교육내용 선정과 조직

1. 교육내용의 의미

교육내용의 의미는 세 가지로 분류된다(김대현 · 김석우, 1996).

1) 교육내용에 대한 의미를 교육내용을 지식, 기능, 가치 등으로 정의하는 입장이다. 즉 교육내용에 대해서 지식, 기능, 가치 등 그 속에 포함되는 요소로 규정하는 관점이다. Hyman(1973)이 제안한 교육내용의 정의는 지식 영역(사실, 설명, 원리, 정의 등), 기능 및 과정 영역(읽기, 쓰기, 셈하기, 비판적으로 생각하기, 의사결정하기, 의사소통하기 등), 가치 영역(선악, 참과 거짓, 아름다움과 추함) 등으로 구성한다.
2) 교육내용의 의미는 일반적으로 교과를 연상한다. 즉 교과와 교과 속에 담긴 단원이나 과의 이름들과 같이 요소를 담고 있는 그릇으로 보는 것이다. 교과는 우리 인류가 오랜 역사를 통해 쌓아올린 경험 가운데 가치로운 것을 조직한 지식체계이다. 이러한 교과는 지식, 기능, 가치 등과 같은 요소를 담고 있는 그릇과 같은 의미로 생각하는 것이다.
3) 교육내용의 의미를 국가 수준 문서에 제시된 교육내용과 교사가 선정하는 도구적 수업내용으로 구분하는 것이다.

2. 교육내용 선정의 원리와 기준

교육과정 개발에 참여하는 사람들은 가장 가치 있는 교육내용을 선정하고, 교과에 담아야 한다. 교육내용은 교육목표의 영향을 받으므로 교육내용은 교육목표와 일관된 내용이 선정되어야 하며, 교육목표 설정 시 고려된 요인들은 교육내용 선정에서도 고려해야 한다.

교육내용 선정에서 도움이 되는 원리를 제시하면 다음과 같다(김대현, 김석우, 1996).

1) 타당성의 원리

타당성의 원리는 교육내용은 교육의 일반목표 달성에 도움을 주는 것이어야 한다는 것이다. 교육의 일반목표는 어떤 교과를 가르쳐야 하는지 시사하며, 어떤 지식, 기능, 가치들이 포함되어야 하는지 알려준다.

2) 확실성의 원리

확실성의 원리는 지식으로 구성되는 교육내용은 가능한 참이어야 한다는 것이다. 참인가의 여부는 논리적, 경험적인 경우 간단하지만, 윤리적, 미학적인 지식의 경우 가리기가 쉽지 않다.

3) 중요성의 원리

중요성의 원리는 학문을 구성하는 가장 중요한 것들을 교육내용으로 삼아야 하며, 교육내용은 학문을 구성하는 가장 본질적인 부분을 나타내는 구조를 담아야 한다는 것이다.

4) 사회적 유용성의 원리

사회적 유용성의 원리는 교육내용은 사회생활에 유용한 것으로 사회의 유지와 변혁에 도움을 주는 것이어야 한다는 것이다. 학생들이 살아가야 할 사회에 필요한 지식, 기능, 가치를 제시해야 한다.

5) 인간다운 발달의 원리

인간다운 발달의 원리는 교육내용이 학생의 성장과 자아실현에 도움을 주는 것이어야 한다는 관점이다. 교육내용은 인간다운 발달에 기여할 때 그 가치를 발휘한다.

6) 흥미의 원리

흥미의 원리는 교육내용이 학생의 흥미를 고려하여 선정되어야 한다는 것이다. 교육내용 선택의 폭을 확대하는 것은 학생의 흥미가 주요한 원리임을 반영한다.

7) 학습가능성의 원리

학생들이 학습할 수 있는 교육내용을 선정해야 한다는 것이다. 학생의 능력을 고려한 다양한 교육내용이 선정되어야 한다. 하나의 교육과정 속에 심화, 보통, 보충 교육내용을 제시하여 다양한 능력의 학생들에게 맞는 교육내용이 제시되어야 한다.

McNeil(1996)은 교육내용 선정에 영향을 주는 기준을 철학적, 심리학적, 과학기술적, 정치적, 실용적 기준으로 구분하였다(한혜정, 조덕주, 2012).

첫째, 철학적 기준으로 가치판단의 기준을 의미한다.

둘째, 심리적 기준에 따라 교육내용을 선정하는 것은 학생의 학습이 가장 잘 일어나도록 할 수 있는가를 바탕으로 선정하는 것이다.

셋째, 과학기술적 기준에 따라 교육내용을 선정한다는 것은 외적 행동 결과로 명시화될 수 있고 몇 단계로 나눠서 계열화시킬 수 있는 경험을 선정하는 것이다.

넷째, 정치적 기준은 비교적 최근에 대두되기 시작한 기준으로 인종적·문화적 차이, 성 차이, 장애 유무 등과 관련하여 편견을 심어 주는 교육내용을 선정해서는 안 된다.

다섯째, 실용적 기준에 따라 선정한다는 것은 교육내용을 가르치고 배우는 데 드는 경제적 비용을 고려하여 교육내용을 선정하는 것이다.

McNeil은 교육내용 선정 기준이 교육내용을 선정하는 상황에서 동일한 비중으로 중시되는 것은 아니라고 하였다(한혜정, 조덕주, 2012). 자유교육적 관점은 교육내용을 선정할 때 철학적 기준을 상대적으로 가장 중요하게 생각하며, 지원적 관점은 상대적으로 철학적 기준보다 심리적 기준을 중요하게 생각한다. 관리적 관점은 과학기술적 기준과 심리적 기준을 중요하게 생각하며, 해방적 관점은 정치적 기준을 중요하게 생각한다. 그리고 실용적 기준은 교육의 관점과 상관없이 교육내용 선정과 관련하여 고려되어야 할 기준이다.

3. 교육내용 선정 방법

1) 판단적 방법

판단적 방법은 여러 계층의 교육내용 구성자들이 독자적인 판단을 통하여 올바른 교육내용을 찾아내도록 하는 방안이다.

2) 실험적 방법

실험적 방법은 내용선정에 있어서 교육내용이 달성하고자 하는 목표나 충족시키고자 하는 원칙을 충분히 만족시킬 수 있는지를 실제 실험을 통해서 결정하는 방법이다.

3) 분석적 방법

분석적 방법은 어떤 활동에 기능적으로 공헌할 수 있는 교육내용을 발견하기 위해서 인간이 하는 활동을 분석하는 것이다.

4) 합의적 방법

합의적 방법은 교육과정은 어떤 것이어야 한다고 믿는 여러 사람들의 의견을 수집하는 방법이다.

4. 교육내용 조직의 기준

교육내용의 조직은 수직적 조직(종적 조직)과 수평적 조직(횡적 조직)으로 구분한다. 수평적 조직은 같거나 비슷한 시간대에 연관성 있는 교육내용을 배치하여 학습의 효율성을 도모하는 것이며, 수직적 조직은 시간의 연속성을 토대로 교육내용을 연관 있게 배치하여 수업의 효율성을 높이는 것이다. Tyler는 교육내용의 효과적인 조직을 위한 원리로 계속성, 계열성, 통합성을 제시하였다. 교육내용의 수평적 조직과 관련된 것은 통합성이며, 교육내용의 수직적 조직과 관련된 기준은 계속성과 계열성이다.

수평적 조직원리에는 범위와 통합성이 있다.

1) 범위(scope)

범위는 교육과정 요소들의 넓이와 폭의 배열이다. 교육내용의 범위를 결정하는 것은 폭과 깊이이다. 특정한 시점에서 학생들이 배우게 되는 내용과 한 학기 이상의 기간에 배울 내용의 폭과 깊이이다. 학교교육의 수준이 높아짐에 따라 교육과정의 범위로 내용의 폭과 깊이는 확대되고 심화된다. 범위와 관련한 대표적인 접근방법은 분과적인 조직 방식과 통합적인 조직 방식이다. 전통적인 교육내용 조직 방식은 분과적이었다. 모든 교육내용을 엄격하게 구분된 학문 조직 방식에 따라 분류하여 분리된 교과의 형태로 조직하는 것이다. 우리나라 교육과정을 구성하고 있는 교과목들로 국어, 도덕, 사회, 수학, 과학, 기술·가정, 체육, 음악, 미술, 영어 등은 이러한 전통적인 학문 분류 방식에 따라 분과적으로 조직된 것이라고 할 수 있다.

2) 통합성(integration)

통합성은 교육내용의 수평적 조직과 관련된 기준이다. 교육과정 계획 내에 포함된 모든 형태의 지식과 경험을 연결하는 것이다. 통합적인 조직방식은 경험 중심 교육과정의 영향으로 학습자 흥미에 대한 고려나 일상생활 문제에 대한 경험의 중요성이 강조되면서 관심을 두기 시작한 방식이다. 통합성의 원리가 추구하는 근본적인 목표는 학습자에게 통합된 경험을 제공하도록 교육과정을 조직하는 것에 있다. 또한 수평적 연계성과 동시간대에 배열하고 여러 학습경험 사이에 균형이 유지되어야 한다. 그리고 건전한 학습경험으로 조직해야 하며, 학생들의 다양한 흥미, 필요, 능력에 부합하도록 해야 한다. 통합의 형태는 비슷한 논리 구조를 갖는 교과 간 통합에서부터 특정 문제 중심으로 전 교과가 유기적으로 관련을 맺는 형태에 이르기까지 다양하다. 우리나라 초등학교 1, 2학년에 적용되고 있는 통합교과(바른 생활, 슬기로운 생활, 즐거운 생활), 통일, 교통, 환경성 교육등의 범교과 학습이 대표적이다.

다양한 통합의 방법으로 H. Hayes-Jacobs과 R. Fogarty(1991)는 다음과 같이 다양한 방식으로 통합 구분하였다.

첫째, 연결형(connected)으로 한 과목 안에서 통합이 이루어질 수 있다. 연계성(articulation)은 서로 다른 학년의 교육과정이나 동일한 학년의 서로 다른 교과의 교육과정 요소가 계속성, 계열성 및 통합성에 따라 조직된 상태이다.

둘째, 둥지형(nested)으로 능력과 개념을 연관시켜 학습하는 것이다.

셋째, 계열형(sequenced)은 여러 과목이 서로 연계되도록 설계하는 것이다.

넷재, 공유형(shared)은 계열형이 시간적 순서에 초점을 두는 것에 비해 여러 교과의 내용을 심도 있게 관련시키는 것이다.

다섯째, 거미줄형(webbed)은 각 교과를 주제 중심으로 연결하는 것이다.

여섯째, 통합형(integrated)은 각 교과의 내용을 살펴보면서 자연스럽게 나타나는 공통적 요소를 통합의 주제로 삼는 것이다.

교육내용 조직의 수직적 조직원리는 계속성, 계열성, 연속성이 있다.

(1) 계속성(continuity)의 원리

계속성의 원리는 교육과정에 들어 있는 중요한 개념이나 기술이 각 학년에 반복적으로 제시되는 것이다. 계속성을 포함하면서도 넘어서는 것이다.

계속해서 반복 학습될 수 있도록 조직해야 하지만, 그와 더불어 해당 기술이나 개념의 폭과 깊이가 더해질 수 있도록 조직이다.

(2) 계열성(sequence)의 원리

계열(sequence)은 교육내용을 조직하는 종적 조직 방식이다. 계열은 학기 및 경우에 따라 수년에 걸친 조직과 관련된다. 특히 계열은 교육내용을 학년 수준에 따라 종적으로 조직할 때 계열의 문제를 심각하게 고려해야 한다. 계열은 내용이 가르쳐지는 순서와 무엇이 다른 학습내용 뒤에 와야 하는지에 관심이 있다(소경희, 2000).

계열성은 동일한 내용의 다른 수준을 반복하는 것으로 폭과 깊이를 더해가도록 조직하고, 교육내용을 가르치는 순서를 결정한다. 즉 계열성은 경험의 중복이 아니라 동일한 경험이 연속적으로 점점 더 높은 수준의 경험으로 확대되고 깊어지는 것이다. 전통적으로 교육내용을 조직할 때 계열을 보장하기 위해 사용해 온 원칙은 단순한 것으로부터 복잡한 것으로 나아가고, 전체로부터 부분으로 발전하며, 사건의 연대기적 순서로 제시하여 구체적 경험에서 개념의 순서로 나아가는 것이다. 특정 개념이나 아이디어를 계속적으로 제시하며, 나선형적으로 내용을 심화, 확대해서 제시한다.

(3) 연속성

연속성(수직적 연계성)은 이전에 배운 내용과 앞으로 배울 내용과의 관계성에 초점을 둔 것이다. 특정한 학습의 종결점이 다음 학습의 출발점과 잘 맞물리도록 교육내용을 조직하는 것이다. 학교급 간의 연속성, 학년 간의 연속성, 단원 간의 연속성으로 조직되어야 한다.

5. 교육내용 조직의 방법

1) 논리적 방법

논리적 방법은 교과나 교재 내용의 논리적인 구조에 따라 쉬운 것으로부터 어려운 것, 간단한 것으로부터 복잡한 것, 구체적인 것으로부터 추상적인 것, 가까운 것으로부터 먼 것 순으로 배열하는 방법이다. 주로 교과를 중심으로 한 교과과정 구성에서 적용한다.

2) 심리적 방법

심리적 방법은 학습자의 성숙과 성장 발달의 특징, 심리적 · 정신적인 경험의 민감성, 흥미와 필요, 학습의 곤란도. 성공이나 실패가 학습에 미치는 영향 등을 고려하여 교육내용을 배열하는 것이다.

3) 절충식 방법

절충식 방법은 논리적 방법과 심리적 방법을 절충한 것이다. 학습자의 흥미를 중심으로 교재의 논리적 순서와 발전이 보장되도록 배열하는 방법이다.

6. 학교의 교육내용 조직

국가 교육과정 제시 이후 학교 교육과정을 적용하기 위해서 교육내용을 조직하게 된다. 교육내용 조직을 위한 설계 방법에는 backward 설계, KDB 설계 등이 있다.

1) backward 설계

backward 설계는 기대하는 학습 결과로 목표를 가장 먼저 확인하고 목표 달성을 위한 학습활동을 계획하기 전 평가 계획을 먼저 세운다. backward 설계는 평가를 통해 학습자는 내용에 대한 충분한 이해를 확인하고자 한다.

backward 설계는 3단계 조직과정을 제시한다. 1단계는 바람직한 이해, 본질적 질문, 핵심 개념과 기능 등 가르치고자 하는 중요한 학습목표 등의 내용을 확인하는 것이다. 2단계는 평가를 위한 수행과제 개발 등 학습자들이 중요한 내용을 이해했다는 다양한 증거를 결정한다. 마지막 3단계는 개발한 평가 수행과제를 성공적으로 이행하는데 필요한 학습활동을 설계한다.

2) KDB 설계

KDB 설계는 기대하는 학습목표를 수립할 때, 지식(know), 기능(do), 인성(be)을 강조한다. KDB 설계는 중앙에서 개발한 성취기준을 기반으로 교육과정 개발하여 성취기준을 기반으로 한 기본적으로 간학문적 설계를 지향하는 모형이다. KDB 설계는 사전 단계를 포함 총 9단계로 이루어진다.

7. 관점에 따른 교육내용 조직

1) 자유교육적 관점

자유교육적 관점은 학문의 내용을 교육내용으로 하여 이를 토대로 구조화하는 것이다. 학문적 구조는 학생의 흥미를 고려하기보다는 교과 내의 관련에 더 주의를 기울이며, 학문에 따라 조직 형태 다를 수 있다. 특정 교과(specific subject)는 우리에게 익숙하고 가장 오래된 형태이며, 지리, 수학, 역사, 쓰기 등과 같은 특정 교과로 구분할 수 있다. 광역 교과(broad fields)는 초등학교에서 많이 사용하며, 사회, 어학, 자연과학 등으로 구분할 수 있다.

2) 지원적 관점

지원적 관점은 학습자에 의해 조직의 계열과 통합이 이루어진다고 생각하는 것이다. 교사의 과제는 학습자가 이미 가지고 있는 지식을 재구조화하도록 돕는다. 구조는 학습자가 만들어 내는 것이며, 교사는 이들이 가진 선 개념을 토대로 학습 경험을 제공해 주어야 하고, 학생이 익히고 만들어 낸 지식을 명료화하도록 한다.

3) 관리적 관점

관리적 관점에서 교육내용의 조직은 교육과정 목적 및 목표의 세분화를 강조, 목표를 달성하기 위해 정확하게 통제된 교수 계열을 강조한다. 완전 학습과 같이 학습과제는 각 부분으로 나뉘고 배열되고, 한 번에 하나씩 가르쳐지며, 결과에 의해 다시 합쳐지고 명확한 결과를 요구한다.

4) 해방적 관점

해방적 관점은 가장 문제가 된다고 생각하는 이슈를 찾아낸 후에 조직원리를 적용하여 구조화한다. 문제의 심층적인 원인과 갈등을 포함하여 학습자의 실제 생활을 탐구하도록 하고, 이슈를 보다 넓은 사회제도 및 구조와 연관시켜 고찰하게 하며 사회적 분석을 할 때 학습자와 지역사회 및 세계 등을 위해 스스로 가지고 있는 이상과 연관시켜 생각하게 하고 이상에 가까운 현실을 만들기 위해 책임 있는 활동을 선택하고 실제로 행하도록 한다.

8. 단원의 구성

단원의 구성은 학생들에게 적절한 행동의 변화를 가져다줄 수 있는 하나의 중추적인 제재를 중심으로 하는 일련의 의미 있는 학습활동과 내용이다. 단원은 중핵적인 힘으로 통합된 학습의 국면을 말한다. 단원은 단위, 단일(oneness), 전체성(wholeness), 통일성 등의 의미를 내포하며, 학습 계획에서 사용되는 단원은 하나의 학습내용이 서로 유기적으로 결합하고 있는 통합적인 학습단위를 말하는 것이다.

1) 자료단원의 구성

자료단원(Resource unit)은 교사가 학습단원을 계획하고 전개하여 평가하면서 도움이 되는 여러 자료의 체계적 · 종합적인 조사 · 분석 및 조직을 의미한다. 자료단원의 형태는 작성하는 사람에 따라 다르다.

2) 학습단원의 구성

학습단원(learning unit)은 교사가 지도하려고 하는 특정한 학습집단을 위해서 자료단원과 학습경험을 근거로 학생의 필요와 욕구, 사회적인 문제와 욕구 등을 참고하여 학습활동을 계획한 도표(chart), 개요(outline), 안내서(prospectus)이다.

9. 교육과정 재구성

교육과정 재구성은 주제에 맞는 학습활동을 할 수 있도록 조정하여 교사 자신의 교육과정을 수립하는 것이다. 교사는 국가 교육과정 기준 및 시도 교육청 지침 분석, 학교의 교육여건 파악, 학교 교육과정 운영계획 및 세부 실천계획 수립, 전문성 신장을 위한 지속적인 노력 등을 해야 한다.

재구성을 위한 분석은 공식 교육과정, 학생의 특성과 수준, 학교 여건 등을 분석한다. 재구성 유형 결정은 필요도 및 학습자의 적절성을 고려해 교과 내 재구성, 교과 간 재구성, 교과와 창의적 체험활동의 연계를 통한 재구성 등을 선택한다.

제8장

교육과정 평가

1. 교육과정 평가의 의미

교육과정 평가는 교육에 대한 전체적인 평가체제의 일부이면서 기능적으로는 교육과정 체제의 일부이다. 교육과정 평가는 교육과정의 값을 매기는 활동으로 교육과정의 가치를 판단하는 활동이다. 이러한 교육과정 평가는 교육과정 계획의 수립에 해당하는 교육과정 개발 평가, 계획된 교육과정을 행동으로 옮기는 교육과정 운영 평가, 교육과정 운영의 결과적 산물에 대한 교육과정 성과 평가 등을 포함한다. 교육과정 평가는 의도된 교육과정, 전개된 교육과정, 실현된 교육과정으로 절차와 과정에 있어 그 질과 수준을 검토하고 분석하여 교육과정이 목표하는 바를 어느 정도 달성하고 있는지 확인하고, 교육과정의 문제점이나 개선 방안에 관한 판단을 내릴 수 있도록 다양한 정보를 제공하는 일련의 과정이다.

Beauchamp(1968)은 교육과정 평가를 네 가지 차원으로 제시하였다.

1) 첫 번째 차원은 교사의 교육과정 활용도에 대한 평가이다.
2) 두 번째는 교육과정 설계안에 대한 평가이다.
3) 세 번째는 학생의 학습결과를 예측하기 위한 수단으로 교육과정을 평가할 수 있다.
4) 네 번째는 교육과정 체제에 대한 평가다.

2. 교육과정 평가의 목적

교육과정 평가는 교육의 질을 제고하는 데 목적이 있다. 이러한 교육평가의 목적은 본질적으로 학습자 간의 교육경험을 통한 성장을 지원하고 촉진하게 한다.

(1) 교육과정 평가는 교육과정의 효과성 및 효율성 파악한다.

교육과정은 본래 의도했던 결과를 성취하는 데 적절한 것이었는지에 대한 문제를 판단하는 데 도움을 준다.

(2) 교육평가는 의사결정에 필요한 정보를 수집하고 제공한다.

교육평가는 교육과정의 계획, 개발, 운영과 관련하여 여러 의사결정에 필요한 정보를 수집, 제공하는 과정이다. 이에 교육평가의 궁극적인 목적은 교육과정의 질적 관리에 있다고 할 수 있다.

(3) 교육평가는 교육의 전반적인 상태를 확인하고 점검한다.

교육평가는 교육과정의 실천에 대한 평가를 통해 학교 수준과 전국 수준에서 교육과정의 실천 정도를 파악할 수 있다.

3. 교육평가 모형

교육평가 모형에 대해서 Worthen과 Sanders(1973)는 프로그램 평가의 개념과 목적에 따라 프로그램 평가모형의 유형을 판단적 전략모형(judgemental strategies), 결정-관리 전략모형(decision-management strategies), 결정-목표 전략모형(decision-objective strategies)으로 분류하고 있다. J. Cronbach는 교육평가 모형에 대한 특성을 과학적 접근법과 인본주의적 접근법으로 구분하여 평가를 연속선상에 있는 정반대의 양극단으로 제시하고 있다. 교육평가 모형에서 과학적 접근법에는 Tyler(1949)의 목표지향평가 모형, Stufflebeam(1971)의 맥락·투입·과정·결과 모두를 평가하는 CIPP 모형이 있으며, 인본주의적 접근법은 Scriven(1972, 1973)의 탈목표평가 모형, Eisner(1985)의 비평적 평가 모형, Stake(1967, 2011)의 반응평가 모형 등을 제시할 수 있다.

1) 목표달성모형

목표달성모형(goal attainment model)은 교육과정, 수업, 정적 조치 및 경영·관리를 통해 교육목표와 교육을 위한 제도적, 행정적 목표가 달성된 정도를 사정하는 평가도구이다. 목표달성모형에 의한 교육평가 과정은 교육목표가 교육과정 실행 과정에서 얼마만큼 달성되는지 결정하는 과정이다.

(1) Tyler의 평가모형

Tyler(1942)의 평가모형은 학생들의 학업성취도 평가를 위해 제안된 것이다. Tyler 평가모형은 교육목표달성 목표를 전제로 하며, 목표의 성취 여부를 확인하는 것을 목적으로 한다. 이에 목표지향적 평가, 목표중심 평가라고도 한다. Tyler 평가모형은 교육현장에서 활용되는 주된 평가방법이다.

Tyler의 목표지향적 평가는 교육목표를 학습자, 사회, 교과 전문가의 세 자원(goal-source)으로부터 끌어 오며, 교육철학과 심리학이라는 두 개의 체(screen)로 걸러 설정하고 있다. 설정된 교육목표를 측정 가능한 행동적 용어로 진술하도록 하고 있으며, 일련의 교수-학습 과정을 마친 후에는 사전에 설정된 목표 달성 여부를 판단하기 위하여 성취도를 측정하도록 하고 있다.

① Tyler의 목표지향적 평가 절차

Tyler(1942)는 교육목표 달성 정도를 측정 및 평가하는 전반적인 절차를 다음과 같이 7단계로 제시하였다.

㉮ 제1단계

학교의 광범한 교육목표를 설정한다.

㉯ 제2단계

설정된 교육목표를 분류한다.

㉰ 제3단계

분류된 교육목표를 행동적 용어로 정의 및 규정한다.

㉱ 제4단계

교육목표의 달성이 측정될 수 있는 평가 장면을 설정한다.

㉲ 제5단계

측정방법 및 도구를 새롭게 개발하거나 선택한다.

㉳ 제6단계

측정방법 및 도구를 사전 탐색적 시행 결과를 바탕으로 개선한다.

㉴ 제7단계

측정 실시, 자료 수집 및 처리, 결과 해석 : 행동목표와 학생의 성취 자료를 비교하는 데 중점을 둔다.

② Tyler의 목표지향적 평가 과정

Tyler가 제안하는 목표지향적 평가 과정은 다음과 같다.

㉮ 학습자에 관한 연구 조사 결과, 현대사회에 관한 조사, 내용 전문가로부터의 제안을 받아들여 목표를 추출한다.
㉯ 목표를 세 가지 관점, 즉 철학적, 심리학적, 경험적 관점에서 검토한다.
㉰ 조사과정을 거쳐 최종 설정된 목표를 이원분류표로 작성한다.
㉱ 학습자가 목표에 제시된 행동을 표현할 수 있는 상황을 밝힌다.
㉲ 각각의 목표를 검증할 수 있는 도구를 조사하거나 개발한다.
㉳ 사전 사후 검사를 실시한다.
㉴ 교육과정의 강점과 약점을 결정하기 위하여 결과를 조사한다.
㉵ 발견된 강점과 약점을 설명하는 가설을 설정하여 검증한다.
㉶ 교육과정을 적절히 수정한다.

(2) Provus의 불일치평가모형

Provus(1969)의 불일치평가모형은 격차평가모형(discrepancy evaluation model, DEM)이라고도 한다. Provus의 평가모형은 프로그램이 달성하는 표준과 실제 수행 사이의 괴리(discrepancy)를 분석하는데 중점을 둔다. Provus의 평가모형은 교육, 경영, 관리를 통해 달성해야 할 기준, 준거, 표준, 준거, 실제 수행성과의 차이, 괴리, 상위, 불일치 지점 등의 정보를 분석하여 기준과 수행성과 사이의 차이를 드러내고, 불일치에 관한 정보를 활용하여 프로그램의 약점을 파악한다. Provus의 평가모형에서는 프로그램의 표준으로 목표 설정, 프로그램 전체와 일부 개선, 존속, 종결하는 결정을 내리기 위한 괴리 정보를 활용한다. Provus의 평가모형은 프로그램 목표와 수행성과 사이의 불일치 정도를 확인하는데 주안점을 둔다.

① Provus 모형 평가 절차

㉮ 설계 단계

설계 단계는 프로그램 설계를 설계 기준과 비교하는 것이다. 프로그램에 투입되는 각 변인 투입(Input), 과정(process), 산출(output)을 각각 명시적으로 기술하며,

제대로 설계되었는지를 평가한다.

㉯ 실행 단계

실행 단계는 프로그램의 실제 운영은 투입 기준 및 충실도 기준과 비교된다. 계획된 활동과 실제 수행 활동 간의 차이점을 구체화하고, 평가의 표준 및 준거를 열거하고 적합성을 확인한다.

㉰ 과정 단계

과정 단계는 프로그램의 구체적인 과정을 평가한다. 계획한 변화가 일어났는지 확인하기 위한 자료를 수집한다. 과정 단계에서는 프로그램의 중간 단계 목적이 달성되고 있는지 확인한다.

㉱ 결과 단계

결과 단계는 목적에 비추어 전체 프로그램의 결과를 평가하는 것이다. 프로그램 실행 과정에서 프로그램의 최종 목적이 성취되었는가를 확인한다. 결과 단계에서는 목표 달성 여부와 정도를 확인하고 다음 표준 및 준거와의 일치 및 불일치 여부와 정도를 판단한다.

㉲ 비용-효과분석 단계

비용-효과분석 단계는 프로그램의 결과를 유사한 프로그램 결과와 비교하는 것이다. 수행성과와 타 프로그램과의 비교 및 목표 달성을 위해 투입된 예산이나 인력, 시간 및 노력 등을 비교한다.

[그림 2-7] 불일치(격차)평가모형

(3) Hammond 모형

Hammond 모형은 평가과정모형(model for evaluation as a process, MEP)이라고도 한다. Hammond 모형은 평가 과정을 체계적으로 구조화하여 교육이 일시적인 유행이나 외부 압력에 시달리지 않고 공정하고 정확한 평가가 이루어지도록 제시하였다. Hammond 평가의 구조에는 지적, 정의적, 심동적 행동, 조직, 내용, 방법, 시설, 비용 수업, 학생, 교사, 관리자, 교육전문가, 학부모, 지역사회 기구 등이 있다.

① Hammond 모형 평가 절차

㉮ 변인선정

변인선정은 행동, 수업, 기구 차원의 변인에서 프로그램과 직접 관계되는 것을 선정하고, 동시에 그것 간의 상호작용도 밝혀서 목표로 진술한다.

㉯ 방법결정

방법결정은 평가하고자 하는 변인과 상호작용을 가장 잘 측정할 수 있는 방법을 탐색하고 필요한 도구를 제작한다.

㉰ 결과분석

결과분석은 데이터를 수집, 분석하여 차원 및 변인별 목표 달성 여부와 정도를 확인한다.

㉱ 결과보고

결과보고는 프로그램 운영 집행기관의 인사들이 이해하고 활용하기 쉽도록 평가 결과를 정리하여 보고한다.

2) 의사결정모형

의사결정모형(정보처리모형)은 평가를 의사결정자에게 필요한 정보의 제공, 합리적 의사결정을 촉진시키는 과정으로 본다. 의사결정 모형은 의사결정자의 정보에 대한 요구를 확인하고 요구에 만족하는 것을 강조한다. 의사결정 모형은 의사결정자에게 필요한 정보를 제공하여 의사결정을 도와주기 위해서 실시하는 모형이다. 따라서 의사결정모형 평가의 기본목적은 합리적인 의사결정을 조력하는 것에 있으며, 프로그램개발의 모든 단계를 포괄적으로 평가한다.

(1) AlkinUCLA의 CSE 모형

Alkin(1969)은 UCLA의 '평가연구관리센터(Center for the Study of Evaluation, CSE)'에서 평가의 의사결정-관리 접근을 연구하여 제시하였다. Alkin 모형은 관리중심 평가모형이라고도 한다. Alkin모형에서 평가는 의사결정에 필요한 정보를 선택, 수집, 분석하여 보고하는 과정이라 하였다. 평가를 의사결정자가 선택할 수 있는 여러 대안 중의 최선의 방안을 선택하는 데 필요한 데이터를 요약, 정리하여 제공하는 목적으로 의사결정 사안 및 영역을 확인해서 관계 정보를 선정, 수집, 분석하는 과정으로 본다. Alkin 모형은 의사결정을 필요로 하는 행정가들로 교육과정 개발에 책임을 지고 있는 행정가들에게 어떠한 영역의 의사결정을 해야 하는가에 대한 분명한 지침을 제공한다.

① Alkin 모형의 평가절차

㉮ 프로그램 체제평가(system assessment evaluation)

프로그램 체제(사정)평가는 체제의 상태에 관한 정보제공을 위해 실시하는 것이다. 특정 상황에 적합하거나 필요한 교육목표 선정을 위해 교육목포의 폭과 길이를 결정할 정보를 수집하는 과정이다.

㉯ **프로그램 계획평가**(program planning evaluation)

프로그램 계획평가는 체제사정에 확인된 교육적 요구를 효과적으로 충족시킬 수 있는 프로그램을 선정하는데 도움을 주기 위한 평가이다. 체제(사정)평가에서 확인 선전한 체제의 교육적 요구를 충족시키는 방안 중 가장 효과적인 방안을 선택하는 데 필요한 정보를 수집하는 과정이다.

㉰ **프로그램 실행평가**(evaluation improvement evaluation)

프로그램 실행평가는 계획단계에서 의도했던 표적집단에 제대로 도입되었는가에 관한 정보수집을 위해 실시한다. 프로그램을 선택, 결정하여 실제 프로그램을 운영했을 경우 프로그램 계획평가 단계에 기대하고 결정한 사항이 충족되었는지 확인하는 과정이다.

㉱ **프로그램 개선평가**(program improvement evaluation)

프로그램 개선평가는 프로그램 운영에 관한 정보를 수집하려는 평가이다. 프로그램을 개발하는 과정의 지속 보완과 기존 프로그램의 수정 등 프로그램 개선을 위한 정보 수집과 제공이 중요하다. 이러한 개선, 보완에 대한 정보를 통해서 즉각적인 개입과 적절한 조치를 하고, 효과 및 변화를 확인, 검증하는 것이다.

㉲ **프로그램 승인평가**(program certification evaluation)

프로그램 승인평가는 프로그램의 가치와 유용성에 관한 정보 수집을 위해 수행되는 평가이다. 프로그램 채택 여부 결정에 있어서 의사 결정자가 프로그램 질에 대한 전체적인 종합평가 결과를 충족시키키기 위한 목적으로 프로그램 채택의 유보, 부분 수정의 실시, 적극적 채택 및 보급 등의 결정에 대한 정보를 수집, 제공하는 평가이다.

(2) Stufflebeam 의사결정적 CIPP 평가모형

Stufflebeam(1973) 의사결정적 CIPP 평가모형은 1960년대 중반 미국에서 성행하던 체제 이론과 관리 이론의 영향을 받아들여, 교육평가는 교육 행정가가 올바른 의사결정을 내리는 데 필요한 정보를 제공하고 그 결정이 갖는 장단점을 파악할 수 있도록 해야 한다고 제시하였다. Stufflebeam이 목표 달성 여부를 통해 프로그램의 결과만을 평가하는 기존 평가 방식을 비판하면서 제안한 평가모형이다.

CIPP 평가모형에서 평가의 목적은 입증하는 것이 아니라 개선하는 것으로 보았다. 프로그램의 결과 및 프로그램의 계획, 개발, 운영 과정을 종합적이고 체계적으로 평가하여 프로그램의 개선을 평가의 핵심적인 목적으로 한다. 프로그램의 성장과 발달을 촉진하고 프로그램을 개선하여 프로그램이 지향하는 사람들의 요구를 충족시키고, 가용자원을 최대한 활용하도록 한다.

CIPP 평가모형에서 평가는 의사결정 대안을 판단하는 데 도움이 되는 필요한 정보를 서술(delineating), 획득(obtaining), 제공(providing)하는 과정이다. 서술은 의사결정자와 접촉해서 요구하는 정보를 확인하는 것이고, 획득은 정보를 수집, 처리하는 과정이며, 제공은 수집하여 처리한 정보를 합리적인 의사결정이 가능하도록 의사결정자에게 보고하는 것이다. 이렇게 의사결정 유형에 상응하는 네 가지 평가의 유형을 분류하여 CIPP로 상황평가(content evaluation), 투입평가(input evaluation), 과정평가(process evaluation), 산출평가(product evaluation)로 구분하였다. CIPP 평가모형은 평가의 대상을 목표 이외의 대상에까지 확대하였다. 그러나 의사결정의 합리성과 개방성, 의사결정자의 규명 문제에 관해서 불분명한 면이 있다.

① CIPP 평가모형 평가 절차

㉮ 상황평가

상황평가는 맥락평가라고도 한다. 상황평가는 계획된 의사결정에 도움을 주기 위한 평가이다. 목표를 확인, 선정하기 위한 의사결정과 관계되는 것이다. 상황평가는 프로그램의 문제와 요구를 확인하여 목표를 설정하는데 도움주기 위한 평가이다. 프로그램 및 수업평가 실시에 전반적인 맥락 및 환경 분석에 필요한 조건과 실제 상황을 명시하여 필요조건과 실제 상황이 맞지 않은 부분, 이유, 해결 방안의 확인 및 진단을 하는 과정이다.

㉯ 투입평가

투입평가는 구조적 의사결정에 도움주는 평가이다. 투입평가는 목표 달성에 적합한 절파와 전략을 설계하기 위한 것이다. 투입평가는 프로그램 목표를 달성하는데 활용될 수 있는 전략과 자원에 관한 정보를 수집하여 최적의 전략과 자원을 선정하기 위해 수행한다. 평가에 동원되는 자원 및 자원체제 활용 방법 결정에 필요한 정보 수집 및 제공을 위한 평가이다. 투입평가에서 평가에 동원되는 인적 자원의 능력, 목표 달성을 위한 전략, 선정된 전략의 실행을 위한 설계를 확인하고 사정한다. 동원할 수 있는 자원, 시간, 예산에 비추어 여러 대안을 탐색하고 평가실시 과정에서 발생할 장애 및 문제점을 검토한다.

㉰ 과정평가

과정평가는 수행적 의사결정에 도움을 주는 평가이다. 과정평가는 설계와 전략을 실천하는데 필요한 프로그램 운영 방법과 절차를 수정, 보완하는 데 필요하다. 과정평가는 정보 수집과 제공을 위한 프로그램이 실시되고 있는 동안 프로그램 운영 상황을 정기적으로 검색한다. 과정평가는 프로그램이 계획한대로 실행되는지 피드백을 제공하고, 절차 설계 및 실행상 결함을 확인하며, 계획이 부적합하다고 판명되면 수정하는 데 필요한 정보를 수집하기 위해 실시한다.

㉱ 산출평가

산출평가는 성과평가 및 출력평가라고도 한다. 산출평가는 프로그램이 종료된 후 프로그램 성과를 측정한다. 산출평가는 목표 달성 정도를 판단하여 의견을 제시하는 것이다. 산출평가는 프로그램 목표를 달성한 성과 정도를 결정하고 성과정보를 목표, 상황, 투입정보, 과정정보와 관련지어 프로그램의 종결, 수정, 재순환 등 프로그램 의사결정에 도움을 준다.

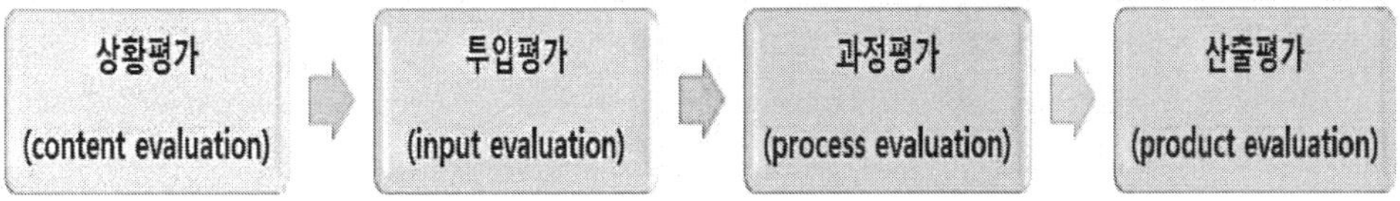

[그림 2-8] 의사결정적 CIPP 평가모형

3) 판단중심모형

판단중심모형(judgment - oriented evaluation model)에서 평가는 평가자의 전문적인 지식과 기술을 바탕으로 평가하는 대상 및 내용의 가치와 장점을 체계적으로 판단하는 활동이다. 평가자의 주관적인 전문성을 가장 중요한 평가전략으로 간주한다. 전문가의 지식, 기술, 자질, 경험을 중심하고 판단하기 위한 표준 활용에 관심을 둔다.

(1) 평가인정모형

평가인정모형은(accreditation evaluation model)은 발명가 출원 발명품에 대한 특허청 심사, 인정, 공업진흥청의 제품 규격과 성능 심사를 통한 KS마크 부여 등 전문가의 제품, 기술, 조직체 구성과 시설, 프로그램 등 미래 정해 놓은 표준(standard) 및 요건 충족 검토의 인정 여부를 결정하는 것을 교육평가로 적용한 것이다. 미국의 의학 교육 질 향상을 목적으로 의과대학 교육과정, 교수구성, 교육방법, 시설 등 종합적으로 평가하여 의과대학 설립인가 결정을 위해 Flexner(1910)가 처음 시도하였다.

① 평가인정모형 평가 절차

㉮ 표준설정

표준설정은 특정한 목적 기관으로 갖추는 표준을 정하는 것이다.

㉯ 자체평가

자체평가는 기관 자체평가를 실시하여 표준 충족 여부와 정도를 확인한다.

㉰ 현장평가

현장평가는 전문가들의 현장 방문 평가(on-site evaluation)를 통해 자체평가보고서를 검토하고 실상을 관찰, 확인한다.

㉱ 최종평가

최종평가는 자체평가와 현장 방문평가를 종합하여 최종적으로 인정 및 허가 여부를 확정한다.

(2) Stake의 종합실상평가모형

Stake(1967)의 종합실상모형(countenance model)은 안면모형이라고도 한다. Stake(1967)는 논문 교육평가의 실상(countenance of educational evaluation)에서 교사가 자신의 수업 방식을 정확히 이해하고 수업 이론의 발전에 기여하려면, 전체적 평가국면(full countenance of evaluation, 全體的 評價局面)을 정확하게 심리·검토해야 한다고 하였다.

Stake는 프로그램의 모든 측면을 두루 고려해야 한다고 제시하였다. Stake는 교육 프로그램의 본질과 가치는 포괄적이며 종합적으로 이해하고 검토하기 위해서 평가에 대해서 충분한 고찰이 필요함을 강조하였다. 비형식적 평가(informal evaluation)보다는 체크리스트, 표준화 검사, Stake의 종합실상평가모형에서 교육평가는 공식적(formal) 평가와 비공식적(informal) 평가로 구분하였다. 평가는 구조화된 관찰, 통제된 비교 등 이용하는 형식적 평가(formal evaluation)를 더 중시하였다. 비공식적 평가는 우연한 기회에 관찰한 잠재적 목표의 달성도에 대해 직관적 규준을 근거로 주관적으로 판단하는 종합실상 평가에서 당연히 제외시켜야 하고, 과학적인 방법으로 객관적 판단을 내리는 공식적 평가만 종합실상평가의 대상으로 해야 한다고 했다. 프로그램에 관해 합리적인 판단을 하려면 비공식적 평가를 버리고 공식적 평가를 실시해야한다고 하였다. 공식적 평가의 기본활동은 기술(description)과 판단(judgment)으로 구성하여 강조한다. 완전한 평가는 평가대상을 기술하는 동시에 판단해야 한다고 하였다.

① 종합실상평가모형 평가 절차

㉮ 관찰항목 확정

관찰항목 확정은 선행요건, 실행요인, 성과요인에 대해 각각 어떤 요소 또는 항목을 중점적으로 관찰·분석할 것인지를 검토, 확정하는 것이다.

㉯ 기술적 자료의 분석

기술적 자료의 분석은 프로그램 목표에서 설정한 의도와 실제로 프로그램을 운영하여 관찰한 사항을 3(선행요건, 실행요인, 성과요인)×2(의도, 실제) 행렬표에 정리하고 연관성과 합치도를 분석한다.

㉰ 표준설정

표준설정은 판단의 기준으로 사용할 절대적 표준과 상대적 표준을 설정하고, 표준의 구체성, 포괄성, 적합성, 중요성, 실용성 등을 다각적으로 점검한다.

㉱ 판단적 자료의 작성

판단적 자료의 작성은 기술적 자료를 행렬표로 작성한 것과 같이 이번에는 의도-실제를 표준판단으로 대치하여 기술적 자료에 기록된 사항들에 대해 표준을 근거로 판단을 내린 다음 3(선행요건, 실행요인, 성과요인)×2(표준, 판단) 행렬표를 작성하고 연관도와 합치도를 점검한다.

(3) Scriven의 탈목표평가모형

Scriven(1972, 1973)의 탈목표평가(goal - free evaluation, 脫目標評價)모형은 현장교육을 주의 깊게 살피며 광범위한 정보를 모아서 찾은 것을 해석하고 평가한다. 탈목표평가모형은 목표를 미리 알고 있지 않기 때문에 목표지향 평가보다 의도되지 않은 효과를 더 많이 발견한다. 목표를 인식하지 않은 상태에서 프로그램 효과를 포괄적으로 검토하려는 접근이다. 탈목표평가모형은 평가 과정에서 내부인들의 형성평가와 외부인들에 의한 총합평가를 구분한다. 탈목표평가모형은 프로그램의 모든 측면을 면밀하게 검토하여 프로그램의 모든 효과로 바람직한 효과와 의도했던 효과, 바람직하지 못한 효과와 예기치 않았던 효과를 표적집단 요구에 비추어 판단한다.

탈목표평가모형은 자유롭게 외적인 준거를 활용하여 평가 전문가들이 실시하는 가치판단 활동이다. 평가자는 프로그램의 목표를 의도적으로 인식하지 않는다. 기존의 목표기준평가가 목표 준거를 하여 의도했던 일차적 성과만 확인하고 이차적 및 잠재적 부수효과(side effect, 附隨效果)를 간과함으로써 실제 성과(actual outcome)를 평가하지 못한다는 문제점을 보완하기 위해 프로그램이 의도했던 효과 및 부수효과까지 포함시킨 실제 효과를 평가하는 방식이다. 탈목표평가모형은 사전에 설정된 목표가 평가의 초점을 제약하지 않도록 한다. 의도한 성과보다 실제 성과에 주안점을 둔다. 탈목표평가모형은 프로그램 관리자 및 직원과의 접촉을 최소화한다. 이에 예기치 않은 부수효과를 확인할 수 있는 개연성이 높다. 탈목표평가모형은 평가에 있어서 가치에 초점을 두었다는 점, 수단에 대한 본질적인 평가(intrinsic evaluation), 목표에 대한 결과 평가(pay - off evaluation)의 개념 확산 등 전문가 판단의 타당성 확보에 대해서 자세히 다루지 않았다.

① 탈목표평가모형 평가 절차

㉮ 프로그램 시행과 관찰

프로그램 시행과 관찰은 프로그램 운영의 목표를 의식하지 않고 프로그램의 운영과정과 성과를 다각적으로 광범위하게 관찰, 기록하는 것이다.

㉯ 일차적 효과의 분석

일차적 효과의 분석은 관찰된 성과 중에 프로그램을 통해 획득하려고 의도했던 성과를 분석, 정리해서 목표를 준거로 하여 그 가치를 판단한다.

㉰ 이차적 효과의 분석

이차적 효과의 분석은 프로그램을 운영해서 실제로 관찰한 성과 중에 목표에 진술하지 않았거나 전혀 의도하지 않았으나 예상외 부수효과를 가져온 것을 추출하여 긍정적인 것과 부정적인 것으로 분류·정리한다.

㉱ 표적집단의 요구분석

표적집단의 요구분석은 프로그램 참가자와 이해관계 당사자들의 프로그램에 대한 요구 및 기대를 폭넓게 조사하여 항목별로 열거하는 것이다.

㉲ 사실상의 효과분석

사실상의 효과분석은 표적 집단의 요구와 프로그램에 대한 만족도를 준거로 이차적 효과를 판단한 다음 일차적 효과와 함께 프로그램의 실제 효과를 종합적으로 판단한다.

(4) Eisner의 감정·비평 모형

Eisner(1975)의 감정·비평 모형(model of connoisseurship and criticism)은 감식안 모형이라고도 한다. 감정·비평 모형은 교육평가에 대한 과학적, 기술적 접근의 역작용을 제거할 목적으로 예술활동에서 사용하는 감정(connoisseurship), 비평(criticism)에서 교육비평의 개념을 도출하여 예술작품의 감정 및 평가 시 그 분야 전문가들이 사용하는 기술을 교육평가에 적용한 것이다. 감정은 사물에 대한 경험을 깨닫고 느끼고 이해하는 개인적 차원의 행동이다. 비평은 자신이 이해한 바를 새로운 시각으로 그 의미와 가치에 대해 판단을 내리는 사회적(공적) 행동이다. 감정 · 비평 평가모형은 감정술(감식안, connoisseurship)과 교육비평(educational criticism)으로 구성하였다. 감정술은 평가대상의 미묘하면서도 중요한 자질을 인식하는 능력이며, 교육비평은 감정가의 인식을 비판적인 글로 표현하는 과정이다.

비평은 부정적인 평가의 과정이 아니라 일반인이 알아차리기 어려운 현상의 질과 특성을 인식하도록 도와주는 과정이다. 평가자의 주관적인 전문성에 입각하여 프로그램, 조직, 성과, 활동을 판단하는 접근이다. 감정 · 비평 평가모형은 예술작품을 감정하고 비평할 때 전문가가 사용하는 방법과 절차를 교육평가에 원용(援用)하려는 접근이다. 감정 · 비평 평가모형은 평가 과정에서 전문가의 자질과 통찰력을 충분히 활용할 수 있지만, 평가활동 수행에 관한 구체적 지침을 제공하지 못한다.

① 감정 · 비평 모형 절차

㉮ 실제 사상에 대한 감상

실제 사상에 대한 감상은 직관을 토대로 평가하고자 하는 교육적 사상 및 실제의 모습을 보고, 느끼고, 생각한 대로 담담하게 음미하고 감식한다.

㉯ 기술적인 측면의 비평

기술적인 측면의 비평은 교육적 사상을 관찰 · 감상해서 얻은 특징과 질을 상세하게 기술한다.

㉰ 해석적인 측면의 비평

해석적인 측면의 비평은 기술한 특징과 질에 대한 교육적 의미와 가치를 자세하게 논리적으로 풀어서 설명한다.

㉱ 평가적인 측면의 비평

평가적인 측면의 비평은 기술, 해석한 교육적 의미와 가치를 질적으로 판단한다.

㉲ 결론의 도출과 제언

결론의 도출과 제언은 교육 실제를 정확하게 이해하고 개선하는 데 필요한 결론을 도출한다.

(5) 수혜자전문가중심 평가모형

수혜자중심(consumer - oriented) 평가모형은 전문가중심(expertise - oriented) 평가모형이라고도 한다. 수혜자전문가중심 평가모형은 교육을 위하여 사용되는 모든 것들을 교육상품으로 보고 나아가 교육의 행위도 서비스로 간주하여 교육프로그램의 대상인 수혜자가 무엇을 원하고 필요로 하는가에 관심이 있다. 수혜자전문가중심 평가모형은 가장 오래되고 널리 쓰이는 평가접근으로 전문가의 판단에 따라 교육제도, 프로그램, 교육상품, 교육활동 등을 평가한다.

4) 자연주의 모형

자연주의 평가모형(naturalistic model of evaluation)은 프로그램의 내용, 구성, 운영과정, 효과, 중요 쟁점 등에 관한 정보를 자연주의적 탐구 방법을 이용하여 수집, 제공하는 평가방식이다. 자연주의 평가모형은 자연주의적 탐구방법을 이용하여 교수학습 프로그램의 내용, 구성, 운영과정, 효과 쟁점 등에 관한 정보를 수집, 제공하는 모형이다. 자연주의 평가모형은 현상 및 사물의 실상과 성질을 자연주의 철학에 바탕을 두고 탐구한다. 평가 설계에 맞추어 인위적으로 조직하는 실험적인 장면보다 현장 실제 상황에서 평가를 시행하고, 사례연구 형태의 데이터 수집, 분석, 평가 결과를 수량화하지 않고 질적으로 나타내는 것이다.

(1) 조명적 평가모형

조명적 평가모형(illuminative evaluation)은 Parlett와 Hamilton(1976)은 기술과 해석, 변인의 통제와 조작보다 교육적 맥락을 있는 그대로 초상화를 그리듯 현상적으로 기술하는 평가 방법이다. 조명적 평가모형은 프로그램 이론의 근거적 목적, 개발과정, 운영 절차, 실시 결과, 문제점 등을 총체적 심층적으로 탐구하는 접근방식이다. 조명적 평가모형은 프로그램의 일부 특성이나 개개 변인 간 상관관계만을 분석하지 않고, 전체성을 중시하며 프로그램에 작용하는 모든 변인 간의 역동적이고 총체적인 상호관계를 규명하고자 한다.

① 조명적 평가모형 평가 절차

㉮ 관찰

관찰은 평가하려는 상황의 일상적인 현실을 파악하고 전체적인 모습 또는 특징을 관찰할 목적으로 평가하려는 상황과 친숙하기 위해 참여적 활동을 하면서 직접 관찰하는 단계이다.

㉯ 탐구

탐구는 선정된 쟁점과 원인을 심층적으로 분석하고 해결방안을 탐색하여 합의점을 찾는 단계이다.

㉰ 설명

설명은 전체적이고 포괄적인 설명과 함께 쟁점이 된 문제가 생긴 배경과 과정을 사회인류학적인 탐구방식으로 인과관계를 규명하여 문서로 작성하고 보고하는 단계이다.

(2) 교류적 평가

교류적 평가는 Rippey(1973)가 주창한 것으로 교류적 평가의 주된 목적은 '역할과 지위에 따라 참가자를 비롯하여 여러 관계 인사들에게 프로그램을 보이고 운영 과정에서 발생한 의견 차이 및 갈등에 대한 답을 제공하는 데 있다. 교류적 평가는 교육을 하나의 과정으로 보고 프로그램 성과보다 프로그램 운영과정에서의 갈등과 원인을 있는 그대로 기술하여 의사 결정자가 프로그램 개선에 활용하도록 한다.

① 교류적 평가 절차

㉮ 관찰작업

관찰작업은 평가자가 프로그램 운영과정 전반을 직접 포괄적으로 관찰하면서 참가자와 관계 인사들의 의견을 수집한다.

㉯ 쟁점포착

쟁점포착은 관찰한 내용 중에 프로그램 운영 상 이견, 마찰, 불편, 갈등 등과 같은 문제점 및 쟁점을 찾아 열거한다.

㉰ 합의 도출

합의 도출은 전문가와 참가자 및 관계 인사들이 함께 모여 쟁점의 원인과 해결방안을 집단 합의로 규명하는 것이다.

㉱ 결과보고

결과보고는 프로그램 운영에 관한 전체적인 인상과 쟁점 및 원인과 해결방안을 문서화한다. 도출된 해결방안을 프로그램에 도입하였을 때는 다시 실행과정을 점검하고 그 결과를 보고한다.

㉮ 결론 도출과 제언

결론 도출과 제언은 교육적 현상을 정확하게 이해하고 교육 실제를 개선할 수 있는 결론을 도출하여 제언한다.

(3) 반응적 평가

반응적 평가(responsive evaluation; 反應的 評價)는 종합실상모형의 주창자인 Stake(1972)에 의해 제안된 평가 방법이다. 반응적 평가는 교육활동의 복잡성을 이해하고, 관련 인사의 요구에 부응하여, 그들의 다양한 주장, 관심, 쟁점을 확인하기 위한 것이다. 반응적 평가는 평가와 직접적 및 간접적으로 관계되는 여러 인사들의 프로그램에 대한 반응을 제일 중시하고, 그들의 반응을 중심으로 평가의 내용과 절차를 수시로 수정 · 보완하는 융통성이 있으며, 생산적인 방법을 사용한다. 반응적 평가는 평가자와 관련 인사들 간의 지속적인 상호작용이 필요하다.

① 반응적 평가 절차

㉮ 관련자의 관심 확인

관련자의 관심 확인은 프로그램의 목적, 내용, 절차, 결과에 대한 관련 인사들의 입장과 견해를 청취하는 것이다.

㉯ 관련자의 반응 수집

관련자의 반응 수집은 대화, 토의 등과 같은 방법을 이용하여 평가 과정에서 프로그램과 평가 방법에 대한 관련 인사들의 반응을 계속 수집한다.

㉰ 관심사 확인

관심사 확인은 관련 인사들의 반응을 분석, 종합하여 프로그램에 대한 주요 관심사와 쟁점을 확인, 결정하는 것이다.

㉱ 수정과 점검

수정과 점검은 평가 내용과 절차에 대한 이견이 있을 때는 조정, 합의하여 평가 절차를 수정하고 보완하는 것이다.

㉲ 보고서 작성

보고서 작성은 프로그램의 전체적인 특징과 함께 관련 인사들의 관심사를 중심으로 평가 결과를 질적으로 기술한다.

[그림 2-9] 반응적 평가모형

(4) 해설적 평가모형

해설적 모형(explication model, 解說的 模型), 해설적 평가(explicative evaluation, 解說的 評價)라고도 한다. Koppleman(1979)은 교육현상의 구조와 기능을 보다 명료하게 이해하기 위해서 논리적, 실증적, 체계적으로 평가해야 한다는 과학적 접근과 교육활동은 복합적이고 역동적이기 때문에 직관적, 주관적, 총체적으로 평가해야 한다는 예술적 접근을 절충하였다. 해설적 평가는 이러한 교육 실제와 관심사를 생생하고 담담하게 설명하는 평가 방식이다.

① 해설적 평가 절차

㉮ 프로그램의 목적 확인

프로그램의 목적 확인은 프로그램을 교사와 학생에게 직접 보여주거나 설명한 다음 그들이 생각하는 프로그램의 목적과 필요성을 발표하게 한다.

㉯ 프로그램의 목적조절

프로그램의 목적조절은 조사된 프로그램 목적에 대하여 평가자와 교사들이 토의해서 필요성이 인정되면 부분적으로 프로그램의 목적을 수정 · 보완한다.

㉰ 관찰기록자의 선정

관찰기록자의 선정은 프로그램 운영과정과 결과를 검색할 학생들을 선정하고 관찰 및 기록방법을 훈련시킨다.

㉱ 기록내용의 점검

기록내용의 점검으로 관찰과 기록은 교사와 선정된 학생들이 하고 평가자는 관찰기록의 정확성과 객관성을 점검하여 기록결과를 종합, 정리, 비교한다.

㉲ 문제점의 토론과 확인

문제점의 토론과 확인은 평가 과정과 평가 결과에 대한 관찰기록자로부터 질문을 제기하고 토론하게 하여 그들이 갖고 있는 의견 불일치를 근거로 프로그램의 문제점을 찾는다.

㉳ 보고서의 작성과 해설

프로그램에 대한 기록자들의 의견 불일치를 작성하고 정보 수요자에게 필요한 내용을 설명, 해설한다.

(5) Wolf의 법정재판 평가모형

법정재판 평가모형(judicial evaluation model : JEM)은 Wolf(1974)에 의해 개념화되었다. 법정재판 평가모형은 재판과정에서 판사, 검사, 변호사, 배심원들이 원고와 피고의 대립되는 주장을 청취한 다음 판결하듯 재판 패러다임을 이용하여 교육정책, 교육제도, 프로그램, 수업 방법 등의 적합성이나 효율성을 평가하는 것이다. 법정재판 모형에서 프로그램을 옹호하는 평가자는 긍정적인 견해를 피력하도록 하고 반대론자에게 부정적인 견해를 피력하도록 한 후, 중립적인 인물이 양측의 논쟁을 검토하여 최종적인 결론을 내리도록 한다. 이에 평가의 공정성을 확보하는 접근이다.

법정재판 모형은 프로그램을 폭넓게 이해하고 교육 쟁점을 명료화하며 조직의 성장과 실제를 개선할 수 있는 제안과 정책지침을 제시한다. 법정재판 모형은 공정하고 현명한 평가를 위해 재판절차를 활용한다. 법정재판 평가모형은 교육프로그램이나 정책 수립 또는 의사결정 과정과 결과를 평가할 때 프로그램을 옹호하는 평가자에게는 긍정적인 견해를 피력하도록 하고 동시에 반대론자에게 프로그램의 부적합성을 비판하도록 한다.

재판 평가모형은 평가자의 능력과 자질에 따라 좌우된다. 중립적인 인사에게 의뢰하여 양측의 논쟁을 충분히 검토하고 심판하여 내린 결론을 토대로 평가자가 최종 판결한다. 법정재판 모형은 프로그램에 대한 찬성론자는 변호사, 반대론자는 검사, 중립적인 입장의 인사는 배심원, 최종 평가자는 판사로 볼 수 있다. 법정재판 평가모형은 교육정책 및 프로그램 채택에 대하여 찬성자와 반대자가 주장하는 장단점을 확실하면서 충분한 증거에 근거해서 다각적으로 검토하고 의사결정할 것을 강조하며 평가에 있어 공정성, 객관성, 공개성을 중시한다.

① 법정재판 모형 평가 절차

㉮ 쟁점탐색

쟁점탐색은 면접, 관찰, 문서분석 등을 통해서 공청회에서 다루어질 쟁점을 탐색, 열거한다.

㉯ 쟁점선정

쟁점선정은 탐색된 쟁점 중에서 논쟁의 소지가 없는 것은 배제하고 문제의 중요성과 참여자의 요구를 기준으로 공청회에 회부할 쟁점을 선정, 구성하는 것이다.

㉰ 논쟁준비

논쟁준비는 쟁점에 대한 찬반의 상반된 관점을 제시하는 데 필요한 증거, 증인, 사례 등을 수집 정리하여 찬성자와 반대자에게 제공하고, 의사 개진과 논쟁을 준비시킨다.

㉱ 의회개최

의회개최는 공청회를 열어 찬성과 반대의견을 개진시킨 다음 증인, 증거, 사례 등을 제시하고 직접심문과 반대심문해서 배심원으로 하여금 판결에 해당하는 평가와 제언을 하게 한다.

5) 고객중심 평가모형

고객중심 평가모형(client centered evaluation model), 소비자지향 평가모형(consumer oriented evaluation model) 혹은 소비자보호 평가모형이라 한다. 저질의 조잡한 교육 서비스 및 상품으로부터 교육자와 학생 또는 학부형들을 보호하기 위해 탈목표평가모형을 제창한 Scriven(1974)이 제안했다. 소비자들로 하여금 필요한 상품을 현명하게 선택, 구매할 수 있도록 도물 목적의 공공 및 전문 기관에서 각종 상품에 대한 평가 보고서를 만들어 소비자에게 제공하듯이 교육과정이나 프로그램에 대해서 일가견을 갖고 있는 사람으로서 교육적 서비스 상품의 소비자인 학생, 학부형 또는 교사를 대신하여 교육적 서비스의 상대적 장단점을 판단하여 학생, 학부형, 또는 교사들에게 교육적 서비스 또는 상품을 현명하게 선택, 구입하는데 도움을 줄 수 있는 정보를 수집하고 제공하려는 평가이다. 학생, 학부모, 교사들에게 전문가들이 범람하는 교수학습 프로그램의 장단점을 파악하여 선택 및 구입활동에 도움줄 수 있는 정보를 수집하고 제공하는 모형이다. 총괄평가 접근을 취하고, 상품을 분석하기 위한 checklist를 개발하여, 상품에 관한 평가보고서를 소비자에게 제공한다. 요구사정(needs assessment),탈목표평가,인과관계확인방법(modus operandi analysis), 비용분석과 같은 다양한 방법을 활용한다. 교육상품과 서비스에 관한 객관적인 평가정보를 제공하여 상품에 대한 정보 요구를 충족한다. 교육상품과 서비스를 평가할 수 있는 체크리스트를 통해 교육상품과 서비스를 선정할 때 고려해야할 기준을 분명하게 한다. 교육상품과 서비스에 대한 평가결과를 생산자에게 피드백하여 우수한 상품을 개발하도록 자극한다.

(1) 평가 절차

① 대리인 선정

대리인 선정은 학생, 학부형, 교사 입장에서 프로그램의 질을 객관적으로 평가해 줄 수 있는 전문적인 지식과 경험을 지닌 믿을 만한 대리 평가자를 선정하는 것이다.

② 자원인사 동원

자원인사 동원은 대리 평가자가 소비자 입장에서 교육 프로그램을 철저하게 분석, 평가하여 완벽에 가까운 소비자 리포트를 작성하는 데 필요한 인물이라면 소비자를 위시하여 각계각층에서 자료 인사들을 동원한다.

③ 요구사정 실시

요구사정 실시는 프로그램 사용자인 학생, 학부형, 교사의 프로그램에 대한 요구 사항과 프로그램에 대해 알고 싶어하는 것이 무엇인지를 조사, 분석하는 것이다.

④ 평가준거 결정

평가준거 결정는 요구사정을 할 때 프로그램 소비자들이 프로그램에 대해 알고 싶어하는 내용을 중심으로 현명한 프로그램의 선택, 결정을 위해 필요한 정보를 확인한다.

⑤ 평가방법 결정

평가방법 결정은 선정한 평가항목과 준거에 비추어 검목록법, 요구사정, 기능분석, 비용분석, 실험설계 등 여러 가지 평가방법 중에 가장 적절한 방법을 결정한다.

⑥ 자료수집 정리

자료수집 정리는 대리 평가자가 수집한 프로그램에 대한 평가적 정보를 최종적으로 검토하고 정리한다.

⑦ 보고서 작성

보고서 작성은 소비자 리포트나 매거진 같은 학생, 학부형, 교사가 특정 프로그램을 선택할 때 참고할 수 있도록 자료를 정리하여 문서로 작성한 다음 보급한다.

6) 진료활동모형

진료활동모형(의학적 모형, medical model of evaluation)은 의사가 환자의 질환을 진단하고 치료할 때에 환자를 직접 관찰하고 필요하면 간호사, 임상병리사, Xtay 기사 등과 같은 전문 요원에게 의뢰하여 여러 가지 검사를 한 다음 그 결과를 토대로 진단과 처방을 하는 것과 같다. 진료활동 모형은 관찰, 검사, 진단, 처치에 많은 노력을 기울인다. 진료활동 모형은 진단과 처치를 중시하고 프로그램이 의도한 성과, 부작용과 같은 예상하지 못한 결과 또는 증상의 발견에도 관심을 기울인다.

(1) 진료활동모형 평가 절차

① 관찰

관찰은 프로그램 개발 및 관리자의 호소를 듣고 프로그램의 목적, 내용, 구성, 기능, 개발과정, 운영실태 등에 관한 문제점을 집중적으로 관찰한다.

② 검사

검사는 정확한 평가를 위해 필요하다면 관련 분야의 전문가를 초청하여 의견을 청취하고 각종 검사를 실시한다.

③ 진단

진단은 직접 관찰한 내용과 검사 결과를 종합하여 당면 및 예상되는 문제점과 그 원인을 진단한다.

④ 처방

처방은 진단결과를 토대로 가장 적절한 처방을 내리고 처치 및 치료를 실시한다.

⑤ 점검

점검은 처치 과정에서 일어나는 변화를 관찰, 기록해서 예상한 대로 치료 효과가 나타나고 부작용은 없는지를 점검한다.

⑥ 보완

보완은 부작용이 생기면 처방을 바꾸어 치료를 달리하든지 부작용을 제거하기 위한 처방을 강구, 실행한다.

⑦ 예후

예후는 완전히 치료 및 개선되었다는 것을 확인한 다음 예후와 함께 프로그램 개발 및 운영에 필요한 유의 사항을 제시한다.

4. 교육평가의 절차

학교현장에서 교사를 평가자로 하는 교육평가 절차를 제시하면 다음과 같다(채선희, 2005).

① 평가의 목적 확인

평가의 목적 확인은 평가할 때 왜 평가하는지 평가의 목적을 확인해야 한다. 평가의 목적은 평가 내용의 선정, 평가방법의 결정 등 후속 단계에 영향을 준다.

② 평가영역과 내용 선정

평가영역과 내용 선정은 평가 목적 달성을 위해 적절한 평가영역 및 내용을 선정하는 것이다. 평가 목적에 의한 학생의 인지적 영역, 정의적 영역, 심동적 영역의 평가를 할 것인지 결정한다.

③ 평가방법의 결정

평가방법의 결정은 평가 영역과 내용 선정 후 평가자료 수집을 위한 방법을 결정하는 것이다. 평가 내용을 가장 잘 드러내고 변별하는 방법을 선택한다.

④ 평가도구의 선정 및 개발

평가도구의 선정 및 개발은 평가에 사용되는 평가도구를 선정하거나 개발하는 것이다. 교사의 직접 지필검사 제작, 관찰을 통한 학생태도 평가를 위한 관찰표를 제작할 수 있다.

⑤ 평가시행을 위한 계획 수립

평가시행을 위한 계획 수립은 실제 평가를 시행하기 위한 계획으로 평가대상, 평가 횟수, 평가 시기, 평가 장소 등 인적, 물적 자원을 점검하여 사전계획을 세운다.

⑥ 평가환경의 구축

평가환경의 구축은 평가 시행 계획에 따라 실제 평가할 환경을 구축하는 것이다.

⑦ 자료의 수집

자료의 수집은 평가 시행 계획에 따라 실제 평가를 실시하여 결과를 수집한다. 선택형 지필검사의 경우 COMR 카드로 논술 등의 경우 질적 자료의 형태로 수집한다.

⑧ 자료의 분석

수집된 자료는 평가 목적에 맞게 적절한 분석과정을 거친다. 양적 자료는 측정적, 통계적으로 분석하고, 질적 자료는 의미 있는 결과를 나타내도록 항목 범주화 등을 실시한다.

⑨ 평가결과에 대한 해석

평가결과에 대한 해석은 분석과정을 거친다. 양적분석 결과에 대한 해석은 학생의 개인적 특성과 상황을 고려한다.

⑩ 평가결과의 보고

평가결과의 보고는 평가 결과에 대한 해석을 한 후 적절한 형태로 요약 정리하여 필요한 사람에게 보고한다.

⑪ 평가결과의 활용

평가 결과의 활용은 초기 평가를 시작한 문제와 직접적으로 관련되며, 평가목적에 의해 활용된다.

⑫ 메타평가

메타평가는 모든 평가의 과정에 대한 평가이다. 1단계부터 11단계에 이르는 과정에 대한 평가를 시행할 수 있다.

5. 학교 교육과정 평가

우리나라에서 학교 교육과정 평가가 부각되기 시작한 것은 1992년 이후 제6차 교육과정의 시행과 함께 단위학교 수준의 교육과정 개발 체제가 확립되면서부터이다. 학교 교육과정 평가는 크게 두 가지로 나눌 수 있다. 시·도교육청 및 지역교육청이 학교 교육과정에 대해 실시하는 외부자 평가와 단위학교가 자체적으로 학교 교육과정의 편성 및 운영을 점검하는 내부자 평가로 학교 자체의 교육과정 평가가 있다. 2007년 및 2009년 개정 교육과정 체제는 학교 교육과정에 대한 합리적 평가로 교육의 질 관리를 강화한다는 점을 표방하고 있다. 학교 교육과정 평가의 목적은 평가를 위한 평가가 아닌 학교 교육과정에 대한 질적 개선과 학교 교육과정의 발전적 변화를 불러오는 것이다.

학교 교육과정 평가의 방침은 다음과 같다.

① 교육과정 편성·운영지도를 통한 교육의 질 관리 도모이다.

② 지역교육청의 교육과정 중심의 기본 운영체제 조직 · 정비 상태 확인 · 지도이다.

③ 지역교육청의 교육과정 중심 장학지도 계획 및 장학활동 구현의 적정성 확인 · 지도이다.

④ 교육과정의 발전적 정착을 위한 실질적인 교수-학습방법 개선 방안 강구이다.

⑤ 질 관리 결과를 분석 · 자료화하여 환류할 수 있는 일반화이다.

시 · 도교육청 자체 평가보고서에 나타난 평가항목을 구체적으로 살펴보면 다음과 같다.

- 교육과정 운영의 자율화 · 다양화 · 특성화
- 교육과정의 탄력적 운영과 학습 부담 경감
- 학생 중심의 교육과정 운영
- 주요 업무 계획의 중점 시책 반영
- 학교 교육과정 연구 및 개발과정
- 수업지도(수업의 질 향상을 위한 노력)
- 평가의 투명성 확보
- 교육과정의 편성 · 운영계획 및 실제 운영 상황
- 수준별 수업, 창의적 체험활동 편성 · 운영 상황
- 특기 · 적성 교육활동, 독서교육 운영 현황
- 학습 결손 예방을 위한 결 · 보강대책 수립 추진 현황

단위학교의 학교 교육과정 평가항목을 구체적으로 살펴보면 다음과 같다.

- 교과과정의 적절성 및 수업시수확보
- 관련지침, 학교교육 여건 및 교육요구도 조사 · 분석
- 교과지도 목표, 내용, 진도계획의 적절성
- 수업방법, 지도자료, 평가방법의 다양성 · 효과성 · 객관성
- 적절한 기본 학력 증진 방안 수립, 실천

- 특기 · 적성 교육, 수준별 수업, 창의적 체험활동 운영계획 수립 실천
- 생활지도의 실시
- 학교 교육과정 위원회의 구성 및 활동
- 교육과정 작성 시 교원, 학부모, 지역사회의 의견 반영
- 교원 인사 관리 및 교원복지 개선
- 교원연수 및 수업연구의 활성화
- 학교장 중심 자율 경영
- 학생성취도 평가
- 교육과정 편성 · 운영 및 지원 상황
- 평가결과 환류 및 반영 점검
- 지역교육청 및 학교 역할 이행 상황 확인
- 이수 단원 및 과목별 단위 배당, 선택과목 기준 준수 여부

6. 교수 - 학습활동에서의 평가

1) 평가대상 및 내용에 따른 구분

(1) 학생평가

학생평가는 학생이 지닌 능력이나 특성의 가치를 판단하는 것으로 주로 교사에 의해 이루어지는 평가이다. 학교 현장에서 학생평가와 관련 학업성취도이다.

(2) 수업평가

수업평가는 수업이 진행되는 과정에서 학생들의 성취도를 중심으로 수업의 내용과 방법을 평가하여 그 결과를 수업 개선에 활용한다. 다음 학기에 반영하는 강의평가로도 활용되는 평가이다.

(3) 교육과정 평가

교육과정 평가는 교육과정의 효과를 판단하는 평가이다. 의사결정자들이 교육과정의 지속과 개정에 관한 판단을 내릴 수 있도록 정보를 수집하는 일련의 과정이다.

(4) 학교평가

학교평가는 학교의 제반 부분의 기능을 평가한다. 개별 단위학교를 하나의 평가 대상으로 삼아 학교의 제반 부문이 올바른 방향으로 기능하고 있는가를 평가한다.

2) 평가영역에 따른 구분

(1) 인지적 영역 평가

인지적 영역 평가는 학생의 학업성취도, 사고력 등 지적인 사고능력을 평가한다. 교육목표에 진술된 학습내용을 기억, 이해, 추론 등과 같은 사고 작용을 통해 획득해야 하는 지적 학습목표의 달성 여부와 정도를 측정하여 평가한다.

(2) 정의적 영역 평가

정의적 영역 평가는 학생의 성격, 태도, 사회성, 도덕성, 등 정의적인 특성을 평가한다. 학습동기, 협동성, 책임감, 준법성, 사회성, 자아개념, 흥미, 태도, 가치 등과 같은 특성에서의 학습목표가 달성된 정도를 확인하는 평가이다.

(3) 심동적 영역 평가

심동적 영역 평가는 학생의 신체 능력 및 운동 활동 등을 평가한다. 손, 발, 다리, 어깨 등과 같은 신체의 일부 또는 전신을 움직여서 성취할 수 있는 학습목표의 달성 여부와 정도를 측정하여 평가한다.

3) 평가체제에 따른 구분

(1) 투입평가

투입평가는 학습에 투입되는 학습 내용, 학습자 특성, 교사자질 등 내용과 조건의 적절성을 평가하는 것이다.

(2) 과정평가

과정평가는 수업 방법, 매체 등 수업 과정의 적합성을 평가한다.

(3) 산출평가

산출평가는 학업성취도, 학습 태도 등 교육 성과를 평가한다.

4) 평가기능에 따른 분류

(1) 진단평가(diagnostic evaluation)

진단평가는 단원의 학습을 위해 수업을 시행하기 전 학습자가 알고 있어야 할 기초 지식이나 기술을 가졌는지 점검하는 출발점 행동 평가 및 투입행동 평가이다.

(2) 형성평가(formative evaluation)

형성평가는 학습활동이 이루어지고 있는 도중에 교수-학습 활동이 계획대로 진행되고 있는지를 확인하고 점검할 목적으로 행해지는 평가이다.

(3) 총괄평가(summative evaluation)

총괄평가는 교수-학습 활동이 끝난 시점인 학기 말 및 학년말에 교수목표의 달성 여부를 종합적으로 판정하는 평가이다,

5) 평가결과 해석의 참조 근거에 따른 구분

(1) 규준참조평가

규준참조평가는 학습자의 평가결과를 그가 속한 집단에 비추어 상대적인 위치를 밝혀보는 평가방법이다. 개인의 득점을 비교하기 위한 규준 집단이 반드시 존재하며, 규준 집단의 점수 분포에 따라서 개인의 득점 수준을 해석한다. 주요 목적은 선발을 위한 것으로 선발적 교육관에 바탕을 두고 검사의 신뢰도를 강조한다. 규준참조평가는 개인차의 변별이 가능하고, 객관적인 검사의 제작 기술을 통해 성적을 표시하고 있기 때문에 교사의 편견을 배제할 수 있다. 규준참조평가는 학습자들의 경쟁을 통하여 동기를 유발하는데 유리하다. 그러나 참다운 의미의 학력평가가 불가능하고, 학습자 간에 학력의 상대적 위치나 순위를 결정하기 때문에 과다한 경쟁심리가 조장되며, 이로 인해 인성교육을 방해할 우려가 있다.

(2) 준거참조평가

준거참조평가는 학습자의 현재 성취 수준이나 행동목표의 달성 정도를 알아보기 위한 평가방법이다. 사전에 구체화된 수행 준거에 의해서 직접적으로 해석할 수 있는 측정을 하고자 제작된 검사이다. 평가의 궁극적인 목적은 학생이 무엇을 성취했는지이다. 준거참조평가는 교육목표에 비추어 평가하는 것이다. 준거참조평가는 검사의 타당도를 강조하고, 검사 점수의 부적 편포를 기대한다. 교육목표, 교육과정, 교수방법 등의 개선에 용이하고, 이해, 비교, 분석, 종합 등의 고등정신능력을 배양할 수 있다. 그러나 개인차 변별이 쉽지 않다는 점, 준거 설정 기준이 문

제가 될 수 있다는 점, 검사 점수의 통계적 활용이 불가능하다.

(3) 능력참조평가

능력참조평가는 학생들이 지닌 능력에 비추어 얼마나 최선을 다하였는지 초점을 두고 평가 결과를 해석한다.

(4) 성장참조평가

성장참조평가는 교육 경험 이전에 비해 얼마나 성장하였는지 관심을 두는 평가방법이다. 교육과정을 통하여 얼마나 성장하였는지 관심을 두고 평가 결과를 해석한다.

6) 평가방법에 따른 구분

(1) 양적평가

양적평가는 측정을 통해 평가 결과를 수치화하여 자료를 수집하는 평가방법이다. 검사도구를 제작하여 이를 시행하여 점수를 산출하는 경우 수량화된 자료나 증거를 가지고 평가대상을 기술하고 분석하는 평가방법이다. 학교에서 실시하고 있는 시험에 의한 평가방법은 대부분 양적평가이다. 양적평가는 학생들의 학업성취도를 평가하는 인지적 영역의 평가에 사용한다.

(2) 질적평가

질적평가는 관찰이나 면담, 실기평가 등을 통하여 획득한 자료를 기록하여 서술화하여 자료를 수집하여 평가하는 방법이다. 주관적 측면과 수량화하기 힘들거나 수량화할 수 없는 영역을 평가하는 방법이다. 양적평가의 단점을 보완하고자 등장한 평가이며, 어려운 정의적 영역이나 심동적 영역을 평가하는데 사용한다. 질적

평가는 학생 학습활동의 질적인 측면에 대한 정보를 수집하고 평가한다. 수량화되지 않은 다양한 형태의 자료를 수집하여 평가하는 것이다.

7. 수업평가

교육의 질을 관리하기 위해서는 교육과정의 질을 관리해야 하며, 교육과정의 질 관리로 학교 수준의 교육과정의 질을 관리하는 교육과정 평가가 중요한다. Doyle(1983)는 주요 평가 영역을 교사의 능력, 교사의 태도, 지적 활동의 격려, 학생의 영향력으로 제시하고 있다. 수업평가 영역 설정에 영향을 주는 요인에는 평가 정보의 원천, 평가의 주요 대상, 평가방법, 평가 정보의 질, 평가 목적 등이다. 수업평가 방법에는 교사 자신의 평가, 타인의 평가가 있다. 교사 자신의 평가는 학습준비를 위한 활동, 동기유발 방법, 학습활동 지도, 학습평가와 강화 및 과제 부여 등을 할 수 있다. 타인의 평가에는 동료 및 관계 전문가에 의한 평가, 학생에 의한 평가를 실시할 수 있다.

제3부

우리나라 국가 교육과정

제 9 장

국가 교육과정의 변천

1. 학교 학제의 변천

학교 유형은 2011년 법에서 규정한 학교 이외에도 유치원, 공민학교, 고등공민학교, 고등기술학교, 특수학교, 각종학교 등이 있다. 학교 학제는 초등학교 - 중학교 - 고등학교 - 대학교로, 6 - 3 - 3 - 4제로 되어 있으며, 이 중 초등학교부터 중학교까지 9년이 의무교육과정이다. 6 - 3 - 3 - 4제가 확립되기까지 각급 학교의 교육연한은 1차 이전 교육과정기(1945~1954) 중에서 1945년에 국민학교(초등학교 명칭과 병용) 6년제, 중학교 4년제, 고등여학교(중학교급) 4년제였으며, 1946년 9월에 국민학교 6년제, 중학교 6년제로, 초급중학교 3년제, 고급중학교(고등학교급) 3년제로 이루어졌다. 1949년 12월 31일 제정교육법(법률 제86호)에 초등학교 - 중학교 - 고등학교 - 대학교가 6 - 4 - 2(또는 4) - 4(또는 6)로 수업연한을 규정하였으며, 1950년 3월 10일 교육법(법률 제118호)에는 6 - 4 - 4 - 4(초급대학 4년, 대학 4년 내지 6년)로 개정하였으며. 1951년 3월 20일 교육법(법률 제178호)에서 초등학교 - 중학교 - 고등학교 - 대학교의 수업연한을 6 - 3 - 3 - 4로 규정하여 현재와 동일한 학제로 이루어진다.

1차 교육과정기(1954~1955)는 국민학교(초등학교)가 6년제, 중학교가 3년제, 고등학교가 3년제, 사범학교가 3년제였으며, 당시 사범학교는 중학교를 졸업한 자 및 이와 동등 이상 학력이 있는 자가 입학할 수 있었고, 6년제 고등학교급이었다.

2. 유치원 교육과정과 표준보육과정

1) 유치원 학제의 개요

(1) 1897년부터 1945년까지 개화기부터 일제강점기 유치원의 도입 시기이다.
(2) 1945년부터 1968년까지 해방 이후 국가 교육과정 이전 시기이다.
(3) 제1차 유치원 교육과정(1969. 2. 19.~1979.)으로 문교부령 제 207호 제정 공포하였다. 최초의 국가 수준 유치원 교육과정이다.
(4) 제2차 유치원 교육과정(1979. 3. 1.~1981.)으로 문교부 고시 제 424호 개정하였다. 학문 중심 교육과정을 반영하였다.
(5) 제3차 유치원 교육과정(1981. 12. 31.~1987.)으로 문교부 고시 제 442호 개정하였다. 초·중등학교와의 동시 개정하였다.
(6) 제4차 유치원 교육과정(1987. 6. 30.~1992.)으로 문교부 고시 제 87-9호 개정하였다. 영역별 내용이 생략된 간략화된 교육과정이다.
(7) 제5차 유치원 교육과정(1992. 9. 30.~1998.)으로 문교부 고시 제 1992-15호 개정하였다. 만 3세로 대상 확대, 수준별 교육과정 및 종일반의 도입하였다.
(8) 제6차 유치원 교육과정(1998. 6. 30.~2007.)으로 문교부 고시 제1998-10호 개정하였다. 2000년대의 미래사회 대비 유아 중심 교육과정 표방하였다.
(9) 2007 개정 유치원 교육과정(2007. 12.~2011.)으로 교육인적자원부 고시 제2007-153호, 유아교육법 제13조 제2항에 의거하여 유치원 교육과정을 고시하였다. 2007년 개정 유치원 교육과정은 2009년 3월 1일 신입생부터 시행되었다. 유·초 연계를 강화한 교육과정이다.
(10) 2011년 5세 누리과정(2011. 2. 19.~ 2019)으로 교육과학기술부 고시 제2011-30호, 유아교육법 제13조 제2항에 의거하여 고시하였다. 2012년 3월 1일 신입생부터 시행되었다. 유·보 통합을 통한 유아교육의 외연 확대 시기이다.
(11) 2012년 연령별 누리과정으로 교육과학기술부 고시 제2012-13호, 유아교육법 제13조 제2항에 의거하여 고시하였다. 2013년 3월 1일 신입생부터 시행하였다.
(12) 2015 개정 유치원 교육과정(3~5세 연령별 누리과정) 교육부 고시 제2015-61호 유아교육법 제13조 제2항에 의거하여 교시하였다. 2015년 3월 1일부터 시행하였다.
(13) 2019 개정 누리과정(2019. 7. 24.~)으로 교육부 고시 제2015-61호, 유아교육법 제13조 제2항에 의거하여 교시하였다. 누리과정 개정하였다. 놀이 중심, 유아 중심을 강조하였다.
(14) 제1차부터 2019 개정 유치원 교육과정까지 유치원 교육과정 항목별 내용은 변화하였다.
(15) 2020 개정 누리과정으로 교육부 고시 제2019-189호, 유아교육법 제13조 제2항에 의거하여 유치원 교육과정을 고시하였다. 2020년 3월 1일부터 시행하였다.

2) 유치원 교육과정과 표준보육과정의 변천

유아교육과 보육은 유아교육법과 영유아보육법에 근거하여 제도적인 이원화체제를 유지하고 있었다. 보육의 법적 근거는 1961년 영유아보육법이 제정되어 보호와 교육이 통합된 보육의 개념으로 전환되었다. 유치원 교육과정은 1969년에 처음 제정되었다. 영유아보육법 29조에 따른 부처장관의 의무로 우리나라에서 국가 수준의 '표준보육과정'이 2007년부터 최초로 수립되고 고시 시행되었다. 이후 유치에서는 유치원 교육과정을, 어린이집에서는 표준보육과정을 운영하였다. 유아교육의 법적 근거는 1949년의 교육법에서 유치원에 관련된 조항이 처음 포함되었으며, 초등교육법의 일부로 시행되어오다가 2004년 독자적인 유아교육법이 제정되었다(이석순, 2008).

제6차 유치원 교육과정이 고시되던 1998년 유치원 교육과정은 헌법,교육 기본법, 초 · 중등교육법과 동법 시행령, 유아교육진흥법 등에 근거를 두고 있었다. 그러나 2004년 1월 29일, 유아교육법이 법률 제 7120호로 공포되고, 2005년 1월 30일부터 시행되면서 우리나라 교육법은 교육기본법, 유아교육법, 초 · 중등교육법, 고등교육법, 평생교육법의 5법체계로 완성되었다. 이에 초 · 중등 교육법 안에 유치원 교육이 포함되어 있던 것에서 유아교육 관련 법률이 따로 분리되었다.

종래의 교육법은 제5장 제10절의 146조와 147조에서 유치원의 교육목적과 목표를 밝히고 있었다. 이 법령은 1947년에 공포된 일본의 학교교육법 중 유치원 조항을 참조한 것이었으므로 일본의 학교교육법 제 77조와 78조와 거의 차이가 없었다. 교육법이 폐지되고 교육기본법이 시행되면서, 제 6차 유치원 교육과정이 고시된 1998년도에는 교육법 제 146조로 제시되던 유치원의 교육목적만 초중등교육법(1997.12.13법률 제5438호) 제 35조에 의해 규정되었다.

초 · 중등교육법이 유치원 교육의 목표를 제시하지 않은 것은 교육목표를 법에 명시하는 것보다 국가 수준의 교육과정에 명시하게 함으로써 시대적 변화와 요구에 유연하게 대처하기 위한 것이라 본다(노희방, 1999).

2004년 1월 29일 유아교육법이 제정되어 법률 제07120호로 유아교육에 관련된 내용이 삭제됨에 따라 그 내용이 일부 개정되면서, 유치원의 목적에 관한 항목은 사라지게 되었다.

유치원 수업일수는 초중등교육법시행령 제45조에 의해 매 학년 180일 이상으로 규정되어 있었다. 유아교육법 제정 후에는 유아교육법시행령 제12조에서 수업일수를 다루어 유치원 교육과정에서 정하는 교육일수에 관련된 내용의 근거가 되고 있다.

유치원 교육 대상의 연령은 초·중등교육법 제36조와 유아교육진흥법 제 2조 1항에 의해 만 3세부터 취학 전까지의 어린이로 규정되어 있었다. 유아교육법제정 후 유아교육법 제2조 제1항에서 "'유아'라 함은 만 3세부터 초등학교 취학 전까지의 어린이를 말한다."로 정의하고 있다.

〈표 3-1〉 유치원과 어린이집

구분	유치원	어린이집
법적근거	유아교육법 제2장 13조	영유아보육법 제 4장 29조
유형	국립유치원 공립유치원(단설, 병설유치원) 사립유치원	국공립어린이집 직장어린이집 법인어린이집 가정어린이집 부모협동어린이집 민간어린이집
운영형태	반일제 시간연장제 종일제	종일제
소관부처	교육부	보건복지부
운영지침	유치원교육과정(2009년 시행) 2011년 개정	표준보육과정(2007년 시행) 2012년 개정
대상연령	만 3~4세 유아	만 0~4세 영유아

누리과정은 3~5세 유아를 위한 국가 수준의 공통 교육과정이다.

가. 국가 수준의 공통성과 지역, 기관 및 개인 수준의 다양성을 동시에 추구한다.

나. 유아의 전인적 발달과 행복을 추구한다.
다. 유아 중심과 놀이 중심을 추구한다.
라. 유아의 자율성과 창의성 신장을 추구한다.
마. 유아, 교사, 원장(감), 학부모 및 지역사회가 함께 실현해가는 것을 추구한다.

(1) 제1차 유치원 교육과정(1969~1979)

유치원 교육과정에서는 건강, 사회, 자연, 언어, 예능의 5개 영역으로 목표와 지도 내용을 제시하고 있다. 교육과정을 생활 중심의 교육에 기반을 두어 학습 경험의 중요성을 강조하고 있다. 교육과정 목표 명칭을 학교 교육과정과 유사한 교과 영역 명칭으로 하였고 초등학교 교과 구분과 유사한 교과목 형식으로 교육과정을 조직하였으며 실제 학습에는 구분 없이 혼합된 종합체임을 명시하여 유치원 교육은 통합적으로 접근하여야 함을 강조하고 있다. 몸과 마음을 기르고, 기초생활습관과 바람직한 도덕성을 익히며, 과학적 사고를 기르고, 언어능력을 기르며 심미적 태도를 발전시키는 것을 목표로 한다.

(2) 제2차 유치원 교육과정(1979~1981)

유치원 교육과정은 국가 교육 이념으로서 국민교육헌장의 이념 구현과 관련되는 내용들이 주로 포함되어 있다. 사회, 정서, 인지, 언어, 신체 4개 발달영역을 목표로 한다. 학문 중심 교육과정의 성격이며 유치원 교육내용에서 '인지발달'을 강조하고, 우리나라 교육이념의 근거는 헌법, 교육법, 국민교육헌장임을 명시하며, 국민교육헌장의 이념을 학교교육 전반에 반영시키고자 하였다. 유치원은 가정과 학교의 중간 위치에서 실시되는 교육으로서 그 독자성을 충분히 고려하여야 한다는 점에서 유치원의 교육적, 사회적 기능을 밝혔다. 운영 방침에 교육 계획과 운영 계획의 수립을 명시, 구체적으로 일간, 주간, 월간, 연간으로 교육과정을 계획하도록 방침을 내렸다.

(3) 제3차 유치원 교육과정(1981~1987)

유치원 교육과정은 제5공화국 수립의 목적, 우리나라 교육의 목적, 학교교육의 목적, 교육과정 구성의 방향을 4개 영역 20개 항에 걸쳐 제시하고 있고 교육목표는 계획, 지도, 평가의 운영 지침이 기술되어 있어 총론적인 성격이다. 영역별 목표와 내용에는 사회, 정서, 언어, 인지, 사회성 5개 발달 영역에 각각에 대한 목표와 내용이 제시되어 있다. 처음으로 초, 중등 교육과정과 함께 발표되었고 유치원, 초중학교의 교육과정이 상호 연계성을 가지고 개발되었다. 제 5공화국 건립의 목적과 함께 민주, 복지, 정의 사회의 건설에 적극적으로 이바지할 수 있는 자주적이고 창의적인 국민을 길러내는 것을 교육의 목적으로 제시하였다. 유치원 교육의 목적을 '아동에게 알맞은 교육환경 속에서 즐겁고 다양한 활동을 통하여 전인적으로 성장할 수 있도록 돕는 것' 이라 정의. 이에 따라 5개 발달 영역에 대한 하위 목표 5개를 제시하였다.

(4) 제4차 유치원 교육과정(1987~1992)

유치원 교육과정은 신체발달 영역, 언어발달 영역, 인지발달 영역, 정서발달 영역, 사회성발달 영역에 중점 두고 초등학교 교육과정과 보조를 맞추어서 통합적 유아교육과정 구성하였으며 활동의 중요성과 그 적용을 활성하게 하였다. 기본적으로 부분 개정을 원칙으로 하고, 교육과정의 적정화, 내실화, 지역화를 개정 방침으로 하였다. 5개 발달 영역별로 목표만을 제시하였는데 이는 제4차 유치원 교육과정 개정 방향과 일치한다. 5개 발달 영역의 통합적 구성, 개별화 학습, 경험과 놀이의 구체적, 직접적인 성격을 강조하였고 이러한 맥락에서 2차 유치원 교육과정과 같이 기능 중심의 문자 쓰기 지도를 지양하여야 함을 명시하고 있다.

(5) 제5차 유치원 교육과정(1992~1998)

유치원 교육과정은 이전 발달 영역에서 건강, 사회, 표현, 언어, 탐구 5개 생활

영역으로 변경하고 교육과정의 편성, 운영의 지침을 제시하고 있다. 교육내용을 수준별 내용으로 체계화하여 두 단계로 발달 된 수준별 교육내용 구성하였다. 우리나라 최초로 일원화를 이원화로 전환한 교육과정이다. 그리고 지방자치제에 의한 지방 교육 자치의 시행으로 각 지역의 실정에 맞는 유치원 교육이 이루어지게 하려고 교육과정의 편성, 운영 지침에 지역의 특수성에 관한 내용 추가로, 일반 교육 목표 대신 영역별 교육목표를 상세히 제시하였다. 특히 유아의 요구, 흥미, 개별성의 존중, 놀이 중심의 교육, 전인적 성장, 발달을 제시했고 종일제 운영에 관한 지침을 명시하였다.

(6) 제6차 유치원 교육과정(1998~2007)

유치원 교육과정은 21세기 정보화, 세계화 시대를 주도적으로 이끌어 나갈 수 있는 자율적이고 창의적인 한국인 육성이라는 시대적, 교육적 요청에 따라 개정하였다. 수준별 교육내용의 연속성을 체계화하고 교육내용을 적정화하는 데 중점을 두고 5차 유치원 교육과정의 5개 생활영역 교육내용을 감축하고 필수학습 요소를 추출하여 정선 하였다.

특히 교육과정의 편성, 운영의 자율성, 융통성, 창의성 등을 강조하였다. 교육과정의 성격은 다양성을 추구하는 교육과정, 유아 중심 교육과정, 교원, 유아, 학부모가 함께 실현해 가는 교육과정이며, 교육과정 중심으로 개선하기 위한 교육과정, 교육의 질적 수준을 유지, 관리하기 위한 교육과정이라고 명시하였다. 건강생활, 사회생활, 표현생활, 언어생활, 탐구생활의 5개 영역으로 구성되어 있다.

(7) 2007 개정 유치원 교육과정(2007~)

유치원 교육과정은 국가에서 공통적으로 지향하는 교육 방향을 제시하며, 지역, 유치원, 유아의 다양성을 존중하는 교육과정으로 교원, 유아, 학부모가 함께 실현해 가는 교육과정이며 유아의 전인적인 발달과 행복을 추구하기 위한 교육과정이다. “사람과 자연을 존중하고 사랑하는 한국인 육성”을 기본 방향으로 하며 건강생활, 사회생활, 표현생활, 언어생활, 탐구생활의 5개 영역으로 구성한다. 교육과정 목표와 내용을 준거로 유아의 특성과 변화 정도를 평가하되 유아의 태도, 지식, 기능 등이 종합적으로 포함되도록 한다.

(8) 2011년 5세 누리과정

2011년 5월 2일 만 5세 유아교육·보육에 대한 국가의 책임을 강화하는 「만 5세 공통과정」을 시행한다고 발표하였다. 5세의 유아교육과 보육 내용을 통합하여 일원화한 공통과정이다. 「만 5세 공통과정」은 현행 교육과학기술부 소관의 유치원과 보건복지부 소관의 어린이집 관리 체제를 유지하면서 만 5세 유아의 교육과 보육 내용을 통합하여 하나의 과정으로 만드는 것이다. 만 5세 유아 학비·보육료 지원을 전 계층으로 확대하고, 지원 단가도 연차적으로 현실화한다는 정책이다. 5세의 유아교육과 보육 내용을 통합하여 일원화된 공통과정이 고시되었다. 이원화되어 있는 유치원 교육과정과 어린이집 표준보육과정을 '5세 누리과정'으로 일원화하여 모든 유치원과 어린이집의 만 5세 유아에게 공통적으로 적용할 수 있는 공통과정이다. 2011년 고시된 5세 누리과정 이전에는 유치원에서 유치원 교육과정, 어린이집에서 표준보육과정을 운영하여 기관에 따라 유아들이 다른 교육을 받았다. 이를 정비하기 위해 공통과정으로 5세 누리과정을 제정하였다. 이후 유치원과 어린이집에 다니는 5세 유아의 학비·보육료 지원을 전 계층으로 확대하고, 지원 단가를 연차적으로 현실화하기 위한 정책을 마련하여 관련 법령을 정비하였다. 교육과학기술부와 보건복지부는 2011년 9월 「5세 누리과정」을 '공통과정'으로 제정하여 고시하고 2012년 3월부터 유치원과 어린이집에 다니는 5세 모든 유아에게 공통으로 시행하였다.

(9) 2012년 연령별 누리과정

2012년 3~5세 연령별 누리과정을 고시하였다. 유아교육·보육에 대한 국가 책임이 강화됨에 따라 국가는 누리과정 적용 대상을 5세에게만 적용되었던 누리과정을 3~5세 유아까지 확대하였다. 2012년 7월, 유치원과 어린이집에 다니는 3~5세 유아를 위한 교육·보육을 통합한 '공통과정'인「3 - 5세 연령별 누리과정」이 고시되어, 2013년 3월부터 시행되었다. 이후 2015년 3월, 「3 - 5세 연령별 누리과정」은 누리과정 운영 시간을 3 - 5시간 에서 4 - 5시간으로 조정하여 개정·고시되었다. 이 누리과정은 만 3~5세 유아의 심신의 건강과 조화로운 발달을 도와 민주 시민의 기초를 형성하는 것을 목적으로 하였다. 구성 방향은 질서, 배려, 협력 등 기본생활습관과 바른 인성을 기르는 데 중점을 두어 구성한다. 자율성과 창의성을 기르는 데 중점을 두고, 전인발달을 이루도록 구성한다. 사람과 자연을 존중하고, 우리 문화를 이해하는 데 중점을 두어 구성한다. 만 3~5세아의 발달 특성을 고려하여 연령별로 구성한다. 신체운동·건강, 의사소통, 사회관계, 예술경험, 자연탐구의 5개 영역을 중심으로 구성한다. 초등학교 교육과정과 0~2세 표준보육과정과의 연계성을 고려하여 구성한다. 누리과정의 편성은 1일 4~5시간을 기준으로 편성한다. 5개 영역의 내용을 균형 있게 통합적으로 편성한다. 유아의 발달 특성 및 경험을 고려하여 놀이를 중심으로 편성한다. 반(학급) 특성에 따라 융통성 있게 편성한다. 성별, 종교, 신체적 특성, 가족 및 민족 배경 등으로 인한 편견이 없도록 편성한다. 일과 운영 시간에 따라 심화 확장할 수 있도록 편성한다.

(10) 2019년 개정 누리과정

교육부는 국정과제 구현과 출발선 평등 실현을 위해 2017년 12월 '유아교육 혁신방안'을 발표하였다. '유아교육 혁신방안'의 주요 내용으로 '유아가 중심이 되는 놀이 위주의 교육과정 개편'이 명시되었다. 이에 유아·놀이 중심 교육과정 개편 방향을 반영하여 2019년 7월, 「2019년 개정 누리과정」이 고시되었다. 「2019년 개정 누리과정」은 유치원과 어린이집에 다니는 3~5세 유아에게 공통으로 적용되는 교육과정으로 2020년 3월부터 시행되었다.「2019년 개정 누리과정」은 누리과정을 '국가 수준의 공통 교육과정'으로 명시하고 있다. 「2007년 개정 유치원 교육과정」에서 교육과정은 '학습자에게 제공할 학습경험을 미리 선정하고 조직하여 교육경험의 질을 구체적으로 관리하는 교육의 기본 설계도'로 정의하고 있다.

「2015년 초·중등학교 교육과정」에서는 교육과정을 '학교의 교육목적 및 목표를 달성하기 위해 교육 내용 또는 학습경험을 선정하고 조직하고 실천하고 평가하는 제 행위'로 정의하고 있다. 교육과정은 '학생이 경험하는 총체 또는 학교가 제공하는 경험의 총체'라는 광의의 의미로도 정의하고 있다. 개정 누리과정에서는 교육과정에 대한 이러한 다양한 해석을 바탕으로, 교육과정이 '교육목표를 달성하기 위해 교육 내용을 선정·조직하는 방식'임을 고려하면서, '유아가 경험하는 총체'임에 중점을 두고 교사와 유아가 함께 만들어가는 교육과정의 중요성을 강조하였다. 「2019년 개정 누리과정」은 국가가 고시한 교육과정으로 3~5세 유아가 다니는 유치원과 어린이집에서 누리과정을 편성·운영할 때 필요한 공통적이고 일반적인 기준을 제시하고 있으며, 지역 및 기관, 개인 수준의 다양성도 강조하였다. 2019년 누리과정은 인간상과 성격을 구체적으로 명시하여 유아의 전인적 발달을 중시하며 유아중심, 놀이중심의 교육을 중시하고 있다.

(11) 2020년 개정 누리과정

누리과정이 추구하는 인간상은 건강한 사람, 자주적인 사람, 창의적인 사람, 감성이 풍부한 사람, 더불어 사는 사람이다. 누리과정의 목적은 유아가 놀이를 통해 심신의 건강과 조화로운 발달을 이루고 바른 인성과 민주 시민의 기초를 형성하는 데에 있다. 이를 실현하기 위한 목표는 자신의 소중함을 알고, 건강하고 안전한 생활 습관을 기르고, 자신의 일을 스스로 해결하는 기초능력을 기르며, 호기심과 탐구심을 가지고 상상력과 창의력을 기르는데 있다. 일상에서 아름다움을 느끼고 문화적 감수성을 기르며, 사람과 자연을 존중하고 배려하며 소통하는 태도를 기르는 데 있다. 누리과정 구성의 중점은 3~5세 모든 유아에게 적용할 수 있도록 구성한다. 추구하는 인간상 구현을 위한 지식, 기능, 태도 및 가치를 반영하여 구성한다. 신체운동·건강, 의사소통, 사회관계, 예술경험, 자연탐구의 5개 영역을 중심으로 구성한다. 3~5세 유아가 경험해야 할 내용으로 구성한다. 0~2세 보육과정 및 초등학교 교육과정과의 연계성을 고려하여 구성한다. 누리과정을 편성·운영은

1일 4~5시간을 기준으로 편성한다. 일과 운영에 따라 확장하여 편성할 수 있다. 누리과정을 바탕으로 각 기관의 실정에 적합한 계획을 수립하여 운영한다. 하루 일과에서 바깥 놀이를 포함하여 유아의 놀이가 충분히 이루어지도록 편성하여 운영한다. 성, 신체적 특성, 장애, 종교, 가족 및 문화적 배경 등으로 인한 차별이 없도록 편성하여 운영한다. 유아의 발달과 장애 정도에 따라 조정하여 운영한다. 가정과 지역사회와의 협력과 참여에 기반하여 운영한다. 교사 연수를 통해 누리과정의 운영이 개선되도록 한다.

3. 초중등학교 학제 및 교육과정 개요

1) 초등학교 학제 및 교육과정 개요

(1) 미군정기 교육과정(1945. 9.~1953.)으로 긴급조치, 교수요목으로서의 교육과정이다.
(2) 제1차 교육과정(1954. 4. 20.~1963.)으로 문교부령 제35호로 '초등학교, 중학교, 고등학교, 사범학교 교육과정 시간 배당 기준령'으로 개정, 공포하였다. 「교육법」에 따른 최초의 교육과정, 경험을 중시한 진보주의 교육과정이다.
(4) 제2차 교육과정(1963. 2. 15.~1973.)으로 문교부령 제119호 제2차 교육과정으로 개정하였다. 경험중심 교육과정, 교육과정 개념화 시기이다.
(5) 제3차 국민학교 교육과정(1973. 2. 14.~1981.)으로 문교부령 제 310호로 제3차 교육과정으로 개정, 공포하였다. 정치적인 배경이 계기가 된 가장 학문적인 교육과정 개정하였다.
(6) 제4차 국민학교 교육과정(1981. 12. 31.~1988.)으로 문교부 고시 제 442호로 제4차 교육과정으로 개정하였다. '인간중심'을 표방한 연구·개발형 교육과정이다.
(7) 제5차 국민학교 교육과정(1988. 3. 31.~1992.)으로 문교부 고시 제 87-9호로 제5차 교육과정으로 개정하였다. 제6차 교육과정으로의 연결 역할을 한, 큰 특징 없는 교육과정이다.
(8) 제6차 국민학교 교육과정(1992. 10. 30.~1998.)으로 지역화, 자율화 교육과정의 시작하였다.
(9) 제6차 교육과정의 국민학교 교육과정 부분 개정(1995. 11. 1.)으로 교육부 고시 제1996-16호로 제6차 교육과정으로 개정하였다. 초등학교 영어과 도입과 '초등학교'로 명칭 변경하였다.

(10) 제7차 교육과정(1997. 12.~2007.)으로 교육부 고시 제 1997-15호로 제7차 교육과정으로 개정하였다. 21세기 대비 교육과정 개선, 수준별 교육과정, 재량활동이다.
(11) 2007 개정 교육과정(2007. 2.~2009.)으로 교육인적자원부 고시 제 2007-79호로 2007 개정 교육과정으로 개정하였다. 주5일 수업제 적용, '차수' 없는 교육과정 시기의 시작하였다.
(12) 2009 개정 교육과정(2009. 12.~2015.)으로 교육과학기술부 고시 제2009-41호로 2009 개정 교육과정으로 개정하였다. 창의인성교육, 학습의 효율성 강조하였다.
(13) 2015 개정 교육과정(2015. 9.~2022.)으로 핵심역량, 안전, 행복교육, 진로교육이다.
(14) 2022 개정 교육과정기(2022. 12.~)으로 고교학점제 적용, 현행 교육과정이 개선하였다.

2) 중등학교 학제 및 교육과정 개요

(1) 1945년부터 1953년까지 미군정기 교육과정, 교수요목 교육과정, 중등학교 학제 및 교육과정의 급변시기이다.
(2) 제1차 교육과정(1954. 4. 20.~1963.)으로 교육법에 따른 최초의 교육과정, 중학교와 고등학교 교육과정이다.
(3) 제2차 교육과정(1963. 2. 15.~1974.)으로 교육과정을 정의하고 틀을 갖춘 경험중심 교육과정 시기이다.
(4) 제3차 교육과정(1974. 12. 31.~1981.)으로 정치적인 배경에 따른 가장 학문적인 교육과정 개정하였다.
(5) 제4차 교육과정(1981. 12. 31.~1988.)으로 '인간중심'을 표방한, 연구·개발형 교육과정의 시작기이다.
(6) 제5차 교육과정(1987, 1988 ~1992.)으로 제6차 교육과정으로의 마중물 역할을 하였다.
(7) 제6차 교육과정(1992. 10.~1997. 12.)으로 지역화, 자율화가 시작된 교육과정이다.
(8) 제7차 교육과정(1997. 12.~2007. 2.)으로 학생 중심 교육과정, 수준별 교육과정이다.
(9) 2007 개정 교육과정(2007. 2.~2009. 12.)으로 주5일 수업제를 계기로 개정한 교육과정이다.
(10) 2009 개정 교육과정(2009. 12.~2015. 8.)으로 학년군과 교과군, 8교과 이내, 중학교 학교스포츠클럽, 창의적 체험활동 도입하였다.
(11) 2015 개정 교육과정(2015. 8.~2022.)으로 문이과융합형 표방, 핵심 역량과 자유학기제이다.
(12) 2022 개정 교육과정으로 고교학점제 정책 반영에 따른 고등학교 교육과정을 개정하였다.

3) 중등학교 교육과정의 특수교육 교육과정 개요

중학교의 경우, 기존의 교육과정이었던 국민 공통 기본 교육과정은 교과, 재량 활동, 특별 활동으로 구성되었지만 개정 중등학교 교육과정에서는 교과(군)와 창의적 체험활동으로 편성이 되었다. 고등학교의 경우는 기존 교과와 특별 활동으로 편성방식을 교과(군)와 창의적 체험활동으로 바꾸어 편성되었다.

(1) 1차 이전 교육과정(1945~1954)으로 1945년 9월 17일 일반 명령 제 4호 제정 공포하였다. 1946년 9월 초중등학교 각과 교수요목집 발간하였다.
(2) 제1차 교육과정기(1954~1963)는 문교부령 제35호로 '초등학교, 중학교, 고등학교, 사범학교 교육과정 시간 배당 기준령' 개정, 공포하였다.
(3) 제2차 교육과정기(1963~1973)는 문교부령 제119호 제2차 교육과정으로 개정하였다.
(4) 제3차 교육과정기(1973~1981)는 문교부령 제310호로 제3차 교육과정으로 개정, 공포하였다.
(5) 제4차 교육과정기(1981~1987)는 문교부 고시 제442호로 제4차 교육과정으로 개정하였다.
(6) 제5차 교육과정기(1987~1992)는 문교부 고시 제87 - 9호로 제5차 교육과정으로 개정하였다.
(7) 제6차 교육과정기(1992~1997)는 교육부 고시 제1996 - 16호로 제6차 교육과정으로 개정하였다.
(8) 제7차 교육과정기(1997~2007)는 교육부 고시 제1997 - 15호로 제7차 교육과정으로 개정하였다.
(9) 2007 개정 교육과정은 교육인적자원부 고시 제2007 - 79호로 2007 개정 교육과정으로 개정하였다.
(10) 2009 개정 교육과정은 교육과학기술부 고시 제2009 - 41호로 2009 개정 교육과정으로 "개정하였다.
(11) 2015 개정 교육과정(2015. 8.~2022.)으로 공표하였다.
(12) 2022 개정 교육과정으로 공표하였다.

4. 한국 교육과정의 변천

전통시기는 고조선에서 조선시대로, 개화기는 1881년부터 1910년까지로, 일제 강점기는 1910년부터 1945년까지로, 1945년 해방 이후 교육과정 시기로 구분할 수 있다. 역사적으로 개화기의 시작을 1876년 강화도조약으로, 교육학 분야에서는 1894년의 갑오개혁부터로 보는 것이 일반적이다. 1881년 조선 정부가 처음으로 신식 기술 습득을 위해 중국(청, 靑)에 영선사(領選使)를, 일본에 신사유람단(紳士遊覽團)을 파견하고 이후 외국어 통역과 신식군대 양성에 필요한 최초의 근대적 관립 학교를 세운 1881년을 시작으로 할 수 있다. 일제의 조선총독부에 의해 국가적 교육권이 완전히 장악되어 제1차 조선교육령이 반포되기 직전인 1910년까지를 개화기로 볼 수 있다(김진숙 외, 2024).

우리나라는 1945년부터 1987년 제5차 교육과정까지는 중앙집권적인 국가 교육과정을 전개하였다. 우리 손으로 교육과정이 만들어진 시기이다. 교육과정이 교육인적자원부에서 교육법에 의거하여 문서로 공포, 고시한 교육과정 정도에 이르렀다.

제6차 교육과정 이후는 경제적인 요인이 크게 작용하였다. 제6차 교육과정은 우리나라의 교육 실정과 미래에 적합한 현실적 접근을 위해 교육과정 탐구의 현실적 상황적 패러다임을 택하여 제반 이론의 절충적 종합적 입장으로 접근하였다. 제6차 교육과정 이후 교육과정에 대한 정의가 변화된 데 따르는 것이다. 교육과정의 편성 운영이 '교육인적자원부→시도교육청→학교의 획일적 지시적 일반적 통로에 의해 이루어지는 것이 아니라 학교→교육청 →교육인적자원부의 상호 보완적인 흐름으로 이루어짐을 의미한다.

제6차에서 2022년 개정 교육과정은 학교에 자율과 책임을 묻는 교육과정으로 교육과정, 학교교육 혁신의 중심에 섰다. 제6차 교육과정은 국가 주도에서 교육의 지역화가 시작된 시기이다. 제7차 교육과정은 교과서 중심으로 교육과정 중심, 학생 중심 교육을 표방하였다. 2007년 개정 교육과정은 주 5일 수업제의 도입과 부분 수시 개정 체제 도입하였다. 그리고 2009년 개정 교육과정은 단위학교에 자율권 주고 책임을 요구하였다. 2015년 개정 교육과정은 행복교육, 자유학기제, 문이과통합형, 창의인성교육을 진행하였다.

한국 교육과정 특징은 다음과 같다.

① 시대별로 그 시대를 둘러싼 환경, 교육체제, 교육과정 내용은 급변하고 있어

시대의 변화에 따른 연결고리나 동인을 찾기가 쉽지 않다.

② 교육과정의 목적, 구조의 변천은 단절적 이며 계속성을 찾아보기 힘들다.

③ 한국의 교육과정 개정은 위로부터 타율적 요인으로 이루어지고 있다.

④ 2022년 개정 교육과정 이후 교육과정 고시는 국가교육위원회, 운영 지원은 교육부로 역할 분담 체제 정비하였다.

⑤ 교육과정의 결정구조와 기본 방향 등의 불일치로 인해 차기 교육과정 개정 방향이나 주요 개정 내용의 예측이 어렵다.

1) 교육에 대한 긴급 조치의 시기(1945~1946)

1945년 8월15일 우리나라는 해방을 맞으면서 만 3년간(1945~1948.8.15) 미군정기를 겪는다. 8 · 15 광복과 더불어 우리나라는 35년간에 걸친 일본의 강점하에서 벗어났으나, 미군이 진주함에 따라 미군이 우리나라의 국정을 통치하였다. 미군정기는 군인이 민정이양을 하기 이전까지 과도기적 통치를 위한 군정 법령을 통하여 임시정부의 성격을 띤다. 교육부문에서 한국 국민들에 의한 민주정부 수립을 위한 직접 통치했다. 리카드(Earl N. Lockard)대위가 교육담당 학무국 총책으로 한국교육위원회(한교위)를 조직하였다. 한국교육위원회는 10인의 위원으로 10개 분과를 두고 각 위원이 각 분과 위원장이 되었다.

1945년 9월 17일 한국교육위원회의 건의로 『신 조선인의 조선인을 위한 교육』 발표하였다. 공립소학교는 수업 시작을 9월 24일부터 사립소학교는 당국의 허가를 받아 개교하고 중등학교 이상 학교는 10월 1일부터 수업을 할 수 있도록 '교과목 편제와 시간 배당표'를 발표하였다. 교육목표를 '평화와 질서'로 하고 '신조선의 조선인을 위한 교육방침'으로 교수용어를 한국어로 할 것과 조선의 이익에 반하는 교과목은 수업할 수 없도록 하였다.

산수 및 이과 같은 교과목 이외 일본 교과서 사용 금지, 민주시민 양성을 위한 공민과 신설, 일본어를 우리말로 대체, 일본 역사 폐지 및 한국사 교육 시행하였다. 초등학교에서는 공민, 국어, 지리 · 역사, 산술, 이과(잇과), 음악 · 체육을 가르치도록 하였으며, 중학교에서는 공민, 국어, 지리 · 역사, 수학, 물리 · 화학 · 생물, 가사(여), 재봉(여), 영어, 체육, 음악, 습자, 도화, 수예(여), 실업을 가르치도록 하였다. 과목 편제와 시간 배당은 일제 말기의 중등학교의 교과목 및 시간 배당을 근간으로 개정된 것이지만, 수신과를 폐지하고 새로운 민주시민 양성을 위한 공민과를 신설한 점, 일본어 중심의 국어가 우리의 말과 글 중심의 국어로 바뀐 점, 일본 역사가 우리 국사로 대체된 점 등 주로 일제의 황민화 교육을 탈피하고 신생국가로서의 교육내용을 다루고 있다. 4학년 이상은 교과 편제와 시간 배당이 남녀별로 다르게 되었다. 중학교에 고등학교가 포함된 학제로 중등학교의 교과목 편제와 시간 배당에는 사범학교 심상과와 실업학교도 포함하고 있었다. 사범학교와 실업학교는 중등학교 교육과정에 실업과목을 넣어 교수하도록 하여, 인문계 중등학교와 사범학교, 실업학교의 교과편제상 차이는 실업과목을 제외하고 별 차이가 없었다. 도구교과 중심으로 하루 평균 5~6시간 수업을 하였다.

(1) 중학교

1945년 8 · 15 광복과 더불어 미군정청은 초 · 중등학교 개교의 시급성을 절감하고 그 해 9월 17일 교육에 대한 긴급조치로 일반명령 제4호를 공포하였다. '새 조선의 조선인을 위한 교육'을 표방하고 우선 기존 교육과정에서 '수신'을 폐지하고 '공민'을 신설하였다. 우리글과 우리 역사를 복원시켜 중학교의 경우 공민, 국어, 지리 · 역사, 수학, 물리 · 화학 · 생물, 가사, 재봉, 영어, 체육, 음악, 습자, 도화, 수예, 실업 등을 교육과정에 포함시켜 주 32~35시간씩 가르치도록 하였다. 교수용어도 한국어를 사용하였다.

(2) 고등학교

8 · 15 광복에 따라 각급 학교에 적용할 교과목과 수업시간을 정하였으나 충분한 시간이 없어 일관된 철학적 입장을 정립하지 못한 채 일제 강점 말기의 교과목 및 시간 배당을 근간으로 하였다. 일제의 잔재를 없애고 우리 민족의 자주적 교육

을 실현하는 데 중점을 두었다. 일본 제국주의적 성격이 강한 수신과를 폐지하고 새로운 민주시민 양성을 위한 공민과를 신설하였다. 우리 말과 글 중심의 국어 교육과 국사 교육을 강조하였다. 수업시수는 1주일에 32~36시간으로 1일 평균 5~6시간 정도이며 교과별로는 국어가 주당 5~7시간으로 가장 많았다.

2) 교수요목의 시기(1946~1954)

교수요목의 시기는 1946년부터 1954년 문교부령 제35호로 공포된 '교육과정 시간 배당 기준령'이 나온 1954년까지의 시기이다. 이 시기에는 아직 교육과정의 틀이 완전히 갖추어지지 않았다. 미군정청 학무국에서는 1946년 2월 21일에 '교수요목 제정위원회'를 조직하여 교수요목을 제정하였고, 교과서를 편찬하는 일에 착수하였다. 1946년 9월 1일 국민학교 교수요목을 시달하고 1947년에 들어서 중학교의 학제 변경에 따른 교과목별 주당 수업 시간표를 정하고, 총론 없이 교과목별 교수요목만 시달하였다.

교수요목의 특징은 첫째, 교과의 지도 내용을 상세히 표시하고, 기초 능력을 배양하는 데 주력하였고, 둘째, 교과는 분과주의를 채택하였으며, 체계적인 지도와 지력의 배양에 중점을 두었으며, 셋째, 우리나라의 교육목표인 '홍익인간'의 정신에 입각하여 애국, 애족의 교육을 강조하였으며, 정신 면에서나 생활 면에서 일제 잔재를 시급히 제거하는 데 각별한 노력을 하였다는 점이다.

교수요목에서 강조한 사항은 다음과 같다.

첫째, 교과의 지도 내용을 상술하고 기초 능력 배양에 주력한다.

둘째 교과는 분과주의에 따라 체계적인 지도와 지력 배양에 중점을 둔다.

셋째, 교육이념인 '홍익인간'의 정신에 입각하여 애국 애족의 교육을 강조하고, 정신적인 면이나 생활적인 면에서 일제의 잔재를 시급히 제거하는 데 각별히 노력한다.

교수요목은 교과명, 학년, 총 이수 시간 수 및 내용만을 나열한 간결한 형태였다. 교수요목을 제정하는 데에 충분한 시간을 들일 수 없을 정도로 교과서의 발행이 시급하였기 때문에, 교수요목을 제정하는 데 심혈을 기울일 수 없었다. 교육심의회의 9개 분과가 있어도 교수요목이나 교육과정을 다루는 분과가 고려되지 않았다. 체제상 교과 간에 일관성을 기하지 못하고 교사가 학생에게 교과별로 가르칠 주제 및 제목을 열거하는 수준에 머물렀다. 교수요목이라는 문자상 의미 그대로, 교사가 학생에게 가르쳐야 할 내용의 주제 또는 제목을 열거하는 데에 불과하였다.

교수요목은 정부 수립과 교육법의 제정에 따라 새롭게 개정될 예정이었으나, 한국전쟁으로 중단되어 1954년의 '교육과정 시간 배당 기준령'과 이듬해 '교과 과정'이 공포될 때까지 유효하였으며, 이에 따른 교과서가 편찬되어 사용되었다. 새 정부 수립 이후 교육과 관련하여 획기적인 변화는 교육법의 제정 · 공포였다(1949. 12. 31.). '홍익인간'을 교육이념으로 채택한 것도 바로 이 시기이다. 교육법 시행에 따른 각종 법령의 제정 · 공포도 뒤따랐다.

교육법에는 "사범대학, 대학을 제외한 각 학교의 교과용 도서는 문교부가 저작권을 가졌거나 검정 또는 인정한 것에 한한다(157조)."는 점을 밝혀 교과용 도서에 관한 국가 관리 체제를 분명히 하였다. 교과용 도서에 관한 이러한 원칙은 현재까지 이어져 오고 있다. 1949년 초등 교과서를 전면 국정화하였고, 초 · 중등용 검 · 인정도서도 225종 472책을 발행하게 되었다. 교과서 편찬은 교육부장관이 저작권을 갖는 1종도서와 교육부장관의 검정을 받는 2종도서, 교육부장관이나 교육감의 인정을 받는 인정도서로 교과의 지도내용을 상세하게 표시하고 분과주의 교육과정으로 홍익인간의 정신에 입각한 애국애족 교육을 강조하면서 민주시민 교육이 주된 내용이었다. 교과가 교육과정 구성 기술의 부족으로 교육과정의 진술체제가 교과별로 통일되지도 않고 대부분의 교과가 단원 또는 제재명과 교육요소만 제시하였고 현실을 제대로 수용하지 못하는 교육과정이었다.

(1) 초등학교

광복 이후 임시로 교육에 관한 응급조치를 했던 §1946년 9월 1일에는 국민학교 교수요목을 시달하였다. 미군정청편수국에서는 교수요목을 제정하고 교과서를 편찬하였다.

교과별 교수요목에 나타난 특징으로 다음과 같다.

첫째, 교육과정의 진술 체제가 교과별로 통일되어 있지 않아 사회생활과 같이 교과의 목표와 방침, 운용법(운영상의 유의점)을 함께 제시한 교과도 있었지만, 대부분의 교과가 단원 또는 제재명과 내용 요소만을 제시하였다.

둘째, 각 교과마다 단원 또는 제재별로 이수할 시간 수를 밝히고 있다.

셋째, 내용 요소의 진술 형식도 설문 형식, 단순한 내용 요목 제시 형식 등 교과에 따라 달랐다.

넷째, 교과의 편제는 실과가 없어진 것을 제외하면 대체로 지금과 비슷한 편제를 갖추었는데, 가장 특색 있는 것은 '사회생활과'의 탄생하였다.

(2) 중학교

광복 직후 전국적으로 통일된 교수요목의 필요성이 제기되고 때마침 1947년부터 중등학교 6년제 개편이 예정되어 있어 이에 대비하기 위해 각 교과의 교수요목 제정과 함께 1946년 9월 초 · 중등학교 교과과정이 공포하였다. 교과통합과 관련하여 공민, 지리 · 역사가 '사회생활'로, 물리 · 화학 · 생물이 '일반과학'으로, 가사 · 재봉 · 수예 · 실업 등이 '실과'와 '수공'으로, 습자 · 도화가 '미술'로 통합되어 이후의 교과 구성에 중요한 영향을 미쳤다. 주당 학습시간 수도 39시간으로 크게 증가하였다.

(3) 고등학교

광복 직후 전국적으로 통일된 교수요목이 없어 이를 제정해야 한다는 요구를 수용하고, 중등학교의 경우 학제가 4년제에서 6년제로 개편됨에 따라 교수요목을 포함한 교과 편제와 시간 배당을 제정하였다. 교과 편제에서 특이한 점은 공민·역사·지리를 통합한 '사회생활과'가 등장한 점, 체육과 보건이 합해져서 체육·보건이 된 점, 필수과목과 선택과목으로 구분된 점, 각 교과의 교수요목은 교수 요지, 교수 방침, 교수 사항, 교수의 주의로 구성하였다.

3) 제1차 교육과정의 시기(1954. 4.~1963. 2.)

제1차 교육과정은 1954년 4월 20일에 문교부령 제35호로 제정·공포된 '초등학교·중학교·고등학교·사범학교의 '교육과정 시간 배당 기준령'과 1955년 8월 1일 공포된 각급학교 교육과정 공포로부터 1963년 2월 15일 문교부령 제119호 내지 제122호로 개정된 '초등학교·중학교·인문계고등학교·실업계공등학교 교육과정'이 공포되기까지의 교육과정이다.

교과 교육과정 시기 또는 교과중심 교육과정 시기이다. 제1차 교육과정기를 교과중심 교육과정이라고 하는 것은 '교육과정 시간 배당 기준령' 제2조에 "본령에서 교육과정이라 함은 각 학교의 교과목 및 기타 활동의 편제를 말한다."라고 규정한 것, 문교부령 제44조, 제45조, 제46조로 공포(1955)된 교육과정의 명칭이 ○○학교 '교과과정'으로 명시된 데에 있다.

1949년 『교육법』의 제정·공포에 따라 제1차 교육과정은 우리 정부에 의해 만들어진 최초의 교육과정이다. 시기적으로 미국의 진보주의 교육의 영향을 받아 '새 교육'이라는 이름 아래 전인교육, 특기 적성을 살리기 위한 특별 활동이 강조되었으나, 교육과정상에 진보적 교육관이 뚜렷하게 반영된 흔적을 찾기는 어렵다.

이 시기에는 교육과정을 '각 학교의 교과목 및 기타 교육활동의 편제'라고 정의하였으나 교과중심 교육과정이라기보다 생활중심을 지향하고 있었다.

교과중심 교육과정에 생활중심 교육과정의 정신이 스며들어 있는 교육과정이라고 할 수 있다. 교과서는 생활중심의 단원학습으로 배열(조직)하고 소단원제에서 대단원제로 학습의 생활화를 기했다. 주입식 학습을 피하고 생활과 경험을 토대로 이해와 기능 및 태도를 기르는 방향으로 전환하면서 교육과정 구성방침이나 목표를 구체적으로 제시하지 않고 아동의 흥미를 중심으로 한 작업단원이 많았으며 반공, 실업교육, 교육이념으로 도의 교육이 강조되었고, 특별활동 시간의 배당으로 전인교육을 지향하였다. 특별활동이 교과와 더불어 편제표에 정식으로 반영되었다.

제1차 교육과정은 미국 진보주의 교육사조에 따라 생활 경험을 중시했고, 목표와 내용을 별도로 구성하여 교육과정으로서 체제를 갖추었다.

현실 생활 개선, 반공교육, 도의교육, 실업교육 강조 등 전인교육 지향하였다.

(1) 초등학교

교육법에 근거한 '교육과정 시간배당 기준표'와 '교과과정'은 우리 손으로 만들어진 최초의 체계적인 교육과정이라는 점에서 '제1차 교육과정'으로 불렸다. 광복 후의 사회적 혼란과 6·25 전쟁으로 인한 도덕적 타락이 현저하게 나타남에 따라 반공 교육, 도의교육, 실업교육을 강조한다.

(2) 중학교

1953년 부산 피난 정부에서 다시 추진되어 1954년에 초중등학교 교육과정 시간 배당 기준령(문교부령 제35호)이, 1955년에 교과과정(문교부령 제45호)이 제정, 공포하였다. 광복 후 우리 손으로 만든 최초의 교육과정이라 해서 '제1차 교육과정'으로 명명하였다. 중학교 교육과정에 있어 그 편제는 전인교육을 표방하여 교과와 특별활동으로 구성하였다. 교과는 필수와 선택으로 구성되어 있으며 필수교과에 '미술'이 추가되어 모두 8개 교과이다. 전쟁 후의 사회적 혼란과 도덕적 타락을 극복하기 위해 반공·도의교육이 강조실업 교과들이 실업·가정으로 통합되어 매우 강화되었다.

(3) 고등학교

교육법에 근거한 교육과정 시간 배당 기준령과 교과과정은 우리 손으로 만든 최초의 체계적인 교육과정이라는 점에서 1차 교육과정으로 불렸다. 교육과정이라는 용어 대신에 교과과정이라는 용어를 사용하여 교과 교육과정 강조의 시기이다. 미국의 경험중심 교육과정 사조의 영향으로 교과 외에 특별활동이 처음으로 편성되어 전인교육을 강조하였다. 광복 후 사회적 혼란과 6 · 25 전쟁으로 인한 도덕적 타락 현상이 나타남에 따라 반공 · 도의교육이 강조하였다.

4) 제2차 교육과정기(1963. 2.~1973. 2.)

제2차 교육과정은 세계적인 교육 경쟁으로 교육의 질을 향상하기 위한 노력의 단면과 종래의 교육을 재평가하고 새로운 교육과정으로 전면적인 개정을 하게 되었다. 제2차 교육과정은 1963년 2월 15일 문교부 령 제119호, 제120호, 제121호, 제122호로 제정 · 공포하였다. 초등학교, 중학교, 고등학교, 실업고등학교 교육과정 시기이다. 제2차 교육과정은 교육사절단이 권고한 진보주의 교육 또는 생활중심 교육의 영향을 받고, 당시 사회 재건의 시대적 요구를 반영하여 완성되었다. 제2차 교육과정이 이전의 교육과정과 뚜렷하게 구분되는 것은 교육의 일반 목표를 제시하고 있다. 일곱 가지의 교육목표를 정하여 '개정의 기본 방향'을 제시하였다.

제2차 교육과정은 경험중심 교육과정을 표방하였다. 제2차 교육과정 총론에서 '교육과정은 곧 학생들이 학교의 지도하에 경험하는 모든 학습활동의 총체를 의미하는 것'으로 생활적응 교육과정의 정의하여. 생활적응 교육과정의 취지 및 필요와 강조점 제시하였다.

교육과정을 '학교의 지도하에 학생들이 가지는 경험의 총체'로 봄으로써 경험중심 교육과정을 강조하였다. 추구하는 인간상으로는 자주성과 생산성 및 유용성을 강조하였다. 교육을 통하여 고유의 역사와 전통을 지니고 역사적 현실 속에서 명확한 사명감을 갖도록 하자는 자주성과 우리의 실생활을 개선할 수 있는 태도와 기능을 길러 생산성을 추구하며, 교육내용과 방법으로 일상생활과 직결시키고 지식 습득뿐만 아니라 실제로 활용할 수 있는 기술의 습득과 인격을 배양하여 국가 사회가 필요로 하는 인간 육성 뿐만 아니라 학교교육 그 자체가 사회에서 자활할 수 있도록 유용성을 강조하였다. 교육과정의 조직에서는 합리성을 강조하였다. 학생의 성장 발달에 적용될 수 있는 통합성, 계열성, 계속성 있는 교육과정의 조직이다. 생활중심 교육과정으로 지역사회 실정에 맞도록 교육과정을 재구성할 수 있게 하여 지역사회의 모든 자원을 학습경험에 활용할 수 있는 융통성과 신축성을 부여하였다. 교육목표는 확고한 미주적 신념과 반공정신, 문제해결 중심의 학습경험, 경제적 효율성을 증진시킬 수 있는 학습활동, 건전한 정신과 강건한 신체, 심미적 정서개발을 위한 개성개발, 실천적 교육이었다. 산업 구조의 변화가 빠르게 이루어지는 상황에서 자주성, 생산성, 유용성, 합리성, 지역성과 함께 기초학력 강화, 교육과정의 계열성과 일관성 유지, 생활 경험 중심의 종합지고를 강조하였다.

제1차 교육과정기에 '교육과정 시간 배당 기준령'과 '교과과정'을 별도로

공포했던 것을 합쳐 일련의 체계를 갖춘 교육과정으로 공포하여, 명실공히 교육과정령으로서의 체계를 갖추었다. 제1차의 교과과정을 교육과정으로 바꾸어 교육과정이 교과 활동과 학교교육의 전 활동과 관련된다는 것을 분명히 드러내었다.

제2차 교육과정의 특징은 교과목으로 조직된 내용보다 학생들의 경험 혹은 활동을 중시하게 되었다는 것이다. 당시의 교육과정 문서에도 나타나 있듯이, 교육과정은 '학생들이 학교의 지도하에 경험하는 모든 학습활동의 총화'로 되어 있다. 제2차 교육과정의 체제 및 편제상의 특징은 이전의 교육과정에서와는 달리 교육과정을 총론과 각론으로 나누어 구성하였고, 총론에서는 초·중등학교에 공통되는 개정의 취지, 일반 목표, 개정의 요점 등을 비교적 구체적으로 서술하고 있고, 학교급별 시간 배당 기준을 제시하고 있으며, 활동별 운영계획에 '반공·도덕' 영역을 새롭게 설정하여 교과활동, 특별활동과 더불어 세 영역으로 구성하였다.

(1) 초등학교

제1차 교육과정이 '교육과정 시간 배당 기준령'과 ' 교과과정'을 별도로 공포했던 것을 통합하여 일련의 체계를 갖춘 교육과정으로 공포함으로써, 교육과정령으로서의 체계가 갖추었다. 생활이나 경험 자체를 중시하여 생활중심 교육과정으로서의 성격을 잘 표방하였다. 학교급 간의 연계성(articulation)과 교과 간의 통합성(integration)을 강조하였다. 초등학교 교육과정의 편제는 ① 교과활동, ② 반공·도덕 생활, ③ 특별활동의 세 영역으로 나누어져 있다. 교과는 '국어, 산수, 사회, 자연, 음악, 체육, 미술, 실과'의 8개 과목으로 되어 있고, '사회생활과'가 '사회과'로 명칭이 바뀌었다. 학교 수업일수는 연간 35주를 기준이었다. 단위 수업시간은 40분이지만 각 학교의 실정에 맞게 시간 단위를 조정할 수 있도록 학교장에게 재량권을 부여하였다. 1969년 부분 개정에서는 반공·도덕 생활을 강화하고 특별활동을 체계화한 것, 한자교육을 하지 않도록 한 것이 특징이다. 초등학교와 중학교의 경우에는 ① 지식과 교양을 중심으로 한 교과활동, ② 도덕심의 앙양과 승공사상의 확립을 위한 반공 도덕 생활, ③ 민주 사회인으로서의 생활 태도, 개성의 신장 등을 중심으로 한 특별활동의 3대 영역으로 조직되었다.

(2) 중학교

미국교육사절단의 활동으로 경험중심·생활중심 교육과정 사조가 대세를 이루어 1963년 문교부령 제119호-제122호로 경험중심의 초·중등학교 교육과정이 제정·공포하였다. 교육과정이 '학교의 지도아래 학생이 가지는 모든 학습경험'으로 규정되고 교육과정 내용에서 자주성, 생산성, 유용성이 강조되었으며 그 조직·운영에서 합리성, 지역성이 중시하였다. 박정희 군사 정부의 요구가 반영되어 반공·도덕 교육이 크게 강화하였다. 중학교의 경우, 교육과정 편제는 교과활동, 반공·도덕 생활, 특별활동으로 구성되고 교과활동은 종래 선택교과였던 외국어(영어)를 포함시켜 모두 9개 교과의 필수 교과 체제로 전환, 사회생활 교과의 명칭이 '사회'로 바뀌었다. 1교시의 수업시간량도 종래 50분 단위에서 45분 단위로 감축하였다.

(3) 고등학교

제1차 교육과정 제정 이후 상당한 시일이 경과되어, 국제 정세의 급격한 변동으로 인한 사회생활의 변화 등을 반영하기 위하여 교육과정이 개정되었다. 교수요목기부터 형식적이고 초보적인 형태로 반영되던 경험중심 교육과정이 충실히 반영하였다. 교과활동뿐 아니라 학교교육의 전 활동과 관련된 계획이라는 의미에서 교과과정이라고 하지 않고 교육과정이라고 한다.

고등학교의 경우에는 ①교과활동, ② 특별활동의 2대 영역으로 조직되었다. 각론에서는 교과별로 개정의 요점, 교육목표, 지도내용, 지도상의 유의점 등을 통일된 형식으로 자세하게 서술하고, 교과별 학년 목표를 제시하였다. 교육내용의 학교급 간 연계와 통합을 강조하였다.

고등학교 교육과정에 단위제가 도입되었다. 단위제는 학년별로 시간 배당 기준을 제시하는 학년제와 달리, 고등학교 3년간 이수해야 할 교과별 단위 수를 제시해 주고, 학교가 이에 따라 학년별 교육과정 계획을 수립할 수 있게 하는 것이다. 문서상으로 특정 교과 및 과목을 이수하는 시기가 특정 학년 또는 학기에 고정됨이 없이, 학교의 여건과 교사 수급 상황에 따라 융통성을 발휘할 수 있게 되었다. 단위 배당 기준에는 각 과목별로 3년간 이수할 총 단위 수로 제시하였다. 학년별 이수 단위는 학교가 자율적으로 편성하였다. 학교에 교육과정 재구성권이 있음을 명시하여 학교는 교육과정을 창의적으로 재구성할 수 있도록 하였다. 고등학교 교육과정에서는 교과 단위제를 채택하고, 교과활동, 반공 · 도덕 생활, 특별활동으로 교육과정을 구성하였다.

5) 제3차 교육과정의 시기(1973. 2.~1981. 12.)

제3차 교육과정기에는 우리나라 교육과정 제정상 최초 교육과정심의회에서 1971년 1월 시안을 확정한 뒤, 2년간의 실험평가를 거쳐 1973년 2월 14일에 문교부령 제310호로 개정 공포하였다. 1968년에 선포된 국민 교육 헌장의 이념 구현을 기본 방향으로 '국민적 자질의 함양', '인간교육의 강화', '지식 기술 교육의 쇄신'을 강조하였다. 1969년 국적 있는 교육이 제창되면서 민족의 주체성 확립을 위한 교육이 강조되었고, 국내외 정세의 변화와 급격한 사회의 변화에 대처하기 위하여 1969년 제2차 교육과정을 부문 개정하고 1971년부터 각급 학교의 교육과정 개정 작업에 착수하여 1973년 2월 초등학교 교육과정, 1973년 8월 중학교 교육과정, 1974년 12월 인문계 고등학교 교육과정, 1976년 2월 실업계 고등학교 교육과정을 각각 개정, 공포하였다. 초·중·고(인문계, 실업계)와 실업고등전문학교 및 교육대학 등의 교육과정의 개정, 특수학교와 체육중학교, 체육고등학교 및 전문학교의 교육과정을 제정하였다.

제3차 교육과정은 국민교육헌장의 이념과 학문중심 교육과정 이론에 바탕을 두고 국민적 자질의 함양, 인간교육의 강화, 지식-기술의 쇄신 등이 기본방침으로 자아실현과 국가발전 및 민주적 가치 함양을 교육목표로 하였다. 제3차 교육과정은 교육의 방향 설정에 있어서 국민정신 교육의 강화, 교육의 내용 및 방법적 원리 면, 각 학문 간에 내재해 있는 지식탐구 과정의 체계적인 조직으로 인한 학문중심 교육과정의 도입이다. 지식의 핵심 개념, 지식의 기본개념, 지식의 기본원리, 전이가가 높은 지식, 학문의 양면에 숨어 있는 기본적 아이디어 등에 초점을 두고 우리나라에서도 이론적 탐색, 소규모 실험 및 준비기간을 거쳐 시행하게 되었다.

제3차 교육과정은 변천하는 시대에 적응하고 국민교육헌장의 이념과 한국적 가치관에 입각한 국적 있는 교육의 구현을 위하여 국민적 자질의 함양, 인간교육의 강화, 지식 기술 교육의 쇄신에 중점을 두었다. 제2차 교육과정에서도 자주성을 강조하여 '고유의 역사와 전통', '역사적 현실 속에서의 명확한 사명감 자각' 등을 강조하였다. 제3차 교육과정은 생활중심 교육과정을 지양하고 1960년대 미국 교육개혁을 주도했던 학문중심 교육과정을 강조하였다. 학문중심 교육과정은 각 학문에 내재해 있는 지식탐구 과정의 조직이다. 브루너에 의하면, 교육과정은 각 교과의 전문가들이 교과가 나타내고 있는 지식의 본질, 교과의 구조를 가장 명백히 표현할 수 있도록 그 지식을 체계적으로 조직하고, 학생들로 하여금 학문의 구조를 내면화할 수 있도록 한 일련의 과정이라는 것이다. 각 교과의 내용 조직에서 지식 구조의 체계화에 의한 학교급별, 학년별 계열성을 더욱 뚜렷이 하고, 내용 선정에서 기본 개념과 원리를 일관된 지식 구조의 체계 하에서 전개하는, 이른바 나선형 교육과정이 부각되었고, 단순 기억이나 일반 경험보다는 교과의 탐구 과정이 강조되었다.

제3차 교육과정에서는 총론을 일반 목표와 학교급별 교육과정으로 나누어 구성하고, 일반 목표에서는 교육과정의 기본 방침, 일반 목표를, 학교급별 교육과정에서는 구성 방침, 편제와 시간 배당, 운영 지침을 제시하고 있어 이전의 과정보다 단순화, 체계화하였다. 각론에서는 각 교과별로 목표, 내용, 지도상의 유의점 등을 구분하여 제시하고, 교과 목표에 해당하는 일반 목표와 학년별 목표를 제시함으로써 그 위계를 명백히 하였다. 이념교육 강화의 일환으로서 도덕, 국민윤리과와 국사과를 독립시켰고, 종전의 반공·도덕 영역이 없어짐에 따라 교과 활동과 특별활동의 이원적 구조를 가지게 되었다.

(1) 초등학교

1960년대부터 미국에서 새롭게 대두된 '학문중심 교육과정'의 사조를 받아들였으며 1968년에 주체성을 강조하여 국민교육헌장이 제정·공포하였다. 교육과정 체제 면에서 교육과정의 전개 체제가 더욱 체계화하였다. 교육과정의 편제 면에서는 '반공·도덕 생활'이 없어지고 '도덕'과가 교과로 독립함으로써 교과활동과 특별활동의 이원적 구조이다. 시간배당 면에서는 기존의 과정과는 달리, 교과별·학년별로 연간 최소 시간(단, 괄호 안에 주당 시간 표시)으로 단일화하였다. 수업시간 단위를 40분 또는 45분였다. 1~2학년의 학습활동은 '가급적 관련 있는 교과를 통합하여 종합적'으로 지도하도록 명시하였다.

(2) 중학교

제3차 교육과정은 1968년에 선포된 국민교육헌장의 이념과 당시의 학문중심 교육과정 사조가 반영되어 1973년, 1974년에 문교부령 제310호, 제325호, 제350호로 개정된 초중등학교 교육과정이다. 국민교육헌장에 나타난 창조의 힘과 개척정신, 협동정신, 국민정신 등과 학문중심 교육과정 운동에 내재되어 있는 지식의 구조와 탐구학습, 그리고 1970년대와 1980년대의 시대적 상황 등이 반영되어 ① 자아실현, ② 국가발전, ③ 민주적 가치 등을 교육과정 일반목표로 제시하였다. 중학교 교육과정에서 ① 도덕을 교과에 편입시켜 강화, ② 국사를 사회과에서 분리하여 독립, ③ 실업·가정을 필수와 선택으로 나눠 필수에서 남학생은 '기술'을, 여학생은 '가정'을 이수, ④ '한문'은 이미 1972년의 부분 개정(문교부령 제300호)에서 교과에 포함되어 그대로 유지하였다. 수업 방법으로 탐구와 발견이 크게 강조하였다.

(3) 고등학교

1968년 국민교육헌장이 선포되고, 1969년 이래 국적 있는 교육이 제창되면서 민족의 주체성 확립을 위한 교육이 강조되었다. 이를 실현하기 위해 사회 교과 내의 과목이던 국민윤리와 국사가 교과로 독립, 국민윤리는 교과로 신설되면서 국어과 앞에 편제하였다. 1957년 소련의 유인 우주선 스푸트니크(Sputnik)호 발사로 인한 충격 이후 미국 교육계를 주도한 학문중심 교육과정이 우리나라에 도입되면서, 각 교과에서는 각 교과가 기초하는 학문의 기본개념을 중시하고, 학년이 올라갈수록 기본개념과 원리를 점차 심화·확대해 나가는 나선형 교육과정의 조직 형태를 취하며, 수업 방법에 있어서는 발견학습과 탐구학습을 강조하였다. 고등학교는 '자유선택 교과목'이 신설되었으나, 최저 단위가 '0'으로 되어 있어서 학교현장에서 실질적인 의미를 가지지는 못하였다.

6) 제4차 교육과정의 시기((1981. 12.~1987. 3.)

제4차 교육과정은 제5 공화국의 출범과 1980년의 교육개혁 조치를 시대적 배경으로 삼고 있다. 1981년 12월 31일 문교부 고시 제422호로 개정된 제4차 교육과정은 1980년 새 공화국이 출발을 전후하여 당시의 정치 사회교육의 특수 상황과 교육적 미래에 대한 전망을 고려하여 새 교육과정의 개발이 절실히 필요하였다. 과열된 과외금지를 위주로 하는 7.30 교육조치를 취하고 문교부가 각급 학교 교육과정 개정안 개발에 관한 연구 과제를 1980년 9월에 한국교육개발원에 위촉하였고 한국교육개발원은 광범위한 기초 연구를 수행하면서 각계의 다양한 전문가와 관계자의 참여와 협조를 바탕으로 새 교육과정을 개발하였다. 한국교육개발원은 교육과정 개발의 원리(1978), 교육과정 국제 비교(1979), 교육과정의 방향 탐색(1979), 초등학교 교육과정 개선 연구, 교과서 구조 개선에 관한 연구(1979), 교과서 및 교육과정 개발을 위한 기초 연구(1980), 초·중등학교 교육과정 개선을 위한 기초 연구(1980) 등 교육과정 개정과 관련한 기초 연구를 끝낸 상태로 수정 및 보완 작업을 마치고 심의를 거친 후 완성된 개정안에 대한 공청회와 2차 심의회를 거쳐 확정 고시하였다.

제4차 교육과정은 교육개발원에서 기초 연구와 총론, 각론을 개발한 연구개발형 교육과정이다.

제4차 교육과정은 특정 사조나 이념을 부각시키지 않는 균형 있고 종합적인 관점을 견지하고 있었다. 제3차 교육과정이 지닌 학습내용의 과다, 수준의 부적합, 분과교육과정, 기초 및 일반 교육의 소홀, 전인교육 및 인간교육의 미흡, 국민정신교육강화 등을 보완하고, 과열과외 잠재요인 제거 등 교육정상화를 위한 교육개혁과 교과중심 생활중심 학문중심 등과 같은 접근 위에서 변화와 미래에 대한 인식을 강조하는 미래 지향적 교육과정이다. 인간중심 교육과정의 성격도 반영되어 개인적, 사회적, 학문적 적합성을 고루 갖춘 교육과정이라 할 수 있다. 교육목적은 정부가 국정 지표로 밝힌 민주주의의 토착화 , 정의사회 구현, 복지사회의 건설에서 조명되어지는 미래사회를 민주사회, 고도 산업사회, 건전한 사회, 문화사회, 통일조국으로 전망하고 이 사회에 기대되는 인간상인 '건강한 사람, 심미적인 사람, 능력 있는 사람, 도덕적인 사람, 자주적인 사람' 을 길러내는 데 두었다.

교과목 간의 통합 운영을 처음으로 시도하였다. 인간중심 교육 강화의 일환으로 교과목 수와 연간 수업시간의 수를 축소하였다. 학습자의 학습 부담 경감과 여가 시간의 확충을 겨냥한 것이다. 전인교육 강화책의 일환으로 인문계와 실업계에 공통 필수 교과목을 두고, 초·중·고 교육과정을 일원화하였다. 실업계의 경우, 종전에 교과목 편제가 지나치게 기능인 양성 위주로 치우쳐 있어서 인문계와 실업계 사이에 공통 요소를 확보하는 것이 부족하였다. 이에 보통 교과를 공통 필수로 하여 전 교과에서 약 30~40%의 비중으로 부과하였다. 초등학교에서는 공민학교 내용을, 중학교에서는 고등공민학교와 근로 청소년을 위한 특별 학급 및 산업체 부설 중학교의 교육내용, 고등학교에서는 방송통신고등학교와 산업체 부설 고등학교 교육내용을 일반고등학교에 준하도록 하였고, 실업계와 일반계 고등학교의 교육내용을 서로 선택할 수 있게 교육과정을 일원화하였다.

(1) 초등학교

초등학교 1, 2학년의 경우, 교육과정의 교과 편제는 교과별로 하되, 수업시간은 통합군으로 배당하였고, 통합 교과서가 출현하게 되었다. 도덕, 국어, 사회를 통합하여 '바른생활'이, 산수, 자연을 통합하여 '슬기로운 생활'이, 체육, 음악, 미술을 통합하여 '즐거운 생활'이 편찬되었다.

(2) 중학교

중학교의 경우, 지리, 세계사, 공민 등으로 조직되어 있던 교과목별 내용 조직을 문제 중심 혹은 주제 중심으로 통합하여 사회Ⅰ, Ⅱ로 조정하였으며, 국토 지리와 인문 지리를 통합하여 지리Ⅰ, Ⅱ로 하였다. 교과목 간의 통폐합은 고등학교에서도 이루어졌는데, 실업계 고등학교 공업 계열의 경우에 그 규모가 커서 361개의 전문 과목이 150개 과목으로 통폐합되었다. 중학교 2, 3학년에서 각각 1과목씩,

그리고 주당 1시간씩 수업시간을 축소하였다.

(3) 고등학교

고등학교의 경우에는 총 이수 단위의 수를 6~18단위 축소하였고, 교과목 수에 있어서 공통 필수 교과의 설정과 유사 과목의 통폐합이 이루어져 과목 수가 축소되었다. 자유선택 과목을 중학교까지 확대하여 교과 선택의 자유를 마련하였으나, 실질적인 의미를 가지지 못하였다.

7) 제5차 교육과정기(1987. 3.~1992. 6.)

제5차 교육과정은 1987~1988년에 걸쳐 개정 · 고시하였다. 교육과정 개정 주기를 제도적으로 정착시키고 제4차 교육과정 기간 중 나타난 학문과 사회의 변화와 이에 따른 교육내용을 보완한다는 원칙 밑에 이루어진 교육과정이다.

제5차 교육과정의 개정은 국가 · 사회적 필요에 의해서가 아니라 교육의 내적 필요에 의해 이루어졌으며, 학문의 급속한 발전과 교과서 사용 시한이 주된 고려 사항이 되어 문교부 편수진 자체 판단에 의해 추진되었다. 제5차 교육과정은 우리 사회가 국제화, 정보화, 다양화하여 감에 따라 주체성, 창조성 도덕성이 강조되면서, 바람직한 인간상으로 건강한 사람, 자주적인 사람, 창조적인 사람, 도덕적인 인간을 육성하는데 목적을 두고, 학문의 발전과 사회의 변화에 따라 기초교육의 강화, 통합교육과정의 구성, 미래사회에 대비한 교육의 강조, 교육과 운영의 효율성 제고에 중점을 두어, 교육과정 및 교과용 도서 중에서 개선이 필요한 부분만 개정하였다. 제5차 교육과정은 교육과정의 적정화, 내실화, 지역화를 개정 방침으로 내세우고, 개정의 기본 원칙으로 부분 개정의 원칙(제4차 교육과정에서 개선이 필요한 부분만 개정한다), 지속성의 원칙(제4차 교육과정의 기본 틀을 파괴하지 않는다), 점진적인 개정(전면적, 혁명적 개정이 아닌 온건하고 현실적인 여건에 맞는 부분적이고 점차적인 개정이 되도록 한다), 효율성의 원칙(교육과정이 의도한 대로 학교 교육이 교육력을 발휘하여 학생에게 교육적 성취를 가져오게 한다)으로 개정 되었다.

제5차 교육과정은 '국가 수준의 문서화된 개괄적인 기준'으로 교육과정을 정의하면서, 어떤 단일한 교육사조나 이론의 지배를 받는 것보다 개인적, 학문적, 사회적 적합성을 갖춘 종합적인 교육과정으로 국가 수준의 기준이 고시되었다.

첫째, 문교부가 국가 수준에서 학교 교육내용을 문서화하여 법적 구속력을 갖게 제시했다.

둘째, 각급 학교의 교육목표, 지도내용, 수업시간, 학습지도 및 평가 등의 지침이 계획적으로 조직 편성되어 있다.

셋째, 교과활동 뿐만 아니라 학교의 지도하에 학생들이 경험하는 모든 학습활동을 교육과정으로 본다.

(1) 초등학교

1980년대 정치, 사회적 특수성과 7 · 30 교육개혁 조치에 따라 한국교육개발원에서 교육과정 개정시안을 개발하는 '연구 · 개발(R&D)의 형태'를 도입하였다. 한국교육개발원은 보고서를 통해 교육과정을 '문서화된 계획'이라는 입장에서 종합적인 접근 방식이 필요하다고 강조하였다. 편제는 교과활동과 특별활동의 두 영역으로 나누어 편성하였다. 교과활동은 도덕, 국어, 사회, 산수, 자연, 체육, 음악, 미술, 실과의 9개 교과로, 특별활동은 어린이회활동, 클럽활동, 학교 행사의 세 영역으로 편성하였다. 시간 배당은 통합 교과서에 의한 교과의 통합 운영을 위하여 1~2학년의 교과활동 시간을 2~3교과를 합쳐서 시간을 배당한 것이 커다란 변화이다. 기초적인 언어 기능의 강화를 위해 1~3학년의 국어 시간을 늘리고 기본생활습관 형성을 강조하였다.

초등학교 1, 2학년의 통합 교과 운영체제가 바뀌었다. 제4차 교육과정에서는 통합 교과서만 출현하였을 뿐, 교육과정상에는 교과가 분리된 채 그대로 남아 있었는데, 제5차 교육과정에 이르러 교과서뿐만 아니라 교육과정상에 통합 교과가 출현하게 되었다. 교과활동은 '국어', '산수', '바른생활', '슬기로운 생활', '즐거운 생활'의 5개 교과로 편성되었으며, 1학년의 경우에는 여기에 '우리들은 1학년'이라는 교과가 추가되었다. 국어와 산수가 이전과 달리 독립된 교과로 변경된 것은 읽기, 쓰기, 셈하기 등의 기본 능력이 모든 교육의 기초가 되므로 이에 대한 체계적인 지도가 필요하다는 점이 부각되었기 때문이며, '우리들은 1학년' 과목이 신설된 것은 1학년에 입학하여 한 달 동안 학교생활에 체계적으로 적응할 수 있는 교육과정을 마련하자는 취지를 반영하였다.

학문의 발전과 사회의 변화에 따라 '국가 수준의 단일한 교육사조나 이론의 지배를 받는 것보다 개인적, 학문적, 사회적 적합성을 고루 갖춘 종합적인 접근 방식을 택하였다.

국민학교 교육과정은 ① 기초교육의 충실, ② 통합 교육과정의 구성, ③ 미래사회 대비 교육의 강조, ④ 교육과정 운영의 효율성 제고 등 네 가지 사항에 주안점을 두고 개정하였다.

편제와 시간 배당은 1~2학년에 있어서 통합 교과 신설, 통합 교과서에서 1~2학년 국어, 산수의 분과 독립, 연간 수업시간 수의 증가, 주당 수업시간 수의 합리적 조정 운영, 특별활동 시간 운영의 현실화 등의 특징이다.

'1~2학년의 교과활동의 평가 결과는 학생의 활동 상황과 진보의 정도, 특징 등을 문장으로 기술'하도록 변경한 것이 특징이다.

교육과정 시간 배당 기준은 이원적 구조로 제시하여, 1~2학년의 교과 구조를 명확히 하였다.

문서화된 개괄적인 기준'으로 교육과정의 개념을 정의하였다.

(2) 중학교

제4차 교육과정은 5공화국의 출범과 7 · 30 교육개혁 조치 등을 배경, 한국교육개발원을 중심으로 연구개발(R&D)형 교육과정을 구성, 특정 교육과정 사조에 얽매이지 않는 종합적 교육과정 모형을 제시하였다.

제3차 교육과정에서의 ① 너무 어려운 교육내용, ② 과다한 학습내용, ③ 분과주의 등을 극복하고, ① 국민정신 교육의 체계화, ② 전인교육의 강화, ③ 과학 기술교육의 심화, ④ 교육내용의 양과 수준의 적정화 등을 강조하였다. 중 학교에서는 '자유선택'의 신설, 실업 · 가정에서의 이수시기 조정, 2 · 3학년의 이수시간 축소 등이 있다.

교육과정의 적정화 · 내실화 · 지역화를 목적으로 1987년 문교부 고시 제87 - 7호, 제87 - 9호, 제88 - 7호로 개정된 교육과정이다.

제4차 교육과정의 골격을 유지하면서 그 내실화에 초점을 맞춰 ① 기초교육의 강화, ② 정보화 사회에 대응하는 교육, ③ 특별활동 강화, ④ 특수학급 운영지침 명시 등이 시도하였다.

중학교의 경우, 교육과정 편제와 시간 배당에 있어 '실업 · 가정'에서 남녀가 공통으로 이수할 수 있는 기술 · 가정 과목의 신설, 3학년의 수학과 과학 시간 증가, 자유선택 시간 증가 등의 변화이다.

교육과정 시행에서 지역화가 강조하였다.

(3) 고등학교

제5공화국의 출범과 1980년의 7 · 30 교육개혁 조치 등 정치 · 사회적 배경에 따라 교육과정이 개정 전문 연구기관인 한국교육개발원에 교육과정 개정시안 개발을 위탁하여 교육과정의 전문화를 추구하였다.

자유선택 과목이 신설되어 학교와 지역사회의 실정 및 학생들의 희망에 따라 학교장의 재량으로 학생에게 도움이 되는 교육내용을 선정하여 지도할 수 있도록 하였다. 고등학교 교육과정에서 자유선택 과목이 실질적으로 정착되었다. 제5차 교육과정에서는 '자유선택'이 '교양선택'이라는 이름으로 최소 2시간 확보되어, 선택과목의 실질적인 운영이 가능하게 되었다. 시수가 크게 확보된 것은 아니지만, 입시 위주의 교육에 숨통을 열고 전인 교양과목을 필수적으로 이수하게 했다는 조치는 높이 평가할 만하다. 교양선택은 교육학, 논리학, 심리학, 철학, 생활 경제, 종교 중에서 학생의 필요, 학교와 지역사회의 실정을 고려하여 학교장 재량으로 선택할 수 있게 하였다.

교육과정 편제가 인문계, 실업계, 기타 계고등학교별로 각각 편제되었던 것을 통합하여 고등학교 교육과정으로 단일화하였다. 교육내용의 분량을 조정하여 전체 이수 단위를 204~216단위로 축소하고 1단위는 1시간씩 18주 이수하던 것을 17주 이상으로 조정하였다. 교육과정 시행 이후 오랜 기간이 경과되면서 정보통신기술 이용의 보편화, 다양한 사회참여 기회의 확대 등 사회 · 문화적 변화를 반영하기 위하여 교육과정이 개정되어 종전의 자유선택을 교양선택으로 바꾸고 최소 2단위를 배정하여 교양선택 교과가 실질적으로 운영하였다. 이수 단위의 표시를 급간제에서 기준 단위제로 변경하고 일정 범위 내에서 증감 운영하였다. 과학계열, 예술계열의 교육과정을 처음으로 제시하였으며, 특별활동에서 학급활동을 신설하여 강조하였다.

8) 제6차 교육과정의 시기(1992. 6.~1997. 12.)

제6차 교육과정은 교육부 고시 제1992 - 16호, 제1992 - 11호, 제1992 - 19호로 제정 · 고시된 유치원, 초등학교, 중학교, 고등학교 교육과정이다. 1990년 3월부터 교육부는 21세기를 대비한 초중등학교 교육과정의 개정을 위한 기초 준비 단계에서 우선 교육과정 실험 연구학교 및 협력학교를 지정하고, 고등학교의 전문교과 교육과정 개정에 필요한 기초 연구를 한국교육개발원에 위탁하였다. 이후 교육과정 개정 기본계획을 수립하여 확정하고 한명희 교수를 위원장으로 하는 39명의 위원으로 교육과정 개정 연구위원회를 구성하여 개정을 위한 기초 연구 및 총론 개정안 연구를 위탁하였다. 위원회에서 수행한 기초 연구는 연구진 과 협의 자문을 거치고 세미나 공청회 등을 거치고, TV공개 토론회, 신문지상 토론 몇 보도, 전문가 및 관계자가 광범위하게 개정 연구에 참여하였다.

교육과정 개발과정이 공개되어 국민적 관심과 이해를 높였다. 개정 시안은 교육전문가. 교육행정가, 현장 교원 등으로 구성된 교육과정 심의회에 회부되어 면밀하게 심의되고 학교별 소위원회 및 운영 위원회의 심의를 마치고, 교육부 편수 담당자와 외부 전문가, 현장 교원 등의 합동 집중작업을 거쳐 총론을 개발하였다.

각 교과별 교육과정(각론 개정 연구가 총론 확정 이전에 한국교원대학교와 한국교육개발원에 위탁되어 교육과정) 개발에 있어 처음으로 각론을 귀납형과 연역형을 혼합한 절충형으로서 교육과정 연구에 교육과정 전문가와 교과교육 전문가의 상호작용과 협동 연구체제를 확립하여 총론 개발 작업과 같은 절차를 거치면서 교과별 교육과정을 개발하여 1992년 6월 30일에 중학교 교육과정을 고시하고, 9월 30일에 국민학교 교육과정, 10월 30일에 고등학교 교육과정을 고시함으로써 제6차 교육과정의 개정을 마쳤다.

이 교육과정의 개정작업은 시대적, 학문적, 개인적 변화와 교육수요의 요구에 따라 교육개혁' 의 일환으로 추진되었다. 21세기를 주도할 건강하고 자주적이며 창의적이고 도덕적인 한국인을 육성' 하기 위해서 '교육과정 편성 · 운영 체제를 개선하여 교육의 질 관리를 강화'하고자 하였다.

제6차 교육과정은 교육과정 결정의 분권화, 교육과정 구조의 다양화, 교육과정 내용의 적정화, 교육과정 운영의 효율화가 개정의 중점이다. 제6차 교육과정은 기존 중앙집권형 교육과정에서 지방 분권형 교육과정으로 전환하여 시 · 도 교육청, 학교의 자율과 재량권 확대하였다. 제6차 교육과정은 20세기를 마무리하고 새로운 시대를 준비하는 교육개혁으로 중앙집권형 교육과정'을 지방분권형 교육과정으로 전환하여 시 · 도 교육청과 학교의 자율 재량권을 확대하였다. 기초 · 기본교육에 충실을 기하고자 교육내용 면에서 근본적인 변화와 개혁을 시도하고 있다. 제6차 교육과정은 국가 수준의 교육과정 기준과 시 · 도 단위의 교육과정 운영지침을 바탕으로 단위학교의 학교 교육과정을 편성 · 운영해야 함을 명시하고 있으며 교육부 장관이 교육법에 의거하여 결정 고시한 국가 수준의 교육과정은 '초중등학교의 교육내용에 관한 전국 공통적, 일반적 기준'임을 제시함으로써 교육과정의 성격을 명확히 규정하였다.

'학교 교육과정'이라는 개념이 처음으로 등장하였고, 이에 따라 학교교육을 보다 특색 있고 다양한 교육 프로그램으로 운영할 수 있는 기반을 구축하게 되었다.

학교 교육과정은 국가 수준 교육과정과 시·도 교육과정 편성·운영 지침, 교과서, 교사용 지도서, 교육과정 해설서, 각종 교과용 전문 도서, 단위 학교의 실태 조사 자료, 지역의 교육 자원과 자료 등을 근거로 하여 단위 학교의 실정과 단위 학교 학습자의 수준에 알맞게 편성한 구체적인 실행 교육과정을 말한다. 이제까지 국가 수준 교육과정을 고시하고 학교에서는 교사 중심으로 교과서 내용을 전달해 왔던 체제(교육부 : 국가 수준 교육과정에서 학교 : 교과서)에서 탈피하여 위상별 역할 분담 체제(교육부 : 국가 수준 교육과정 → 시·도 교육청 : 교육과정 편성·운영 지침 → 학교 : 학교 교육과정)로 전환하게 되었다.

제6차 교육과정은 교육과정 결정을 분권화하여 시·도교육청과 학교의 재량권을 확대하였다.

교육과정의 구조를 다양화하여 다양한 이수과정과 교과목을 개설하고, 필수과목을 축소하고 선택과목을 확대하였다.

교육과정의 내용을 적정화하여 학습량과 수준을 조정하고 학습 부담을 줄였다.

교육목적으로 건강한 사람(心身), 자주적인 사람(개성, 자율), 창의적인 사람(창의-실천), 도덕적인 사람(선)을 육성하는 것으로 설정하고, 교육과정 구조의 다양화, 즉, 예체능, 직업계열 등 다양한 이수과정을 개설하고 내용의 획일성 탈피, 필수과목의 축소 및 선택과목을 확대하였다.

학습량과 수준의 조정, 교육내용의 적합성, 학습 부담을 경감시키는 등 교육과정 내용을 적정화하였다.

교육과정 운영의 효율화를 기하기 위하여 학생의 적성, 능력, 진로 등을 고려하고 학습과 생활의 기초능력 신장 및 평가 방법을 개선하였다. 학생의 적성, 능력, 진로를 고려하고, 평가 방법을 개선하여 교육과정이 효율적으로 운영될 수 있도록 하였다.

(1) 초등학교

우리나라 교육과정 사상 처음으로 '중앙집권형 교육과정'을 '지방분권형 교육과정'으로 전환, 단위학교의 자율성을 확대하기 시작하였다. 제6차 교육과정 개정의 중점은 ① 교육과정 결정의 분권화, ② 교육과정 구조의 다양화, ③ 교육과정 내용의 적정화, ④ 교육과정 운영의 효율화 등 네 가지로 설정하였다. 제6차 교육과정의 구조는 '교육과정의 편성과 운영', '교과와 특별활동'의 두 부분으로 구성하였다. 제6차 교육과정에서는 국민학교의 교육목표를 별도로 제시하지 않은 점을 주목할 필요하였다. 교육과정의 편제는 교과, 특별활동, 학교 재량 시간의 세 영역으로 구성하였는데, 학교 재량 시간의 신설은 학교교육과정 편성 · 운영의 지역화, 자율화, 다양화를 위한 교육과정 편제의 변화하였다. 기본생활습관과 예절교육 강화, 저학년 통합 교과의 합리적 조정, 고학년의 수업시간 감축, 기초적인 생활기능과 태도교육 강화, 학교 재량 시간의 신설, '산수'를'수학'과로 교과 명칭의 변경 등이다. 1995년 제6차 교육과정의 부분 개정된 초등학교 교육과정은 영어를 정규 교과로 신설하였다.

(2) 중학교

1990년대에 접어들면서 다가오는 21세기에 대비하기 위해 한국교육개발원과 그와는 별개의 교육과정 개정 · 연구 위원회를 중심으로 교육과정 개정이 추진하였다. 제6차 교육과정의 가장 큰 특징은 교육과정의 분권화 · 다양화 · 자율화이다. 교육과정에서 ① 실업 · 가정 영역이 '가정', '기술 · 산업'으로 재구성되어 남녀 공통으로 이수하게 하고, ② '국사'가 '사회'에 통합되었으며, ③ 종래 필수교과였던 한문과 컴퓨터, 환경 등이 선택교과로 신설되는 등 중요한 변화하였다.

(3) 고등학교

21세기를 대비한 세계적인 교육개혁의 추세에 따라 중앙집권형 교육과정 운영 체제에서 지방분권형 교육과정 체제로의 변화를 시도하였다. 교육과정에 관한 국가의 권한 중 일부를 시 · 도교육청과학교에 위임하여 역할 분담 체제를 확립함으로써 학교의 자율성을 확대하기 시작, 지역과 학교의 자율권을 확대하였다. 국제화에 대비하여 외국어에 관한 전문교과를 신설하였다. 인성교육을 강화하고자 특별활동에 단체활동을 신설하였다.

9) 제7차 교육과정의 시기(1997. 12.~2007. 2.)

1995년 교육개혁위원회의 5·31 교육개혁안을 토대로 교육과정 특별위원회에 의해 추진되어 1997년 12월 30일 교육부 고시 제1997-15호로 개정·고시된 초·중등학교 교육과정이다. 1995년 5월 31일, 대통령 자문기구인 교육개혁위원회에서는 정보화 세계화 시대에 대비하여 신교육체제 수립을 위한 교육개혁 방안을 구상하여 발표하였다. 제7차 교육과정은 대통령 자문기구 교육개혁위원회에서 발표한 '신교육체제 수립을 위한 교육개혁 방안'에 기초하여 이루어졌다. 교육과정 개정의 기본 골격을 마련함으로써 교육과정을 개정하였다. 누구나, 언제, 어디서나 원하는 교육을 받을 수 있는 길이 활짝 열려진 열린교육사회, 평생학습사회 건설을 비전으로 설정하였다. 이러한 비전의 실현을 위해, 교육공급자 중심에서 학습자 교육 중심으로, 획일적 교육에서 다양하고 특성화된 교육으로, 규제와 통제 중심 교육운영에서 자율과 책무성에 바탕을 둔 교육운영으로 획일적 균일주의 교육에서 자유와 평등이 조화된 교육으로, 흑판과 분필 중심의 전통적 교육에서 교육의 정보화를 통한 21세기형 열린교육으로, 질낮은 교육에서 평가를 통한 질 높은 교육으로 전환할 것을 제시하였다.

7차 교육과정의 배경 요인은 세계화, 정보화, 다양화를 지향하는 교육체제의 변화와 급속한 사회 변동, 과학·기술과 학문의 급격한 발전, 경제·산업·취업 구조의 변혁, 교육 수요자의 요구와 필요의 변화, 교육여건 및 환경의 변화 등 교육을 둘러싸고 있는 내외적인 체제 및 환경, 수요의 대폭적인 변화를 제시하고 있다(교육부, 1997). 교육개혁위원회는 학생의 적성과 능력에 따라 다양한 학습을 할 수 있도록 하기 위하여 필수과목 축소 및 선택과목 확대, 정보화·세계화 교육 강화, 수준별 교육과정의 편성·운영을 교육과정 개선 원칙으로 설정하고, 교육개혁위원회 내 '교육과정특별위원회'를 구성하여 1995년 말에는 교육과정 개정의 기본 골격을 마련하였다.

제7차 초·중등학교 교육과정 개정연구위원회는 교육과정 개정의 기본 입장을 정할 때 제6차 교육과정의 기본 철학을 승계하되, 2000년대에 보다 근접해 있는 시점에서 시대·사회적, 문명사적 변화의 의미를 학교 교육과정에 구현하고자 하였으며, 교육과정 개정의 대원칙을 '수요자 중심 교육과정 구현'으로 정하였다.

교육과정특별위원회는 필수과목 및 선택과목의 확대, 정보화·세계화 교육의 강화, 수준별 교육과정 편성·운영 제시하였다. 교육개혁위원회에서는 신교육과정의 기본 골격을 바탕으로 1996년 12월 9일에 교육개혁 과제의 일환으로 '초·중등학교 교육과정 개혁'을 제시하였다.

제7차 교육과정 구성 방향은 현대사회의 요구와 지식의 변화, 학생·학부모의 요구를 기초로 하여 추구하는 인간상과 교육과정 구성방침인 목표, 내용, 운영, 제도적인 면이 제시되어 있다. 상위 목표는 각 학교 급별 교육목표로 좀 더 구체화하는데, 각 학교 급별 교육목표는 학생의 신체적, 정서적, 지적 발달 측면을 고려하고 사회적 요구를 반영하여 설정한다.

제7차 교육과정은 국민공통 기본 교육과정제제 선정 등 신교육과정 편재 도입, 수준별 교육과정 도입, 교육과정 각론 개발이 주요 지침이다. 능력중심의 목표 진술과 구체적 내용 제시의 최소화, 독서교육 강화, 교과교육에서 컴퓨터를 활용한 교육 강화, 평가 방법의 개선 등 지원체제를 확립하였다. 선택과목 도입에 따른 대학수학능력 제도의 개선, 교과서 제도의 자율화 확대 및 교과서의 질 제고, 다양한 교사 제도의 탄력적 운영 및 교사연수 강화, 학교 환경 및 시설의 개선 등을 제시했다. 국민공통 기본 교육과정 구성, 수준별 교육과정 도입, 재량 활동의 신설 및 확대, 고교2~3학년의 선택중심 교과과정 도입, 질 관리 중심의 교육과정 평가 체제를 확립하였다.

국민공통 기본 교육과정의 도입이다. 이는 모든 국민에게 일정 기간 동일한 내용을 가르친다는 취지를 반영한 것인데, 기존의 교육과정 내용 구성 방식을 바꾸어 국민 공통 기간 10년을 하나의 체계로 보고, 이 기간 중 교과별 학습 내용을 학교급별 개념이 아닌 학년제 및 단계 개념에 기초해 구성할 것을 요구하였다. 수준별 교육과정의 도입이다. 교육과정은 보통 수준의 다수 학생을 겨냥하여 만들어졌기 때문에 이수과정에서의 개인별 능력차는 고려되지 못하였다. 국민공통 기본 교육과정에서는 학생 개개인의 성장 잠재력과 교육의 효율성을 극대화하는 한편, 학생의 자기주도적 학습 기회를 제공하기 위하여 수준별 교육과정을 도입하였다. 수준별 교육과정은 내용의 위계가 비교적 분명한 교과에 적용되는 단계형 수준별 교육과정과 내용이 다양한 영역으로 구성되고 개인차가 심하게 작용하지 않는 교과에 적용되는 심화·보충형 수준별 교육과정으로 구분되었다.

재량 활동의 도입으로 이전 존재했던 학교 재량 시간을 교육과정의 한 영역으로 독립시킨 것으로서, 학생들의 다양한 교육적 요구를 해결하고 단위 학교의 자율적이고 창의적인 교육과정 운영을 뒷받침하기 위해 도입된 것이다. 성격상 교과 재량 활동과 창의적 재량 활동 두 가지로 구분할 수 있다. 교과별 학습량의 최적화와 수준의 조정이다. 국민공통 기본 교육과정을 10개 교과로 제한한 것은 학생의 입장에서 학습 부담을 경감시키기 위한 조치였다. 이수시간의 적정화 차원에서 모든 교과의 이수시간을 최소 수업시간 기준으로 제시하고, 교육 내용 구성의 최소 기준으로 삼도록 함으로써 학습량을 감축시켰다. 질 관리 중심의 교육과정 평가 체제 확립으로 제7차 교육과정에서는 교육과정 평가 체제를 강화하였는바, 학생의 교과별 내용 성취기준을 설정하고, 주기적으로 학생의 학력과 학교의 교육과정 편성·운영을 평가하는 체제를 확립하였다. 정보 사회에 대비한 컴퓨터 교육의 강화이다. 산업사회가 정보화 사회로 대체되면서 학생 역시 이러한 변화에 적응할 것이 요청되었고, 초등 수준에서는 실과와 학교 재량 활동에서의 컴퓨터 교육시간 확보, 중학교에서 재량 활동 시간에 컴퓨터 과목의 개설, 고교 선택중심 교육과정에서는 일반 선택과목에 '정보 사회와 컴퓨터' 과목의 개설로 나타났다. 7차 교육과정 이후부터 학생 선택중심 교육과정을 최초로 표방하였다. 제7차 교육과정 총론에서 '선택중심 교육과정'이 최초 언급되었다.

(1) 초등학교

초등학교 교육과정에서는 기본적 언어능력, 수리적 사고능력, 기초 체력, 탐구력과 창의성, 기본생활습관 등 기초·기본교육의 충실을 강조하였다. '자연'과 '영어' 교과는 '과학'과 '외국어(영어)'로 명칭을 변경하였다. 자치활동, 적응활동, 계발활동, 봉사활동, 행사활동의 5개 영역으로 구분하고, 영역별 목표를 설정하였다.

(2) 중학교

21세기의 세계화·정보화 시대를 주도할 자율적이고 창의적인 한국인 육성을 목적으로 ① 국민공통 기본 교육과정 ② 교과군 개념 도입 ③ 수준별 교육과정 도입 ④ 재량 활동의 신설·확대 ⑤ 교과별 학습량의 최적화와 수준 조정 ⑥ 고등학교 2, 3학년의 선택중심 교육과정 등 대대적인 개혁을 단행하여종래 중학교의 선택교과는 재량 활동에 우선적으로 배정하였다.

(3) 고등학교

자율과 창의를 바탕으로 한 학생중심 교육과정을 표방한 7차 교육과정은 초·중·고의 교육과정을 단일 교육과정으로 통합하고 국민공통 기본 교육과정과 선택중심 교육과정으로 구성하였다. 고등학교에 수준별 교육과정을 도입하여 교과의 특징 또는 교과가 가르치고자 하는 교육단계의 특징에 따라 단계형 과심화·보충형으로 구분하여 운영하였다. 학생의 자기주도적 학습활동을 촉진하고 학교의 자율적이고 창의적인 교육과정 편성·운영을 보장하기 위해 교과, 특별활동 외에 제3의 영역으로 재량 활동을 신설하여 인문·사회, 자연 등의 과정은 국가 수준에서 제시하지 않고 필요한 경우 학교가 설치하여 운영하도록 자율권을 부여하였다. 고등학교 2, 3학년 선택중심 교육과정의 도입으로 고등학교 2, 3학년은 일부 학생에게 종결 교육의 의미를 가지며, 다른 일부 학생에게는 대학 진학을 위한 진로 탐색 및 예비 교육의 성격을 가진다. 교육과정 내 학생의 과목 선택권의 범위는 조금씩 확장되었다. 고등학교 2, 3학년 과정에 학생 선택권을 부여하여 학생이 주도적으로 과목을 선택하고 이수할 수 있도록 문서상으로 보장하였다. 6차 교육과정에서 과목 편성 권한이 시·도 교육청 및 학교 단위에 있었지만, 일부를 학생이 부여하도록 하였다. 그러나 현장에서는 교원 수급 문제, 대학입시와의 괴리, 수업을 운영할 시설 부족과 같은 현실적 문제와 학생의 요구나 희망과 동떨어진 국가 교육과정 내 과목 편성 등으로 학생의 희망과 의견이 대부분 반영되지 못했고, 학교는 계열과 과정 중심 개설권만을 보장하여 학생 선택권이 실제적으로 제한되었다.

제10장

개정 교육과정의 이해

1. 2007년 개정 교육과정(2007. 2. ~ 2009. 12.)

2007년 2월 28일 교육인적자원부 고시 제2007 - 79호로 고시된 초등학교, 중학교, 고등학교 교육과정이다. 급변하는 사회·문화적 환경 변화를 학교교육에 효과적으로 반영하기 위해 '교육과정 수시 개정 체제'를 도입하였다. 우리나라는 그동안 교육과정 개정을 '주기적 전면 개정' 방식을 취해 왔지만 급변하는 사회·문화적 환경에 신속하게 대응하는 데에는 한계가 있었다. 이에 교육과정 개정 방식을 근본적으로 개선하기 위해 '교육과정 수시 개정 체제 운영 활성화 방안'(2005. 2.)을 만들어 교육과정 개정의 개방성과 민주성을 강화하고, 현장 교원과 일반 국민이 다양하게 참여할 수 있도록 하였다. 전국 단위와 지역별, 학교별로 구성된 교육과정 지원 장학협의단 등을 통해 교육과정 개선을 요구할 수 있으며, 학부모와 일반 국민들도 인터넷을 통해서 교육과정에 관한 의견을 상시로 제안할 수 있도록 하였다. '교육과정·교과서 정보 서비스'(cutis.moe.go.kr. 2005. 9.) 시스템 구축·운영을 통해 교육과정 개정과 관련된 현장의 다양한 의견을 수렴할 수 있는 체제를 마련하였다. 교육과정 수시 개정 체제 운영을 통해 2004년 11월에는 특수목적 고등학교 교육과정 편성·운영 지침을 개정하였으며, 2005년 12월에는 공고 2·1 체제 및 국사교육 내용을 개정하였고, 2006년 8월에는 수준별 수업 내실화를 위해 수학·영어 수준별 교육과정을 개정하였다. 2007년 2월에는 다양한 국민 여론을 수렴하고, 국가·사회적 요구 사항을 반영하여 제7차 교육과정을 수정·보완한 새 교육과정을 개정·고시하였다. 2007년 개정 교육과정은 부분·수시 개정임에도 교과별 교육과정은 전면 개정되었으며, 총론에서도 사회·문화적인 변화와 다양한 국가·사회적 요구 사항을 반영하기 위해 상당 부분의 개선이 있었다. 수준별 수업 강조, 교과집중 이수제 도입, 주 5일 수업제의 월 2회 실시하였다.

2007년 개정 교육과정에서도 7차 교육과정에서 정립된 국민 공통 선택중심 교육과정 체제는 계승되었다. 특별히 해당 교육과정부터는 일반 교사도 국가 단위 교육과정 개발에 본격적으로 참여함으로써 선택과목 개발과 단위 시수 운영 등에 현장 교육자들의 의견이 반영될 수 있었다.

학생 선택권의 확대에 따라 늘어난 학습 부담을 줄이고자 중·고등학교의 주당 수업 시수(단위)를 각각 1시간씩 감축했고, 사실상 자습으로 운영되던 재량 활동을 축소하는 대신 그 시간을 공통과정인 10학년 사회, 과학 과목으로 돌려 재배치함으로써 공통과정과 선택 교육과정의 균형을 조절했다.

수업 시수를 일부 조정하였다. 주 5일 수업제의 월 2회 시행에 따라 학교급별로 수업 시수를 감축하도록 하였다. 수업 시수를 연간 34시간 범위 내에서 감축 운영(초등학교 1, 2학년 제외)하되, 초등학교와 고등학교 2, 3학년은 학교 자율로 교과에서, 중 1~고 1학년은 재량 활동 중 교과와 성격이 유사한 교과 재량 활동에서 감축하도록 하였다. 특별활동과 창의적 재량 활동이 축소되지 않도록 하기 위한 방안으로 실천 중심의 다양한 체험교육을 통해 인성교육을 강화하기 위한 제7차 교육과정의 근본 취지를 살릴 수 있도록 한 것이다.

과학·역사 교육을 강화하였다. 세계화 시대의 국가 경쟁력을 높이고 과학적 기초 소양 교육을 강화하기 위해 고등학교 1학년 과학과 수업 시수를 주당 3시간에서 4시간으로 증대하였다. 주변국의 역사 왜곡에 대응하고 국제화 시대에 적합한 역사 교육을 위해 중·고등학교의 사회 교과에서 '역사' 과목을 독립시키고, 고등학교 선택과목으로 '동아시아사'를 신설하는 한편, 고등학교 1학년 역사 과목 수업 시수를 주당 2시간에서 3시간으로 증대하였다.

단위 학교 교육과정 운영의 자율성을 확대하였다. 교과의 효율적인 운영을 위해

중학교 및 고등학교의 경우 학기 또는 학년 단위로 집중 이수가 가능하도록 '교과 집중 이수제'를 도입하고, 재량 활동은 초등학교에서는 창의적 재량 활동으로 하여 학교 자율적으로 운영하도록 하고, 중·고등학교에서는 시·도 교육청의 편성·운영 지침에 따라 학교에서 편성할 수 있도록 하는 등 단위 학교 교육과정 편성·운영의 자율권을 확대하였다.

1) 초등학교

교육인적자원부가 2003년 10월에 도입 계획을 발표한 후 2005년 2월부터 활성화 방안을 마련함으로써 2007년 개정 교육과정은 수시 개정 체제에 따라 개정하였다. 2007년 개정 초등학교 교육과정은 제7차 교육과정에서 표방한 바와 같이 '학생의 학습과 일상생활에 필요한 기초적인 능력과 태도의 육성'에 중점을 두며, ① 기본생활습관 형성과 기초교육의 충실, ② 재량 활동의 활성화, ③ 학습 부담의 경감과 교과 편제 구조의 점진적 확대, ④ 교과 학습내용의 적정화, ⑤ 통합 교과의 견지 및 내실화를 주요 개정 내용이다. 재량 활동은 교과 재량 활동과 창의적 재량 활동으로 구성되나, 초등학교에서는 학생의 자기주도적 학습능력을 촉진하기 위한 창의적 재량 활동만으로 운영하도록 규정하였다.

2) 중학교

제7차 교육과정 이후의 여러 가지 현실적 어려움과 그동안의 국가·사회적 요구, 주5일 수업제 시행 등을 반영하여 제7차 교육과정의 골격은 그대로 유지하면서 2007년 2월 부분적인 총론 개정하였다. 중학교의 경우 ① 국민공통 기본 교육과정의 사회교과에서 '사회', '역사'의 과목 분화가 이루어져 별도의 학년과 시간이 배당되고, ② 수준별 교육과정이 수준별 수업으로 바뀌고 '단계형', '심화 보충형' 등의 구분이 폐지되었으며, ③ 집중이수제가 강화되어 학기별로도 교과목 이수가 가능해졌고, ④ 주5일 수업제 시행으로 재량 활동 시간 수가 감축하였다.

3) 고등학교

제7차 교육과정이 시행된 이후 오랜 기간이 경과되면서 주 40시간 근무제 도입 등 사회 · 문화적 변화를 반영하여 교육내용 및 내용 체계를 개편하였다. 단위학교의 교육과정 편성 · 운영의 자율권을 확대하여 재량 활동의 하위 영역별 단위 배당을 학교에서 편성하도록 하고, 집중이수제를 도입하여 교과에 배당된 수업시간 수를 학기 또는 학년 단위로 집중 편성할 수 있도록 하였다. 보통 교과의 일반 선택과목과 심화 선택과목을 통합하여 선택과목으로 일원화하고, 이수 단위를 6단위(교양 등 일부 과목은 4단위)로 통일하여 학교에서의 효율적 운영을 도모하였다. 지 · 덕 · 체의 조화로운 인성교육이 이루어지도록 하였다.

고등학교 선택중심 교육과정을 개선하였다. 선택과목의 효율적인 편성 · 운영을 위해 선택과목에 따라 다양한 단위 수(4, 6, 8단위)를 6단위로 조정(교양 등 일부 과목만 4단위)하고, 일반 선택과 심화 선택의 구분을 폐지하여 선택의 폭을 넓혀 운영상의 혼란을 해소하였으며, 고등학교 선택 과목군인 예 · 체능 과목군을 체육과 예술로 분리하여 6개 과목군으로 개선하였다. 선택과목군을 확대하게 된 것은 입시 위주의 편중 선택을 방지하고, 지덕체의 조화로운 인격을 기르기 위해서는 고등학교 2, 3학년에서도 체육, 음악, 미술을 분리하여 각각 1과목 이상은 이수할 필요가 있다는 의견을 반

영한 것이다. 미래에는 국민들이 체육, 음악, 미술을 향유하는 토대 위에 형성되는 문화적 창의성이 곧바로 국가 경쟁력으로 탈바꿈될 수 있다는 판단에서 이루어졌다.

2. 2009년 개정 교육과정(2009. 12.~2015. 8.)

2009년 개정 교육과정은 2009년 12월 23일 교육과학기술부 고시 제2009-41호로 고시된 교육과정이다. 2009년 개정 교육과정은 총론만 개정 고시하였고, 2011년 8월 교과별 교육과정 별도 고시하였다. 2009년 개정 교육과정은 학교교육의 방향을 제시하고, 초·중등교육의 경쟁력을 강화하기 위해서 개정되었다. 2009년 개정 교육과정의 개정 방향은 '하고 싶은 공부, 즐거운 학교'의 이념이 구현될 수 있도록 학생의 지나친 학습 부담을 감축하고, 학생들의 학습 흥미를 유발하며, 단편적 지식·이해 교육이 아닌, 학습하는 능력을 기르도록 하고, 지나친 암기 중심 교육에서 배려와 나눔을 실천하는 창의 인재를 양성하는 교육으로 설정하였다

2009년 개정 교육과정은 2007년 10월부터 2009년 2월에 걸쳐 두 차례의 '국가 교육과정 포럼'을 추진하였다. 교육과정 체제 개편으로 국민공통 교육기간 하향 조정, 교과목 축소, 공교육과 대학입시의 연계로 고등학교 교육과정과 대학수학능력시험의 연계, 미래 학교의 역할을 재조명하여 '흥미롭고 깊이 있는 학습기회' 제공과 자율권 확대 등에 대한 시사점을 제공하였다. 대통령직속 국가교육과학기술자문회의의 교육과정특별위원회는 2009년 개정 교육과정에서 초·중등학교 교육과정의 미래 적합성을 제고하기 위하여 '미래형 교육과정'을 구상하면서 '글로벌 창의인'을 학교 교육이 추구하는 인간상을 설정하였다. 세계 환경과 국가 위상의 변화, 인재 육성 전략 재조정, 기존 교육과정에서 반복되는 문제 해결을 위해 유연하고 창의적 학교 교육을 실현하였다. 학습 효율성 제고, 폭넓은 인성교육, 고등학생 핵심 역량 강화, 학교 교육의 다양성 유도하였다.

2009년 개정 교육과정은 공통 교육과정 이수기간 조정 및 선택 교육과정 기간 확대, 교과군과 학년군의 도입, 교과 집중 이수를 통한 학년·학기당 이수 교과목 수의 축소, 교과(군)별 수업 시수의 증감 운영, 배려와 나눔의 창의 인재 육성을 위한 창의적 체험 활동을 도입하였다. 총론에서 학생이 과목 개설을 요구할 수 있는 제도적 규정과 절차가 마련되었고, 단위 학교는 국가 단위 교육과정에서 제시하는

과목 외에도 고시 외 과목을 개설할 권한을 갖게 되었다.

2009년 개정 교육과정은 학생들의 학습 부담 경감을 통해 유의미한 학습활동을 추구할 수 있도록 하였다. 기존 교육과정이 초등학교 고학년은 주당 10개 교과, 중·고등학생은 11~13개 교과목을 학습하며, 사회, 과학 등 통합 교과의 경우 과목별로 나누어 가르치고 있어 실제 학생의 학습 부담은 과중한 상태이며 학습 부담 과중이 학습 흥미도와 효율성을 저하한다는 것에 주목하였다. 이를 개선하기 위하여 2009년 개정 교육과정에서 중등학교는 학기당 이수 교과목 수를 8개 이내로 편성하도록 하였다.

또한 2009년 개정 교육과정에서 수업 시수가 적은 교과목은 특정 학기, 학년에 집중 이수하는 집중 이수제를 도입하였다. 집중 이수제의 실효성을 높이기 위해서 학년군, 교과군을 도입하였다. 학년군 접근은 교육과정 편성·운영의 경직성을 탈피하고 학년 간 '상호 연계와 협력'을 통하여 유연성을 부여하기 위한 것이었다. 초등학교는 1~2학년, 3~4학년, 5~6학년의 3개 학년군으로, 중학교와 고등학교는 3개 학년을 각각 1개 학년군으로 설정하였다.

2009년 개정 교육과정은 교육과정 자율화와 학교 다양화 유도하였다. 학교 교육과정의 편성·운영의 자율성을 확대하였다. 국가는 교육과정 운영의 기본 틀만 제시하여 학교의 교육과정 편성·운영의 자율성을 대폭 강화하고, 단위 학교에 교육과정 운영의 자율권을 부여하여 학교교육의 실질적인 다양화와 특성화를 유도할 수 있는 유연성을 증대하는 방향으로 전환하였다. 이에 교과목별 수업 시수를 20% 범위 내에서 자율 증감할 수 있도록 허용하고, 교과군, 학년군 도입으로 학교 교육과정 편성·운영의 자율성을 확대하였다.

2009년 개정 교육과정은 국민공통 교육과정의 하향화로 10학년에서 9학년으로 하였다. 공통 교육과정의 기간을 조정하고 고등학교 교육과정의 혁신을 추구하였다. 기존 국민공통 기본 교육과정은 초등학교 1학년에서 고등학교 1학년까지 10년간이며, 이 기간동안 학생들은 10개의 기본 교과를 획일적으로 학습하고 있었으며, 모든 계열의 고등학교에서 10학년 공통 과정을 운영해야 하여 전문계고, 특수목적고 등 교육과정의 자율화가 필요한 학교에서는 자율화의 한계로 작용하고 있었다. 이에 공통 교육과정을 9년(초등학교 1학년에서 중학교 3학년까지)으로 조정하고 초등 1~2학년 초기 단계의 기초 · 기본 교육, 돌봄 기능을 강화하며, 국민 기초교육에 대한 국가의 책임을 초 · 중학교 과정으로 명확히 하여, 학업성취도 평가 등을 통해 전 학생의 기초 학력을 강화하는 방향으로 전환하였다.

2009년 개정 교육과정에서 교과군 접근은 교과 간 소통을 촉진하며, 학생의 진로와 적성에 따라 탄력있게 교육과정을 구성 · 운영할 수 있도록 하였다. 교과를 교육 목적상의 근접성, 학문 탐구 대상 및 방법상의 인접성, 생활양식에서의 연관성 등을 고려하여 교과군으로 재 분류하였다. 초등학교의 경우 사회, 도덕 교과를 사회/도덕 교과군으로, 과학, 실과 교과를 과학/실과 교과군으로, 음악, 미술 교과를 예술(음악/미술) 교과군으로 설정하였다.

2009년 개정 교육과정에서는 학생들의 전인적 성장을 위해 '창의적 체험 활동'을 신설하였다. 기존의 재량 활동은 창의적 재량 활동(자기주도 학습, 범교과 학습)과 교과 재량 활동으로 구성되며, 특별활동은 적응 활동, 봉사활동, 행사 활동, 계발 활동, 자치활동으로 지나치게 세분화 되고 상호 중복되는 측면이 있었고, 교과 외 교육과정인 재량 활동과 특별활동이 형식적으로 운영되거나 교과 보충학습 등으로 편법 운영이 이루어지고 있기도 하였다. 이에 창의적 체험활동은 특별활동과 창의적 재량 활동을 통합하여 운영하고 교과 지식 위주의 학교 교육의 관행을 개선하여 전인적 성장이 가능한 학교 교육으로 개선하였다. 창의적 체험활동의 세부 영역은 자율 활동, 동아리 활동, 봉사활동, 진로 활동으로 구성하였다. 창의적 체험활동의 수업 시수는 초 · 중학교는 주당 3시간 이상, 고등학교는 주당 4시간 이상 운영하며, 중학교의 교과 재량 활동은 '선택 교과'로 분류하고, 고등학교의 교과 재량 활동은 폐지하였다.

2009년 개정 교육과정은 선택과목의 양적 확대 대신 필수과목의 선택과목화나 기존 과목의 통폐합을 이용한 구조조정을 택했다. 2009년 개정 교육과정은 2007년 개정 교육과정과 같이 7차 이래 선택중심 교육과정의 기조를 이어 나갔다. 그리고 공통과정에 해당한 고등학교 1학년 과정까지 선택중심 교육과정의 영역으로 포함하고, 교육내용의 적정화를 강조했다. 필수과목으로 운영되던 고등학교 1학년

과정의 국어, 수학 등의 기초 과목은 '선택과목'으로 새롭게 편제되었다. 기존 과목에서 파생되어 신규 개발되었던 '한국문화사', '경제지리', '법과 사회'가 다시 통폐합되었다.

2009년 개정 교육과정은 인근 학교나 지역사회에서 학생이 원하는 과목을 선택할 수 있도록 했고, 자율 교육과정과 진로 집중 교육과정을 신설했으며 학교 실태에 맞게 시수를 증감할 수 있게 하는 규정을 마련하는 등 고교학점제의 기초가 되는 시스템이 갖추어졌다.

1) 초등학교

교육과정 편제 구조 개선을 위해 '학년군', '교과군' 접근을 시도하였다. 학습자들이 유의미한 학습경험을 가질 수 있도록 학습 부담의 적정화를 추구하였다. 또한 학습자들의 전인적 성장을 위해서 '창의적 체험활동'을 신설하였다. 단위학교 교육과정 편성·운영의 자율성을 확대하였다.

2) 중학교

교육과정 편제 구조 개선을 위해 '학년군', '교과(군)' 접근을 시도하였다. 학습자들이 유의미한 학습경험을 가질 수 있도록 학습 부담의 적정화 추구하였다. 고등학교 교육과정에서 선택 교육과정을 확대하고 교육과정 편제 구조와 교과목을 조정학습자들의 전인적 성장을 위해 '창의적 체험활동'을 신설·단위학교 교육과정 편성·운영의 자율성을 확대하였다.

3) 고등학교

교육과정 편제 구조 개선을 위해 '학년(군)', '교과군' 접근을 시도하였다. 학습자들이 유의미한 학습경험을 할 수 있도록 학습 부담의 적정화 추구하였다. 고등학교 교육과정에서는 선택 교육과정을 확대하고 교육과정 편제 구조와 교과목을 조정하였다. 학습자들의 전인적 성장을 위해서 '창의적 체험활동'을 신설하였다. 단위학교 교육과정 편성·운영의 자율성을 확대하였다.

고등학교 교육과정에서 기초 핵심 역량을 강화하며, 고등학교에서 교과 영역 간 균형 있는 학습을 위하여 기초 영역(국어, 영어, 수학)을 강화함과 동시에 예술·체육 및 창의적 체험활동을 강화함으로써 전인적 성장을 도모하도록 하였다. 탐구 영역(사회, 과학)의 교육은 기존의 지식 전달 위주의 획일적 수업을 지양하고, 토론식 수업·다양한 실험 중심·토론 중심의 수업 등으로 수업 방법 혁신을 통해 교과목에 대한 학생들의 흥미와 만족도를 높이고, 보다 다양하고 풍부한 교육활동을 전개하도록 하였다.

고등학교의 경우 개별 학생의 기초교육을 강화하고, 교과 영역 간 균형 이수를 유도하였으며, 학년군 도입 등 교육과정 운영 체제 혁신으로 무학년제 구현이 가능하도록 설계하였다. 공통 필수과목을 지정하지 않고 교과(군)별 필수 이수 단위 수만을 지정하여 학생 자신의 수준이나 진로에 맞는 교과목 중심의 학습이 가능하도록 하였으며, '학교 자율 과정' 설정을 통해 단위 학교의 교육과정 특성화 및 학생의 진로를 고려한 계열화를 통해 맞춤형 교육이 가능하도록 하였다.

3. 2015년 개정 교육과정(2015. 9.~2022. 11.)

2015년 개정 교육과정은 2015년 9월 23일 교육부 고시 제2015-74호로 고시된 교육과정이다. 초·중등교육법 제23조 제2항에 의거하여 고시한 것으로, 초·중등학교의 교육목적과 교육목표를 달성하기 위한 국가 수준의 교육과정이며, 초·중등학교에서 편성·운영하여야 할 학교 교육과정의 공통적이고 일반적인 기준을 제시한 것이다. 2015년 개정 교육과정은 2013년 10월 25일 문·이과 구분에 따른 지식 편식 현상 개선, 융합형 인재 양성에 대한 사회적 요구에 의했다. 이전

2009년 개정 교육과정이 국가 주도의 폐쇄적이고 수직적인 방법으로 개발되었다는 비판을 수용하여 교육 주체가 교육과정 개발 과정에 주도적으로 참여하는 방식으로 개발되었다. 교과별 내용의 중복 해소 및 교과 간 이해관계 조정을 위한 '국가 교육과정 각론 조정위원회' 구성 · 운영하였다.

2015년 개정 교육과정의 중요한 개정 배경은 창의융합형 인재 양성이다(교육부, 2015). 2009년 개정 교육과정이 추구한 창의융합형 인재 양성의 기본정신 유지하며 창조경제 사회가 요구한 창의융합형 인재 양성을 방향으로 하였다. 창의융합형 인재는 미래창조과학부의 국가 융합기술 발전 전략의 하나로 제시되었다. 국가과학기술위원회에서 발표한 '국가 융합기술 발전 기본계획'에서 시작된 전략으로 융합기술이 주도하는 산업구조에 필요한 인재를 양성하는 것이다. 2015년 개정 교육과정은 지식정보의 홍수로 인한 미래사회가 요구하는 주요 역량을 강화하고 올바른 인격을 가진 창의융합형 인재 양성에 중점을 두었다. 2015년 개정 교육과정에서 창의융합형 인재는 인문학적 상상력과 함께 과학기술 창조력을 갖추고 바른 인성을 겸비하여 다양한 지식을 창조 및 융합함으로써 새로운 가치를 창출할 수 있는 사람이다. 창의융합형 인재를 구현하기 위해 추구하는 인간상과 핵심 역량으로 자기관리 역량, 지식정보처리 역량, 창의적 사고 역량, 심미적 감성 역량, 의사소통 역량, 공동체 역량을 제시하였다.

2015년 개정 교육과정은 역량중심 교육과정으로 구성되어있다. 학생들의 '꿈과 끼'를 키울 수 있는 교육과정 마련 및 미래사회가 요구하는 핵심 역량의 함양이 가능한 교육과정을 마련하였다. 교육과정 전반에 걸쳐 핵심 역량을 반영하고 교과 내용 체계를 재구조화 했으며, 성취기준 진술도 개선하고자 했다(조상연, 2015). 교육과정에 제시된 핵심 역량은 "사회 공동체 구성원으로서의 역할을 성공적으로 수행하기 위해 학습자에게 요구되는 지식, 기능, 태도의 총체로서 초, 중등 교육을 통해서 모든 학습자가 길러야 할 기본적으로 필수적이며 보편적인 능력"으로 정의하였다(교육부, 2014).

2015년 개정 교육과정 구성의 중점은 '인문 · 사회 · 과학기술 기초 소양을 균형있게 함양하고, 학생의 적성과 진로에 따른 선택학습을 강화한다(교육부, 2015). 인문 · 사회 · 과학기술에 관한 기초 소양 교육 강화하였다. 2015년 개정 교육과정에서 2009년 개정 교육과정에서 예술고등학교에서의 심화 선택으로 개설된 연극과목이 일반 선택으로 개설되었다. 인문학적 소양의 함양, 음악, 미술과 함께 하나의 예술 과목으로서의 가치와 그 효과를 인정받게 되었다. 연극, 소프트웨어 교육 등 인문 · 사회 · 과학기술의 기초소양 강화와 진로와 적성을 고려한 다양한 선택과목 개설, 단위학교 교육과정 편성 및 운영에 있어 자율성의 확대를 개정의 주요 방향으로 하였다.

2015년 개정 교육과정은 제도적 차원에서 학습 시수 부담이 점차 축소되었다. 다양한 과목 선택권의 부여는 학생들에게 과목별 학습량의 증가, 교사에게 수업 준비 부담이 늘어나는 것에 대해 학교 교육과정 차원에서 총 이수 단위(시수)는 시간을 줄였다.

학습의 과정을 중시하는 평가를 강화하여 학생이 자신의 학습을 성찰하도록 하고, 평가 결과를 활용하여 교수 · 학습의 질을 개선한다(교육부, 2015).

2015년 개정 교육과정은 교육적 측면에 있어 교육의 질을 높이기 위해 핵심 개념을 중심으로 감축 및 구조화하고, 교수 · 학습 방법에 있어서는 학생들이 능동적으로 수업에 참여하는 학생 참여형 수업과, 스스로 학습하는 자기주도적 학습을 통해 학습 효과를 극대화하였으며, 학생들이 즐거움을 느낄 수 있도록 설계되었다. 평가 방식은 과정평가의 강화와 학생 스스로 자기평가를 통한 지속적인 수업 개선이 가능하게 함으로써 창의융합형 인재 양성이라는 방향성에 맞도록 하고 있다. 2015년의 개정 교육과정은 교과 영역과 그에 속하는 교과(군)를 세분화해서 나누어 이원적 분류 체제를 구조화하였다.

2009년 개정 교육과정에서 과목 적정화로 해석되었던 교육내용 적정화는 과목별 '학습 분량'의 적정화로 공식 정의되었다. 교과서 분량의 축소와 압축이 이루어졌고, 교과별 필수 이수 단위도 큰 폭으로 축소되었으며, 기초 교과(국어, 영어, 수학, 한국사)의 최대 이수 단위가 규정되어 종전 교육과정이 국 · 영 · 수 중심 교육으로 비판받았던 지적을 반영하였다.

문과와 이과 구분은 '창의융합형 인재'를 양성하는데 어려움이 있다는 점을 확인하고 '문·이과 통합'에 대해 논의가 이루어졌다. 인문·사회, 과학·기술로 대표되는 기초 소양의 함양을 목표로 문·이과 통합교육의 기초를 다지고자 했다. 이전 교육과정에서 학교 단위 교육과정은 문·이과를 위주로 한 계열 중심 및 과정 중심으로 운영되었으나 2015년 개정 교육과정부터 학생들의 과목 이수 범위가 더 확장되어 희망하는 대로 인문, 자연계열 과목을 조합해 듣는 것이 가능해졌다. 지식 습득을 보장하는 방안으로서 국어, 수학, 영어, 사회, 과학 교과에서 모든 학생이 고등학교 단계에서 반드시 배워야 할 내용으로 구성된 공통과목을 개발하고 모든 학생이 이수하도록 하였다(敎育部, 2015).

2015년 개정 교육과정의 고등학교 교과 편성은 보통 교과와 전문 교과로 나누어 구분하고 있고, 조금 더 세부적으로 들어가면 보통 교과는 공통과목과 선택과목으로, 전문 교과는 전문 교과Ⅰ,Ⅱ로 나누어진다. 2015년 개정 교육과정은 학생의 과목 선택권을 확대하고 있다. 2015년 개정 교육과정은 공통과목 신설과 함께 자신의 흥미와 능력, 적성에 따라 일반, 진로를 선택할 수 있는 '선택과목'을 도입하였다. 6차 교육과정까지 학교 교육과정의 구성과 과목 편성 권한은 학교나 지역 교육청에 있었다. 7차 교육과정에서 학생의 선택권이 명시된 이후 교육과정 내 필수 이수 단위의 비중은 점차 줄어들고 선택과목이 점차 더 다양하게 개설되어 갔다. 2015년 개정 교육과정도 선택중심 교육과정의 골격을 유지한 상황에서 학생 선택권 확대를 위한 총론 조정을 하였다. 학생의 과목 선택권 확대 취지에 맞추어 선택과목이 일반 선택과 진로 선택으로 분류되었다. 2015년 개정 교육과정에서의 선택과목은 주요 학습 영역을 일반적 수준에서 다루는 일반 선택과, 교과별 심화 학습 및 학생의 흥미와 진로, 적성에 맞게 선택할 수 있는 진로 선택으로 다시 나누어지게 되고, 전문 교과는 특수목적 고등학교를 대상으로 하는 전문 교과Ⅰ과 특성화고등학교 및 산업수요 맞춤형 고등학교를 대상으로 하는 전문 교과Ⅱ로 나누어지게 된다. 선택과목은 학생들은 더욱 다양한 분야를 경험 및 발견하고 개발할 수 있다. 선택과목의 도입은 학생 중심 교육을 강화하고 맞춤형 교육과정을 가능하게 한다.

2015년 개정 교육과정의 목표를 달성하기 위한 총론의 주요 개정 방향은 다음과 같다.

가. 인문·사회·과학기술에 관한 기초 소양 교육을 강화하였다.

초·중등교과 교육과정을 개편하여 인문학적 소양을 비롯한 기초 소양 함양 교육을 전반적으로 강화하였다. 특히 고등학교에 기초 소양 함양을 위해 문·이과 구분 없이 모든 학생이 배우는 공통과목을 도입하고, 통합적 사고력을 키우는 '통합사회' 및 '통합과학' 과목을 신설하였다.

나. 학생들의 "꿈과 끼"를 키울 수 있는 교육과정을 마련하였다.

단위 학교의 교육과정 편성·운영의 자율성을 확대하여 학생의 진로와 적성을 고려한 다양한 선택과목 개설이 가능하도록 하였다. 자유학기제 전면 실시(2016)에 대비하여, 중학교 한 학기를 '자유학기'로 운영할 수 있는 근거를 마련하였다.

다. 미래 사회가 요구하는 핵심역량의 함양이 가능한 교육과정을 마련하다.

교과별로 꼭 배워야 할 핵심 개념과 원리 중심으로 학습내용을 정선하여 감축하고, 교수·학습 및 평가 방법을 개선하여 학생들의 학습 부담을 줄이고 진정한 배움의 즐거움을 느낄 수 있도록 하였다.

2015년 개정 교육과정의 총체적인 성격은 다음과 같이 정리할 수 있다.

가. 국가 수준의 공통성과 지역, 학교, 개인 수준의 다양성을 동시에 추구하는 교육과정이다.

나. 학습자의 자율성과 창의성을 신장하기 위한 학생 중심의 교육과정이다.

다. 학교와 교육청, 지역사회, 교원·학생·학부모가 함께 실현해 가는 교육과정이다.

라. 학교교육 체제를 교육과정 중심으로 구현하기 위한 교육과정이다.

마. 학교 교육의 질적 수준을 관리하고 개선하기 위한 교육과정이다.

2015년 개정 교육과정의 교육이념과 교육목적은 다음과 같다.

우리나라의 교육은 홍익인간의 이념 아래 모든 국민으로 하여금 인격을 도야하고, 자주적 생활 능력과 민주 시민으로서 필요한 자질을 갖추게 함으로써 인간다운 삶을 영위하게 하고, 민주 국가의 발전과 인류 공영의 이상을 실현하는 데에 이바지하게 함을 목적으로 하고 있다.

교육과정에서 추구하는 인간상은 다음과 같다.

가. 전인적 성장을 바탕으로 자아정체성을 확립하고 자신의 진로와 삶을 개척하는 자주적인 사람이다.

나. 기초능력의 바탕 위에 다양한 발상과 도전으로 새로운 것을 창출하는 창의적인 사람이다.

다. 문화적 소양과 다원적 가치에 대한 이해를 바탕으로 인류 문화를 향유하고 발전시키는 교양 있는 사람이다.

라. 공동체 의식을 가지고 세계와 소통하는 민주 시민으로서 배려와 나눔을 실천하는 더불어 사는 사람이다.

교육과정이 추구하는 인간상을 구현하기 위해 교과 교육을 포함한 학교교육 전 과정을 통해 중점적으로 기르고자 하는 핵심 역량은 다음과 같다.

가. 자아정체성과 자신감을 가지고 자신의 삶과 진로에 필요한 기초능력과 자질을 갖추어 자기주도적으로 살아갈 수 있는 자기관리 역량이다.

나. 문제를 합리적으로 해결하기 위하여 다양한 영역의 지식과 정보를 처리하고 활용할 수 있는 지식정보처리 역량이다.

다. 폭넓은 기초 지식을 바탕으로 다양한 전문 분야의 지식, 기술, 경험을 융합적으로 활용하여 새로운 것을 창출하는 창의적 사고 역량이다.

라. 인간에 대한 공감적 이해와 문화적 감수성을 바탕으로 삶의 의미와 가치를 발견하고 향유하는 심미적 감성 역량이다.

마. 다양한 상황에서 자신의 생각과 감정을 효과적으로 표현하고 다른 사람의

의견을 경청하며 존중하는 의사소통 역량이다.

바. 지역 · 국가 · 세계 공동체의 구성원에게 요구되는 가치와 태도를 가지고 공동체 발전에 적극적으로 참여하는 공동체 역량이다.

2015년 개정 교육과정 구성의 중점은 다음과 같다.

2015년 개정 교육과정은 우리나라 교육과정이 추구해 온 교육이념과 인간상을 바탕으로, 미래 사회가 요구하는 핵심 역량을 함양하여 바른 인성을 갖춘 창의융합형 인재를 양성하는 데에 중점을 둔다.

가. 인문 · 사회 · 과학기술 기초소양을 균형 있게 함양하고, 학생의 적성과 진로에 따른 선택학습을 강화한다.

나. 교과의 핵심 개념을 중심으로 학습내용을 구조화하고 학습량을 적정화하여 학습의 질을 개선한다.

다. 교과 특성에 맞는 다양한 학생 참여형 수업을 활성화하여 자기주도적 학습 능력을 기르고 학습의 즐거움을 경험하도록 한다.

라. 학습의 과정을 중시하는 평가를 강화하여 학생이 자신의 학습을 성찰하도록 하고, 평가 결과를 활용하여 교수 · 학습의 질을 개선한다.

마. 교과의 교육목표, 교육내용, 교수 · 학습 및 평가의 일관성을 강화한다.

바. 특성화고등학교와 산업수요 맞춤형 고등학교에서는 국가직무능력표준을 활용하여 산업사회가 필요로 하는 기초 역량과 직무능력을 함양한다.

2015년 개정 교육과정의 목표를 달성하기 위한 학교급별 주요 개정 사항은 다음과 같다.

가. 초등학교의 경우, 1~2학년(군)에 한글 교육을 강조하는 등 유아교육과정(누리과정)과 연계를 강화하였다. 초등 1~2학년 수업시수를 주당 1시간 늘리되, 학생들의 추가적인 학습 부담이 생기지 않도록 창의적 체험 활동 시간을 활용해 체험 중심의 '안전한 생활'을 편성 · 운영하도록 하였다. 안전한 생활은 '생활안전/교통안전/신변안전/재난안전' 4개 영역으로 설정하여 지

식보다는 체험 중심 학습으로 자연스럽게 안전한 생활 습관과 의식을 습득하게 하였다.

나. 중학교는 한 학기를 '자유학기'로 운영할 수 있는 근거를 마련함으로써, 학생들이 중간·기말고사에 대한 부담에서 벗어나 체험 중심의 교과 활동과 함께 장래 진로에 대해 마음껏 탐색할 수 있도록 하였다. 또한, 학생들이 소프트웨어에 대한 기초소양을 충실히 갖추어 나갈 수 있도록, 소프트웨어 교육 중심의 정보 교과를 필수과목으로 지정하여 재미있고 흥미로운 교육과정을 개발하였다.

다. 고등학교는 학생들이 '공통과목'을 통해 기초소양을 함양한 후 학생 각자의 적성과 진로에 따라 맞춤형으로 교육받을 수 있도록 '선택과목'(일반 선택/진로 선택)을 개설하도록 하였다. 학생의 진로에 따른 선택권을 확대하기 위해 진로 선택과목을 3개 이상 이수하도록 하는 지침을 마련하였다. 아울러, 기초교과 영역(국어, 수학, 영어, 한국사) 이수 단위를 교과 총 이수 단위의 50%를 넘을 수 없도록 하여 균형 학습을 유도하였다. 특성화고 교육과정은 전문 교과를 공통과목, 기초과목, 실무과목으로 개편하여 국가직무능력표준(NCS)과 연계를 강화하였다.

2015년 개정 교육과정의 학교 급별 교육목표는 다음과 같다.

가. 초등학교 교육목표

초등학교 교육은 학생의 일상생활과 학습에 필요한 기본습관 및 기초능력을 기르고 바른 인성을 함양하는 데에 중점을 둔다.

① 자신의 소중함을 알고 건강한 생활습관을 기르며, 풍부한 학습경험을 통해 자신의 꿈을 키운다.

② 학습과 생활에서 문제를 발견하고 해결하는 기초능력을 기르고, 이를 새롭게 경험할 수 있는 상상력을 키운다.

③ 다양한 문화 활동을 즐기고 자연과 생활 속에서 아름다움과 행복을 느낄 수 있는 심성을 기른다.

④ 규칙과 질서를 지키고 협동정신을 바탕으로 서로 돕고 배려하는 태도를 기른다.

나. 중학교 교육목표

중학교 교육은 초등학교 교육의 성과를 바탕으로, 학생의 일상생활과 학습에 필요한 기본 능력을 기르고 바른 인성 및 민주 시민의 자질을 함양하는 데에 중점을 둔다.

① 심신의 조화로운 발달을 바탕으로 자아존중감을 기르고, 다양한 지식과 경험을 통해 적극적으로 삶의 방향과 진로를 탐색한다.

② 학습과 생활에 필요한 기본 능력 및 문제 해결력을 바탕으로, 도전정신과 창의적 사고력을 기른다.

③ 자신을 둘러싼 세계에서 경험한 내용을 토대로 우리나라와 세계의 다양한 문화를 이해하고 공감하는 태도를 기른다.

④ 공동체 의식을 바탕으로 타인을 존중하고 서로 소통하는 민주 시민의 자질과 태도를 기른다.

다. 고등학교 교육목표

고등학교 교육은 중학교 교육의 성과를 바탕으로, 학생의 적성과 소질에 맞게 진로를 개척하며 세계와 소통하는 민주 시민으로서의 자질을 함양하는 데에 중점을 둔다.

① 성숙한 자아의식과 바른 품성을 갖추고, 자신의 진로에 맞는 지식과 기능을 익히며 평생학습의 기본 능력을 기른다.

② 다양한 분야의 지식과 경험을 융합하여 창의적으로 문제를 해결하고, 새로운 상황에 능동적으로 대처하는 능력을 기른다.

③ 인문 · 사회 · 과학기술 소양과 다양한 문화에 대한 이해를 바탕으로 새로운

문화 창출에 기여할 수 있는 자질과 태도를 기른다.

④ 국가 공동체에 대한 책임감을 바탕으로 배려와 나눔을 실천하며 세계와 소통하는 민주 시민으로서의 자질과 태도를 기른다.

2015년 개정 교육과정의 학교 급별 교육과정 편성·운영 기준은 다음과 같다.

가. 기본 사항

① 초등학교 1학년부터 중학교 3학년까지의 공통 교육과정과 고등학교 1학년부터 3학년까지의 선택 중심 교육과정으로 편성·운영한다.

② 학년 간 상호 연계와 협력을 통해 학교 교육과정을 유연하게 편성·운영할 수 있도록 학년군을 설정한다.

③ 공통 교육과정의 교과는 교육목적상의 근접성, 학문 탐구 대상 또는 방법상의 인접성, 생활양식에서의 연관성 등을 고려하여 교과군으로 재분류한다.

④ 선택 중심 교육과정에서는 학생들의 기초 영역 학습을 강화하고 진로 및 적성에 맞는 학습이 가능하도록 4개의 교과 영역으로 구분하고 교과(군)별 필수 이수 단위를 제시한다. 특성화고등학교와 산업수요 맞춤형 고등학교는 보통 교과의 4개 교과 영역과 전문 교과로 구분하고 필수 이수 단위를 제시한다.

⑤ 고등학교 교과는 보통 교과와 전문 교과로 구분하며, 학생들의 기초 소양 함양과 기본 학력을 보장하기 위하여 보통 교과에 공통과목을 개설하여 모든 학생이 이수하도록 한다.

⑥ 학습 부담을 적정화하고 의미 있는 학습활동이 이루어질 수 있도록 학기당 이수 교과목 수를 조정하여 집중 이수를 실시할 수 있다.

⑦ 창의적 체험활동은 학생의 소질과 잠재력을 계발하고 공동체 의식을 기르는 데에 중점을 둔다.

⑧ 범교과 학습 주제는 교과와 창의적 체험활동 등 교육활동 전반에 걸쳐 통합적으로 다루도록 하고, 지역사회 및 가정과 연계하여 지도한다.

⑨ 학교는 필요에 따라 계기 교육을 실시할 수 있으며, 이 경우 계기 교육 지침에 따른다.

나. 초등학교

① 편제

㉮ 초등학교 교육과정은 교과(군)와 창의적 체험활동으로 편성한다.

㉯ 교과(군)는 국어, 사회/도덕, 수학, 과학/실과, 체육, 예술(음악/미술), 영어로 한다. 다만, 1, 2학년의 교과는 국어, 수학, 바른 생활, 슬기로운 생활, 즐거운 생활로 한다.

㉰ 창의적 체험활동은 자율 활동, 동아리 활동, 봉사활동, 진로 활동으로 한다. 다만, 1, 2학년은 체험활동 중심의 '안전한 생활'을 포함하여 편성·운영한다.

② 시간 배당 기준

구분		1~2학년	3~4학년	5~6학년
교과(군)	국어	488	408	408
	사회/도덕		272	272
	수학	256	272	272
	과학/실과	바른생활 128	204	340
	체육	슬기로운 생화 192	204	204
	예술(음악/미술)	즐거운 생활 384	272	272
	영어	안전한 생활 (64)	136	204
	소계	1,408	1,768	1,972
창의적 체험활동		336	336	204
학년군별 총 수업 시간 수		1,744	1,744	2,176

㉮ 이 표에서 1시간 수업은 40분을 원칙으로 하되, 기후 및 계절, 학생의 발달 정도, 학습 내용의 성격, 학교 실정 등을 고려하여 탄력적으로 편성 · 운영할 수 있다.

㉯ 학년군 및 교과(군)별 시간 배당은 연간 34주를 기준으로 한 2년간의 기준 수업 시수를 나타낸 것이다.

㉰ 학년군별 총 수업시간 수는 최소 수업 시수를 나타낸 것이다.

㉱ 실과의 수업시간은 5~6학년 과학/실과의 수업 시수에만 포함된 것이다.

③ 교육과정 편성 · 운영 기준

㉮ 학교는 모든 교육활동을 통해 학생의 기본생활습관, 기초학습 능력, 바른 인성을 함양할 수 있도록 교육과정을 편성 · 운영한다.

㉯ 학교는 학년군별로 이수해야 할 교과를 학년별, 학기별로 편성하여 학생과 학부모에게 안내한다.

㉰ 학교는 각 교과의 기초적, 기본적 요소들이 체계적으로 학습되도록 교육과정을 편성 · 운영한다. 특히 국어 사용 능력과 수리 능력의 기초가 부족한 학생들을 대상으로 기초학습 능력 향상을 위한 별도의 프로그램을 편성 · 운영할 수 있다.

㉱ 학교는 학교의 특성, 학생 · 교사 · 학부모의 요구 및 필요에 따라 교과(군)별 20% 범위 내에서 시수를 증감하여 편성 · 운영할 수 있다. 단, 체육, 예술(음악/미술) 교과는 기준 수업 시수를 감축하여 편성 · 운영할 수 없다.

㉲ 학교는 교육의 효과를 높이기 위하여 필요한 경우 학년별, 학기별로 교과 집중 이수를 실시할 수 있다.

㉳ 전입 학생이 특정 교과를 이수하지 못할 경우, 교육청과 학교에서는 보충 학습 과정 등을 통해 학습 결손이 발생하지 않도록 한다.

㉴ 학년을 달리하는 학생을 대상으로 복식 학급을 편성 · 운영하는 경우에는 교육내용의 학년별 순서를 조정하거나 공통 주제를 중심으로 교재를 재구성하여 활용할 수 있다.

㈀ 학교는 창의적 체험활동의 영역을 학생들의 발달 수준, 학교의 여건 등을 고려하여 학년(군)별로 선택적으로 편성 · 운영할 수 있다.

㉶ 학교는 1학년 학생들의 입학 초기 적응 교육을 위해 창의적 체험활동의 시간을 활용하여 자율적으로 입학 초기 적응 프로그램 등을 편성·운영할 수 있다.

㉷ 정보통신 활용 교육, 보건 교육, 한자 교육 등은 관련 교과(군)와 창의적 체험활동 시간을 활용하여 체계적인 지도가 이루어질 수 있도록 한다.

다. 중학교

① 편제

㉮ 중학교 교육과정은 교과(군)와 창의적 체험활동으로 편성한다.

㉯ 교과(군)는 국어, 사회(역사 포함)/도덕, 수학, 과학/기술 · 가정/정보, 체육, 예술(음악/미술), 영어, 선택으로 한다.

㉰ 선택교과는 한문, 환경, 생활 외국어(독일어, 프랑스어, 스페인어, 중국어, 일본어, 러시아어, 아랍어, 베트남어), 보건, 진로와 직업 등의 과목으로 한다.

㉱ 창의적 체험활동은 자율 활동, 동아리 활동, 봉사활동, 진로 활동으로 한다.

② 시간 배당 기준

구분		1~3학년
교과(군)	국어	442
	사회(역사 포함)/도덕	510
	수학	374
	과학/기술 · 가정/정보	680
	체육	272
	예술(음악/미술)	272
	영어	340

구분		1~3학년
	선택	170
	소계	3.060
창의적 체험활동		306
총 수업 시간 수		3,366

㉮ 이 표에서 1시간 수업은 45분을 원칙으로 하되, 기후 및 계절, 학생의 발달 정도, 학습 내용의 성격, 학교 실정 등을 고려하여 탄력적으로 편성·운영할 수 있다.

㉯ 학년군 및 교과(군)별 시간 배당은 연간 34주를 기준으로 한 3년간의 기준 수업 시수를 나타낸 것이다.

㉰ 총 수업시간 수는 3년간의 최소 수업 시수를 나타낸 것이다.

㉱ 정보 과목은 34시간을 기준으로 편성·운영한다.

③ 교육과정 편성·운영 기준

㉮ 학교는 3년간 이수해야 할 교과목을 학년별, 학기별로 편성하여 학생과 학부모에게 안내한다.

㉯ 교과(군)의 이수 시기와 그에 따른 수업 시수는 학교가 자율적으로 결정할 수 있다.

㉰ 학교는 학교의 특성, 학생·교사·학부모의 요구 및 필요에 따라 자율적으로 교과(군)별 20% 범위 내에서 시수를 증감하여 편성·운영할 수 있다. 단, 체육, 예술(음악/미술) 교과는 기준 수업 시수를 감축하여 편성·운영할 수 없다.

㉱ 학교는 학습 부담을 적정화하고 의미 있는 학습활동이 이루어질 수 있도록 학기당 이수 교과목 수를 8개 이내로 편성한다. 단, 체육, 예술(음악/미술) 교과는 이수 교과목 수 제한에서 제외하여 편성할 수 있다.

㉲ 전입 학생이 특정 교과목을 이수하지 못할 경우, 교육청과 학교에서는 보충 학습과정 등을 통해 학습 결손이 발생하지 않도록 한다.

㉥ 학교가 선택과목을 개설할 경우, 2개 이상의 과목을 개설함으로써 학생의 선택권이 보장되도록 한다.

㉦ 학교는 필요한 경우 새로운 선택과목을 개설할 수 있다. 이 경우 시・도 교육청이 정하는 지침에 따라 사전에 필요한 절차를 거쳐야 한다.

㉧ 학교는 창의적 체험활동의 영역을 학생들의 발달 수준, 학교의 여건 등을 고려하여 자율적으로 편성・운영한다. 창의적 체험활동은 학교스포츠클럽 활동 및 자유학기에 이루어지는 다양한 활동들과 연계하여 운영할 수 있다.

㉨ 학교는 학생들이 자신의 적성과 미래에 대해 탐색하고, 학습의 즐거움을 경험하여 스스로 공부하는 자기주도적 학습 능력과 태도를 기를 수 있도록 자유학기를 운영한다.

- 중학교 과정 중 한 학기는 자유학기로 운영한다.
- 자유학기에는 해당 학기의 교과 및 창의적 체험활동을 자유학기의 취지에 부합하도록 편성・운영한다.
- 자유학기에는 지역사회와 연계하여 진로 탐색 활동, 주제 선택 활동, 동아리 활동, 예술・체육 활동 등 다양한 체험 중심의 자유학기 활동을 운영한다.
- 자유학기에는 협동 학습, 토의・토론 학습, 프로젝트 학습 등 학생 참여형 수업을 강화한다.
- 자유학기에는 중간・기말고사 등 일제식 지필 평가는 실시하지 않으며, 학생의 학습과 성장을 지원하는 과정 중심의 평가를 실시한다.
- 자유학기에는 학교 내외의 다양한 자원을 활용하여 진로 탐색 및 설계를 지원한다.
- 학교는 자유학기의 운영 취지가 타 학기・학년에도 연계될 수 있도록 노력한다.

㉩ 학교는 학생들의 심신을 건강하게 발달시키고 정서를 함양하기 위해 '학교스포츠클럽 활동'을 편성・운영한다.

- 학교스포츠클럽 활동은 창의적 체험활동의 동아리 활동으로 편성한다.
- 학교스포츠클럽 활동은 학년별 연간 34~68시간(총 136시간) 운영하며, 매

학기 편성하도록 한다. 학교 여건에 따라 연간 68시간 운영하는 학년에서는 34시간 범위 내에서 학교스포츠클럽 활동을 체육으로 대체할 수 있다.

- 학교스포츠클럽 활동의 시간은 교과(군)별 시수의 20% 범위 내에서 감축하거나, 창의적 체험활동 시수를 순증하여 확보한다. 다만, 여건이 어려운 학교의 경우 68시간 범위 내에서 기존 창의적 체험활동 시간을 활용하여 확보할 수 있다.
- 학교스포츠클럽 활동의 종목과 내용은 학생들의 희망을 반영하여 학교가 정하되, 다양한 종목을 개설함으로써 학생들의 선택권이 보장되도록 한다.

라. 고등학교

① 편제

㉮ 고등학교 교육과정은 교과(군)와 창의적 체험활동으로 편성한다.

㉯ 교과는 보통 교과와 전문 교과로 한다.

㉮ 보통 교과

- 보통 교과의 영역은 기초, 탐구, 체육 · 예술, 생활 · 교양으로 구성하며, 교과(군)는 국어, 수학, 영어, 한국사, 사회(역사/도덕 포함), 과학, 체육, 예술, 기술 · 가정/제2외국어/한문/교양으로 한다.
- 보통 교과는 공통과목과 선택과목으로 구분한다. 공통과목은 국어, 수학, 영어, 한국사, 통합사회, 통합과학(과학탐구실험 포함)으로 하며, 선택과목은 일반 선택과목과 진로 선택과목으로 구분한다.

㉯ 전문 교과

- 전문 교과는 전문 교과Ⅰ과 전문 교과Ⅱ로 구분한다.
- 전문 교과Ⅰ은 과학, 체육, 예술, 외국어, 국제 계열에 관한 과목으로 한다.
- 전문 교과Ⅱ는 국가직무능력표준에 따라 경영 · 금융, 보건 · 복지, 디자인 · 문

화콘텐츠, 미용·관광·레저, 음식 조리, 건설, 기계, 재료, 화학 공업, 섬유·의류, 전기·전자, 정보·통신, 식품 가공, 인쇄·출판·공예, 환경·안전, 농림·수산해양, 선박 운항 등에 관한 과목으로 한다. 전문 교과II의 과목은 전문 공통과목, 기초 과목, 실무 과목으로 구분한다.

- 창의적 체험활동은 자율 활동, 동아리 활동, 봉사활동, 진로 활동으로 한다.

② 단위 배당 기준

㉮ 일반고등학교(자율고등학교 포함)와 특수목적 고등학교(산업수요 맞춤형 고등학교 제외)

	교과 영역	교과(군)	공통 과목(단위)	필수 이수 단위	자율 편성 단위
교과(군)	기초	국어	국어(8)	10	학생의 적성과 진로를 고려하여 편성
		수학	수학(8)	10	
		영어	영어(8)	10	
		한국사	한국사(6)	6	
	탐구	사회(역사/도덕 포함	통합사회(8)	10	
		과학	통합과학(8) 과학탐구실험(2)	12	
	체육·예술	체육		10	
		예술		10	
	생활·교양	기술·가정/제2 외국어/한문.교양		16	
	소계			94	86
창의적 체험활동				24(408시간)	
총 이수 단위				204	

㉠ 1단위는 50분을 기준으로 하여 17회를 이수하는 수업량이다.

㉡ 1시간의 수업은 50분을 원칙으로 하되, 기후 및 계절, 학생의 발달 정도, 학습 내용의 성격, 학교 실정 등을 고려하여 탄력적으로 편성·운영할 수 있다.

㉢ 공통과목은 2단위 범위 내에서 감하여 편성·운영할 수 있다. 단, 한국사는 6단위 이상 이수하되 2개 학기 이상 편성하도록 한다.

㉣ 과학탐구 실험은 이수 단위 증감 없이 편성·운영하는 것을 원칙으로 하되, 과학 계열, 체육 계열, 예술 계열 고등학교의 경우 학교 실정에 따라 탄력적으로 운영할 수 있다.

㉤ 필수 이수 단위의 단위 수는 해당 교과(군)의 '최소 이수 단위'로 공통과목 단위 수를 포함한다. 특수목적 고등학교와 자율형 사립 고등학교의 경우 예술 교과(군)는 5단위 이상, 생활·교양 영역은 12단위 이상 이수할 것을 권장한다.

㉥ 기초 교과 영역 이수 단위 총합은 교과 총 이수 단위의 50%를 초과하지 않도록 한다.

㉦ 창의적 체험활동의 단위는 최소 이수 단위이며 ( )안의 숫자는 이수 단위를 이수시간 수로 환산한 것이다.

㉧ 총 이수 단위 수는 고등학교 3년간 이수해야 할 '최소 이수 단위'를 의미한다.

㉯ 특성화고등학교와 산업수요 맞춤형 고등학교

		교과 영역	교과(군)	공통 과목(단위)	필수 이수 단위	자율 편성 단위
교과(군)		기초	국어	국어(8)	24	학생의 적성과 진로를 고려하여 편성
			수학	수학(8)		
			영어	영어(8)		
			한국사	한국사(6)	6	
		탐구	사회(역사/도덕 포함	통합사회(8)	12	
			과학	통합과학(8)		

		교과 영역	교과(군)	공통 과목(단위)	필수 이수 단위	자율 편성 단위
		체육·예술	체육		8	
			예술		6	
		생활·교양	기술·가정/제2외국어/한문.교양		10	
		소계			66	28
	전문 교과 II	17개 교과(군) 등			86	
창의적 체험활동					24(408시간)	
총 이수 단위					204	

㉠ 1단위는 50분을 기준으로 하여 17회를 이수하는 수업량이다.

㉡ 1시간의 수업은 50분을 원칙으로 하되, 기후 및 계절, 학생의 발달 정도, 학습 내용의 성격 등과 학교 실정 등을 고려하여 탄력적으로 편성·운영할 수 있다.

㉢ 공통과목은 2단위 범위 내에서 감하여 편성·운영할 수 있다. 단, 한국사는 6단위 이상 이수하되 2개 학기 이상 편성하도록 한다.

㉣ 필수 이수 단위의 단위 수는 해당 교과(군)의 '최소 이수 단위'를 의미한다.

㉤ 창의적 체험활동의 단위는 최소 이수 단위이며 ( )안의 숫자는 이수 단위를 이수시간 수로 환산한 것이다.

㉥ 총 이수 단위 수는 고등학교 3년간 이수해야 할 '최소 이수 단위'를 의미한다.

③ 교육과정 편성·운영 기준

㉮ 공통 사항

㉠ 고등학교 교육과정의 총 이수 단위는 204단위이며 교과(군) 180단위, 창의적 체험활동 24단위(408시간)로 나누어 편성한다.

㉡ 학교는 3년간 이수해야 할 과목을 학년별, 학기별로 편성하여 학생과 학부모에게 안내하도록 한다.

㉢ 학교는 학습 부담을 적정화하고 의미 있는 학습활동이 이루어질 수 있도록 학기당 이수 과목 수를 8개 이내로 편성한다. 단, 과학탐구 실험, 체육·예술·교양 교과목, 진로 선택과목, 실기·실습 과목은 이수 과목 수 제한에서 제외하여 편성·운영할 수 있다.

㉣ 과목의 이수 시기와 단위는 학교에서 자율적으로 편성·운영할 수 있다. 단, 공통과목은 해당 교과(군)의 선택과목 이수 전에 편성·운영하는 것을 원칙으로 한다.

㉤ 선택과목 중에서 위계성을 갖는 과목의 경우, 계열적 학습이 가능하도록 편성한다. 단, 학교의 실정 및 학생의 요구, 과목의 성격에 따라 탄력적으로 편성·운영할 수 있다.

㉥ 학교는 일정 규모 이상의 학생이 이 교육과정에 제시된 선택과목의 개설을 요청할 경우 해당 과목을 개설해야 한다. 이 경우 시·도 교육청이 정하는 지침에 따른다.

㉦ 학교에서 개설하지 않은 선택과목 이수를 희망하는 학생이 있을 경우 그 과목을 개설한 다른 학교에서의 이수를 인정한다.

㉧ 학교는 필요에 따라 이 교육과정에 제시되어 있는 과목 외에 새로운 과목을 개설할 수 있다. 이 경우 시·도 교육청이 정하는 지침에 따라 사전에 필요한 절차를 거쳐야 한다.

㉨ 학교 및 학생의 필요에 따라 지역사회의 학습장에서 이루어진 학습을 이수 과목으로 인정할 수 있다. 이 경우 시·도 교육청이 정하는 지침에 따른다.

㉩ 학교는 필요에 따라 대학과목 선이수제의 과목을 개설할 수 있고, 국제적으로 공인된 교육과정이나 과목을 개설할 수 있다. 이 경우 시·도 교육청이 정하는 지침에 따른다.

㉪ 학교는 필요에 따라 교과의 총 이수 단위를 증배 운영할 수 있다. 단, 특수목적 고등학교와 특성화고등학교는 전문 교과의 과목에 한하여 증배 운영할

수 있다.

ⓔ 학교는 창의적 체험활동의 영역을 학생들의 발달 수준, 학교의 여건 등을 고려하여 자율적으로 편성·운영하고, 학생의 진로와 연계하여 다양한 활동이 이루어질 수 있도록 한다.

ⓕ 학교는 학생이 자신의 진로에 적합한 과목을 체계적으로 이수할 수 있도록 진로지도와 연계하여 선택과목 이수에 대한 정보를 적극적으로 안내한다.

㉯ 일반고등학교(자율고등학교 포함)

㉠ 교과(군)의 총 이수 단위 180단위 중 필수 이수 단위는 94단위 이상으로 한다.

㉡ 학교는 교육과정을 보통 교과 중심으로 편성하되, 필요에 따라 전문 교과의 과목을 개설할 수 있다.

㉢ 학교는 학생이 이수하기를 희망하는 일반 선택과목을 개설하도록 노력해야 하며, 모든 학생이 보통 교과의 진로 선택과목에서 3개 과목 이상을 이수할 수 있도록 한다.

㉣ 학교가 제2외국어 과목을 개설할 경우, 2개 이상의 과목을 동시에 개설하도록 노력해야 한다.

㉤ 특정 교과를 중심으로 중점 학교를 운영할 수 있으며, 이 경우 자율 편성 단위의 50% 이상을 해당 교과목으로 편성할 수 있다.

㉥ 체육, 음악, 미술 등의 과정을 개설하는 학교의 경우, 필요에 따라 지역 내 중점 학교 및 지역사회 학습장 등을 활용할 수 있다.

㉦ 학교는 직업에 관한 과정을 운영할 수 있으며, 이 경우 시·도 교육청이 정하는 지침에 따른다.

㉰ 특수목적 고등학교(산업수요 맞춤형 고등학교 제외)

㉠ 특수목적 고등학교는 교과(군)의 총 이수 단위 180단위 중 보통 교과는 85단위 이상 편성하며, 전공 관련 전문 교과Ⅰ을 72단위 이상 편성한다.

㉡ 보통 교과의 선택과목은 이와 내용이 유사하거나 관련되는 전문 교과Ⅰ의 과

목으로 대체하여 편성·운영할 수 있다.

㉢ 외국어 계열 고등학교에서는 전문 교과Ⅰ의 총 이수 단위의 60% 이상을 전공 외국어로 하고, 전공 외국어를 포함한 2개 외국어로 전문 교과Ⅰ의 과목을 편성해야 한다.

㉣ 국제 계열 고등학교는 전문 교과Ⅰ의 국제 계열 과목과 외국어 계열 과목을 72단위 이상 이수하되, 국제 계열 과목을 50% 이상 편성한다.

㉤ 이 교육과정에 명시되지 않은 계열의 교육과정은 유사 계열의 교육과정에 준한다. 부득이 새로운 계열의 설치 및 그에 따른 교육과정을 편성할 경우와 학교의 실정에 따라 새로운 과목을 편성하여 운영하고자 할 경우에는 시·도 교육청이 정하는 지침에 따라 사전에 필요한 절차를 거쳐야 한다.

㉱ 특성화고등학교와 산업수요 맞춤형 고등학교

㉠ 학교는 산업수요와 직업의 변화를 고려하여 학과를 개설하고, 학과별 인력 양성 유형, 학생의 취업 역량과 경력 개발 등을 고려하여 교육과정을 편성·운영한다.

- 학교는 교과(군)의 총 이수 단위 180단위 중 보통 교과를 66단위 이상, 전문 교과Ⅱ를 86단위 이상 편성한다.
- 학교는 두 개 이상의 교과(군)의 과목을 선택하여 전문 교과Ⅱ를 편성·운영할 수 있다.
- 실무과목을 편성할 경우, 해당 과목의 내용 영역(능력단위)을 기준으로 학년별, 학기별 운영 계획을 수립해야 한다.
- 실무과목은 국가직무능력표준의 성취기준에 적합하게 교수·학습이 이루어지도록 한다.

㉡ 학과는 필요한 경우 세부 전공 또는 자격 취득 과정을 개설할 수 있으며, 세부 전공 또는 자격 취득 과정별로 전문 교과를 편성할 수 있다.

㉢ 전문 교과Ⅱ의 기초가 되는 과목을 선택하여 이수할 경우, 이를 관련되는 보통 교과의 선택과목 이수로 간주할 수 있다.

㉣ 내용이 유사하거나 관련되는 보통 교과의 선택과목과 전문 교과Ⅰ의 과목을 전문 교과Ⅱ의 과목으로 교체하여 편성·운영할 수 있다.

㉤ 보통 교과의 진로 선택과목 중 실용 국어, 실용 수학, 실용 영어는 해당 교과(군)의 공통과목 이수 전에 편성·운영할 수 있다.

㉥ 학교는 산업계의 수요 등을 고려하여 전문 교과Ⅱ의 교과 내용에 주제나 내용 요소를 추가하여 구성할 수 있다. 단, 실무 과목의 경우에는 국가직무능력표준에 기반해야 하며 필요에 따라 내용 영역(능력단위) 중 일부를 선택하여 운영할 수 있다.

㉦ 다양한 직업적 체험과 현장 적응력 제고 등을 위해 학교에서 배운 지식과 기술을 경험하고 적용하는 현장실습을 교육과정에 포함하여 운영해야 한다.

- 현장실습은 교육과정과 관련된 직무를 경험할 수 있도록 운영하며, 학교와 산업계가 프로그램을 공동으로 개발하고 실습의 과정과 결과를 평가하도록 한다.
- 현장실습은 지역사회 유관 기관들과 연계하여 다양한 형태로 운영할 수 있으며, 이와 관련된 구체적인 사항은 시·도 교육청이 정한 지침에 따른다.

㉧ 학교는 실습 관련 과목을 지도할 경우 사전에 수업 내용과 관련된 산업 안전보건 등에 대한 교육을 실시해야 하고, 안전 장구 착용 등 안전 조치를 취한다.

㉨ 창의적 체험활동은 학생의 진로 및 경력 개발, 인성 계발, 취업 역량 제고 등을 목적으로 프로그램을 운영할 수 있다.

㉩ 이 교육과정에 명시되지 않은 교과(군)의 교육과정은 유사한 교과(군)의 교육과정에 준한다. 부득이 새로운 교과(군)의 설치 및 그에 따른 교육과정을 편성·운영하고자 할 경우, 시·도 교육청이 정하는 지침에 따라 사전에 필요한 절차를 거쳐야 한다.

㉪ 학교가 필요에 따라 이 교육과정에 명시되지 않은 새로운 실무 과목을 개설하여 운영할 경우 국가직무능력표준에 기반해야 하며, 시·도교육청이 정하는 지침에 따라 사전에 필요한 절차를 거쳐야 한다.

㉫ 산업수요 맞춤형 고등학교는 산업계의 수요와 직접 연계된 맞춤형 교육과정

을 운영하며, 산업계의 수요를 교육에 반영하기 위하여 필요한 경우 이 교육과정과 다르게 자율적으로 교육과정을 편성·운영할 수 있다.

ⓟ 특성화고등학교와 산업수요 맞춤형 고등학교 외의 학교에서 직업교육 관련 학과를 설치·운영할 경우, 특성화고등학교와 산업수요 맞춤형 고등학교의 편성·운영 기준에 따른다.

㉤ 특수한 학교에서의 교육과정 편성·운영

㉠ 초·중·고등학교에 준하는 학교의 교육과정은 이 교육과정에 따라서 편성·운영한다.

㉡ 국가가 설립 운영하는 학교의 교육과정은 해당 시·도 교육청의 편성·운영 지침을 참고하여 학교장이 편성한다.

㉢ 공민학교, 고등공민학교, 고등기술학교, 근로 청소년을 위한 특별 학급 및 산업체 부설 학교, 기타 특수한 학교는 이 교육과정을 바탕으로 학교의 실정과 학생의 특성에 알맞은 학교 교육과정을 편성하고, 시·도 교육감의 승인을 얻어 운영한다.

㉣ 야간 수업을 하는 학교의 교육과정은 이 교육과정을 따르되, 다만 1시간의 수업을 40분으로 단축하여 운영할 수 있다.

㉤ 방송통신중학교 및 방송통신고등학교는 이 교육과정에 제시된 중학교 및 고등학교 교육과정을 따르되, 시·도 교육감의 승인을 얻어 이 교육과정의 편제와 시간·단위 배당 기준을 다음과 같이 조정하여 운영할 수 있다.

㉥ 편제와 시간·단위 배당 기준은 중학교 및 고등학교 교육과정에 준하되, 중학교는 2,652시간 이상, 고등학교는 162단위 이상 이수하도록 한다.

㉦ 학교 출석 수업 일수는 연간 20일 이상으로 한다.

㉧ 특성화학교, 자율학교, 재외한국학교 등 법령에 따라 교육과정 편성·운영의 자율성이 부여되는 학교의 경우에는 학교의 설립 목적 및 특성에 따른 교육이 가능하도록 교육과정 편성·운영의 자율권을 부여하고, 이와 관련한 구체적인 사항은 시·도 교육청(재외한국학교의 경우 교육부)의 지침에 따른다.

㉲ 교육과정의 연구 등을 위해 새로운 방식으로 교육과정을 편성·운영하고자 하는 학교는 교육부장관의 승인을 받아 이 교육과정의 기준과는 다르게 학교 교육과정을 편성·운영할 수 있다.

마. 2015년 개정 교육과정의 학교 교육과정 편성·운영

① 기본 사항

㉮ 학교는 이 교육과정을 바탕으로 학교 실정에 알맞은 학교 교육과정을 편성 운영한다.

㉯ 학교는 학교 교육과정 편성·운영 계획을 바탕으로 학년(군)별 교육과정 및 교과(목)별 교육과정을 편성할 수 있다.

㉰ 학교 교육과정은 모든 교원이 전문성을 발휘하여 참여하는 민주적인 절차와 과정을 거쳐 편성한다.

㉱ 교육과정의 합리적 편성과 효율적 운영을 위해 교원, 교육과정 전문가, 학부모 등이 참여하는 학교 교육과정 위원회를 구성하여 운영하며, 이 위원회는 학교장의 교육과정 운영 및 의사 결정에 관한 자문의 역할을 담당한다. 단, 특성화고등학교와 산업수요 맞춤형 고등학교의 경우에는 산업계 인사가 참여할 수 있고, 통합교육이 이루어지는 학교의 경우에는 특수교사가 참여할 것을 권장한다.

㉲ 학교 교육과정을 편성·운영할 때에는 교원의 조직, 학생의 실태, 학부모의 요구, 지역사회의 실정 및 교육 시설·설비 등 교육 여건과 환경을 충분히 반영하도록 노력한다.

㉳ 교과와 창의적 체험활동의 내용 배열은 반드시 학습의 순서를 의미하는 것은 아니므로, 지역의 특수성, 계절 및 학교의 실정과 학생의 요구, 교사의 필요에 따라 각 교과목의 학년군별 목표 달성을 위한 지도내용의 순서와 비중, 방법 등을 조정하여 운영할 수 있다.

㉴ 학교는 교과와 창의적 체험활동의 효율적인 운영을 위하여 지역사회의 인적,

물적 자원을 계획적으로 활용한다.

㉧ 학교는 학생의 요구, 학교의 실정 및 특색 등을 종합적으로 고려하여 창의적 체험활동의 영역, 활동, 시간 등을 자율적으로 편성·운영할 수 있다.

㉨ 학교는 창의적 체험활동이 실질적 체험학습이 되도록 지역사회의 유관 기관과 연계·협력하여 프로그램을 운영할 수 있다.

㉩ 학교는 학생과 학부모의 요구를 바탕으로 방과후학교 또는 방학 중 프로그램을 개설할 수 있으며, 학생들의 자발적인 참여를 원칙으로 한다.

㉪ 학교는 가정 및 지역과 연계하여 학생이 건전한 생활 태도와 행동 양식을 가지고 학습에 임할 수 있도록 지도한다.

㉫ 학교는 동학년 모임, 교과별 모임, 현장 연구, 자체 연수 등을 통해서 교사들의 교육활동 개선이 이루어지도록 한다.

㉬ 학교는 학교 교육과정 편성·운영의 적절성과 효과성 등을 자체 평가하여 문제점과 개선점을 추출하고, 다음 학년도의 교육과정 편성·운영에 그 결과를 반영한다.

② 교수·학습

㉮ 학교는 교과목별 성취기준에 따라 다음과 같은 사항에 중점을 두고 교수·학습이 이루어지도록 한다.

㉠ 교과의 학습은 단편적 지식의 암기를 지양하고 핵심 개념과 일반화된 지식의 심층적 이해에 중점을 둔다.

㉡ 각 교과의 핵심 개념과 일반화된 지식 및 기능이 학생의 발달 단계에 따라 그 폭과 깊이를 심화할 수 있도록 수업을 체계적으로 설계한다.

㉢ 학생의 융합적 사고를 기를 수 있도록 교과 내, 교과 간 내용 연계성을 고려하여 지도한다.

㉣ 실험, 관찰, 조사, 실측, 수집, 노작, 견학 등의 직접 체험활동이 충분히 이루어지도록 한다.

㉤ 개별 학습활동과 함께 소집단 공동 학습활동을 통하여 협력적으로 문제를

해결하는 협동학습 경험을 충분히 제공한다.

ⓑ 학생이 능동적으로 수업에 참여하고 자신의 생각을 표현하는 기회를 가질 수 있도록 토의·토론 학습을 활성화한다.

ⓢ 학생에게 학습 내용을 실제적 맥락 속에서 적용하고 활용할 수 있는 기회를 충분히 제공한다.

ⓞ 학생이 스스로 자신의 학습 과정과 학습 전략을 점검하고 개선하며 자기 주도적으로 학습할 수 있도록 지도한다.

㉯ 학교는 효과적인 교수·학습 환경 설계를 위해 다음과 같은 사항에 중점을 둔다.

㉠ 교사와 학생 간, 학생과 학생 간 상호 신뢰와 협력이 가능한 교수·학습 환경을 제공한다.

㉡ 학생의 능력, 적성, 진로를 고려하여 교육 내용과 방법을 다양화하고, 학교의 여건과 학생의 특성에 따라 다양한 학습 집단을 구성하여 학생 맞춤형 수업을 하도록 한다.

㉢ 학교는 학습 결손을 보충할 수 있도록 특별 보충 수업을 운영할 수 있으며, 이에 대한 제반 운영 사항은 학교가 자율적으로 결정한다.

㉣ 각 교과의 특성에 맞는 다양한 학습이 이루어질 수 있도록 교과 교실제 운영을 활성화한다.

㉤ 학교는 교과용 도서 이외에 교육청이나 학교에서 개발한 다양한 교수·학습자료를 활용할 수 있다.

㉥ 실험 실습 및 실기 지도 과정에서 학생의 안전사고를 예방하기 위해 시설 및 기계 기구, 약품, 용구 사용의 안전에 만전을 기한다.

③ 평가

㉮ 평가는 학생의 교육목표 도달도를 확인하고 교수·학습의 질을 개선하는 데에 주안점을 둔다.

㉠ 학교는 학생에게 평가 결과에 대한 적절한 정보 제공과 추수 지도를 통해

학생이 자신의 학습을 지속적으로 성찰하고 개선할 수 있도록 지도한다.

㉡ 학생 평가 결과를 활용하여 수업의 질을 지속적으로 개선한다.

㉯ 학교와 교사는 성취기준에 근거하여 학교에서 중요하게 지도한 내용과 기능을 평가하며 교수・학습과 평가 활동이 일관성 있게 이루어지도록 한다.

㉠ 학생에게 배울 기회를 주지 않은 내용과 기능은 평가하지 않도록 한다.

㉡ 학습의 결과뿐만 아니라 학습의 과정을 평가하여 모든 학생이 교육목표에 성공적으로 도달할 수 있도록 한다.

㉢ 학교는 학생의 인지적 능력과 정의적 능력에 대한 평가가 균형 있게 이루어 질 수 있도록 한다.

㉰ 학교는 교과의 성격과 특성에 적합한 평가 방법을 활용한다.

㉠ 서술형과 논술형 평가 및 수행평가의 비중을 확대한다.

㉡ 정의적, 기능적, 창의적인 면이 특히 중시되는 교과는 타당한 평정 기준과 척도에 따라 평가를 실시한다.

㉢ 실험・실습의 평가는 교과목의 성격을 고려하여 합리적인 세부 평가기준을 마련하여 실시한다.

㉣ 창의적 체험활동은 내용과 특성을 고려하여 평가의 주안점을 학교에서 결정하여 평가한다.

㉤ 전문교과Ⅱ의 실무 과목은 성취 평가제와 연계하여 내용 요소를 구성하는 '능력단위' 기준으로 평가할 수 있다.

④ 모든 학생을 위한 교육기회의 제공

㉮ 교육활동 전반을 통하여 남녀의 역할, 학력과 직업, 종교, 이전 거주지, 인종, 민족 등에 관한 편견을 가지지 않도록 지도한다.

㉯ 학습 부진 학생, 장애를 가진 학생, 특정 분야에서 탁월한 재능을 보이는 학생, 귀국 학생, 다문화 가정 학생 등이 학교에서 충실한 학습경험을 누릴 수 있도록 필요한 지원을 한다.

㉰ 특수교육 대상 학생을 위해 특수학급을 설치・운영하는 경우, 학생의 장애

특성 및 정도를 고려하여 이 교육과정을 조정하여 운영하거나 특수교육 교육과정 및 교수·학습 자료를 활용할 수 있다.

㉣ 다문화 가정 학생을 위한 특별 학급을 설치·운영하는 경우, 다문화 가정 학생의 한국어 능력을 고려하여 이 교육과정을 조정하여 운영하거나, 한국어 교육과정 및 교수·학습 자료를 활용할 수 있다. 한국어 교육과정은 학교의 특성, 학생·교사·학부모의 요구 및 필요에 따라 주당 10시간 내외에서 운영할 수 있다.

㉤ 학교가 종교 과목을 개설할 때에는 종교 이외의 과목을 포함, 복수로 과목을 편성하여 학생에게 선택의 기회를 주어야 한다. 다만, 학생의 학교 선택권이 허용되는 종립 학교의 경우 학생·학부모의 동의를 얻어 단수로 개설할 수 있다.

제11장

교육제도에 따른 교육과정의 변화

1. 2022년 개정 교육과정(2022. 12.~)

2022년 개정 교육과정은 2022년.12.22 교육부 확정 고시 제2022-33호로 고시된 교육과정으로 적용 시점은 2024년에 초등 1, 2학년 2025년에 중고등학교이다. 2022년 개정 교육과정을 개정하게 된 주요 배경은 인공지능 기술 발전에 따른 디지털 전환, 감염병 대유행 및 기후·생태환경 변화, 인구 구조 변화 등에 의한 사회의 불확실성이 증가, 사회의 복잡성과 다양성이 확대되고 사회적 문제를 해결하기 위한 협력의 필요성이 증가함에 의한 상호 존중과 공동체 의식 함양의 필요, 학생 개개인의 특성과 진로에 맞는 학습을 지원해 주는 맞춤형 교육에 대한 요구가 증가, 교육과정 의사결정 과정에 다양한 교육 주체들의 참여 확대와 교육과정 자율화 및 분권화를 활성화해야 한다는 요구 증가에 있었다. 2022년 개정 교육과정은 이러한 정보통신기술의 발달과 융합으로 4차산업 도래, 인구의 급감, 기후 환경 변화 등 복잡하고 불확실하며 예측하기 어려운 다양한 변화에 빠르게 대응할 수 있도록 교육 혁신의 필요성 제기로 기존 교육과정의 발전 방향을 계승하면서 새롭게 개발되었다(교육부, 2023).

2015년 개정 교육과정이 도입되었던 개정 연구위원회는 개정 추진위원회로 변경되어 명칭상 역할이 연구에서 추진으로 강화되었다. 개정 추진위원회는 상시협의체 조직으로서 교육과정 개정 관련 논의와 의사결정을 주도하는 역할을 담당하였다(교육부, 2022). 정책연구, 정책자문회의, 각론조정위원회 등은 이전 교육과정 개정부터 유지되었던 요소들이었고, 2022년 개정 교육과정의 인적 구성이 이전 10명에서 21명으로 확대되었다. 참여자는 학자와 연구자 중심에서 탈피하여 교사, 학부모를 포함한 민·관·학 전문가로 다양화되었다(교육부, 2021). 현장 교원들의 의견을 반영하기 위해서 정책 연구진 중 현장 교원 비율을 2015년 개정 교육과정의 40%에서 50% 이상으로 구성하였다(교육부, 2022).

2022년 개정 교육과정은 개정 초기부터 협력적 거버넌스 표현을 사용하며 국민과 함께 하는 교육과정 개발을 표방했다. 이에 이전 기존 교육과정은 국가 차원에서 각 분야의 전문가를 중심으로 개발되었으나 2022년 개정 교육과정에서는 각 분야의 전문가들, 현장의 학생, 학부모, 교사 등 국민 참여를 통한 국가 교육과정으로 개정하였다. 국가 교육위원회법에서는 이러한 제정 이유에 대해서 소수의 교육전문가와 관료 중심의 하향식 정책 결정 방식으로는 사회적 갈등을 해소하는 데 한계가 있고, 사회적 합의를 통해 안정적인 교육정책을 추진해 나가야 한다고 강조하였다.

2022년 개정 교육과정의 주요 내용은 미래변화를 능동적으로 준비할 수 있도록 역량 및 기초소양 함양의 교육 강화, 학생의 자기주도성, 창의력과 인성을 키워주는 개별 맞춤형 교육 강화, 학교 현장의 자율적인 혁신 지원 및 유연한 교육과정으로의 개선, 학생의 삶과 연계한 깊이 있는 학습을 위한 교과 교육과정 개발이다. 특히 2022년 개정 교육과정은 학습자와 학교의 여건 및 특성에 맞는 교육이 이루어지도록 다양한 교육 주체들 간 협조 체제를 구축하고 있다. 학교, 교사, 학부모, 시·도 교육청, 교육부 등 교육 주체들 간의 협조 체제 구축으로 학습자의 특성과 학교 여건에 적합한 학습이 이루어지도록 교육과정을 구성하였다.

2022년 개정 교육과정은 기존의 교육에 대한 이념과 인간상을 근본으로 미래 사회인 4차산업 시대에서 필수적으로 요구되는 주요 능력을 기르고, 창의적이고 주도적인 인재 성장에 초점을 맞추고 있다. 2022년 개정 교육과정은 포용성과 창의성을 갖춘 주도적인 사람이라는 인간상을 제시하여 핵심 역량을 함양하여 포용성과 창의성을 갖춘 주도적인 사람으로 성장하는데 중점을 두었다(교육부, 2022).

이를 토대로 전인적인 인간적 성장을 바탕으로 자아정체성을 확립하고 자신의 진로와 삶을 개척하는 자기주도적인 사람, 폭넓은 기초 지식과 능력의 바탕 위에 진취적 발상과 도전으로 새로운 가치를 창출하는 창의적인 사람, 문화적 소양과 다원적 가치에 대한 이해를 바탕으로 성숙한 인격을 도야하며 인류 문화를 향유하고 발전시키는 교양 있는 사람, 공동체 의식을 가지고 다양성에 대한 상호 이해와 존중을 바탕으로 세계와 소통하는 민주 시민으로서 배려와 나눔, 협력을 실천하는 더불어 사는 사람이라는 인간상으로 제시되었다.

2022년 개정 교육과정은 학생들이 자신의 진로와 학습을 주도적으로 설계하고, 적절한 시기에 학습할 수 있도록 학습자 맞춤형 교육과정 체제를 구축하도록 하였다(교육부, 2022). 이에 다양한 학생 참여형 수업을 활성화하고, 문제 해결 및 사고의 과정을 중시하는 평가를 통해 학습의 질을 개선하는 데 두었다(교육부, 2022). 또한 디지털 전환 교육과 기후·생태 환경 변화에 대한 교육을 강조하고 학생 개개인의 인격적 성장과 공동체 의식 함양을 할 수 있도록 하였다. 그리고 기초소양을 갖추어 학교교육과 평생학습에서 학습을 지속할 수 있게 하고 자신의 진로와 학습을 주도적으로 설계하고 학습자 맞춤형 교육과정 체제를 구축하도록 하였다. 교과 교육에서는 교과 간 연계와 통합, 학생의 삶과 연계된 학습, 학습에 대한 성찰을 강화하였고 참여형 수업 활성화와 과정중심 평가가 이루어지도록 구성하였다.

2022년 개정 교육과정은 학교 자율시간 도입, 인공지능·디지털 교육 강화, 고교학점제 등의 변화를 담고 있다. 2022년 개정 교육과정 구성의 중점은 불확실한 미래 사회에 대응하고, 삶과 학습에 있어 스스로 주도하는 능력을 강화하며, 공동체 의식과 인격적 성장을 촉진, 언어와 수리, 디지털 기초소양을 갖추어 학교교육과 평생학습에서 지속적인 학습이 가능하도록 지원한다.

2022년 12월 22일 공개된 2022년 개정 교육과정 총론 내 주요 사항은 4차 산업혁명과 학령인구 급감, 기후 위기, 코로나19 팬데믹 이후의 삶 등 10대 중장기적 국가 의제를 종합적으로 고려한 교육환경 혁신을 목표로 하고 있다. 2022년 개정 교육과정의 목표를 달성하기 위한 총론의 주요 개정 방향은 다음과 같다.

첫째, 미래 사회가 요구하는 역량 함양이 가능한 교육과정을 마련하였다. 이를 위해 삶과 연계한 깊이 있는 학습과 탐구 능력을 강조하고, 디지털 기초 소양과 생태 전환, 민주 시민 교육을 강화하였다. 또한 학습 부진 학생, 특수교육 대상 학생과 다문화 학생 등 다양한 특성을 가진 학생을 지원하는 모두를 위한 교육을 강화하였다.

둘째, 학습자의 삶과 성장을 지원하는 맞춤형 교육과정을 마련하였다. 이를 통해 학습자 주도성을 강화하고 진로 연계 교육과정 운영 및 고교학점제 등 모든 학생의 개발 성장 맞춤형 교육과정을 구현하도록 하였다.

셋째, 지역·학교 교육과정의 자율성을 확대하고 책임 교육을 구현하도록 하였다. 학교 자율시간을 도입하여 다양한 지역 연계 교육과정 운용이 가능하도록 선택과목을 개발하고 운영하도록 하였으며 교사의 교육과정 운영의 자율권을 확대하였다. 지역사회와 교육 공동체 간 상호 협조 체제 마련을 통해 지역·학교 간 교육 격차를 완화할 수 있도록 지원하였다.

넷째, 디지털·인공지능 교육환경에 맞는 교수·학습 평가 체제를 구축하였다. 실생활 맥락과 연계한 수업, 온·오프라인 연계 수업 및 평가, 창의력 및 비판적 사고력 함양을 위한 교수·학습 및 평가로의 개선을 추진하였다.

2022년 개정 교육과정은 학생들의 다양한 과목의 선택권을 확대하고, 학교의 유연한 교육과정의 편성 및 운영을 확보하며, 수업의 질을 높일 수 있도록 하였다. 2022년 개정 교육과정은 고교학점제 전면 도입과 병행되는 교육과정으로 학생들에게 다양한 과목 선택권을 부여하고, 흥미를 유발하고 진로에 대한 체계적인 학습을 가능하게 하는 시대적 흐름에 부합한 학생 중심 교육으로 구성하였다. 또한 학교, 교사 수준의 교육과정 편성 및 수업 구성의 자율성을 증가시켰다.

2022년 개정 교육과정에서는 개별 교과목의 내용 분량과 총 이수 학점은 2015년 개정 교육과정의 기조에 맞춰 감축하였다. 2022년 개정 교육과정에서는 과목의 구조를 개편하여 학기 단위로 과목을 이수할 수 있도록 교육과정을 편성 및 운영하도록 개선하였다. 2015년 개정 교육과정에서 사용되었던 단위라는 용어는 학점으로 변경되었다. 1단위 수업량 50분 기준으로 17회를 한 학기 동안 이수했던 것을 1학점 50분 기준으로 16회 이수하도록 하여 수업량을 줄이고 적정화를 이루게 하였다. 2022년 개정 교육과정은 2015년 개정 교육과정의 총 이수 단위인 204단위보다 12학점이 축소된 192학점으로 계산된다. 교과와 창의적 체험활동(비교과)에서 각각 6학점씩 감축되었다.

2015년 개정 교육과정에서는 교과 180단위 중 기초 교과(국어 · 수학 · 영어 · 한국사) 수업시수가 50%인 90단위를 넘지 못하도록 규정하였으나 2022년 개정 교육과정에서는 교과에 배당된 174학점 중 국어, 수학, 영어 기초 교과의 이수 학점이 총합 81학점을 초과하지 않도록 하여 다양한 선택과목 수강 및 이수에 대한 기회와 균형을 확보하였다. 2022년 개정 교육과정에서 일반고와 특목고 기준 교과 총 필수 이수학점은 84학점으로 2015년 개정 교육과정의 총 94학점보다 줄어들었다. 또한 자율 이수학점은 90학점으로 2015년 개정 교육과정의 자율 편성 단위 86단위보다 늘어났다. 창의적 체험활동은 18학점으로 2015년 개정 교육과정의 24단위보다 줄었다.

공통과목의 기본 학점은 기존 5단위 체제에서 4학점 체제로 조정하고, 한국사 1, 2의 기본 학점만 3학점으로 운영하며 감하여 편성 및 운영할 수 없도록 하였다. 1학점 범위에서 증감 범위를 자유롭게 조절할 수 있도록 하여 교육과정 편성에 있어 다양성과 융통성을 확보하였다. 2022년 개정 교육과정은 이와 같이 교과 영역이 사라지고 비교적 간단한 구조의 일원적 분류 체제로 나누었다. 2022년 개정 교육과정에서 공통과목은 학생이 흥미에 따른 선택과목을 선택하기 이전에 기초적인 학문과 지식을 쌓도록 하였고, 공통 과목1과 공통 과목2로 구성하였다. 2015년 개정 교육과정에서 기초 영역에 포함되어 있었던 한국사는 2022년 개정 교육과정에서 사회(역사/도덕 포함) 교과(군)의 공통과목으로 배치되었다. 선택과목은 창의력과 비판적 사고 능력을 함양하기 위한 융합선택 과목이 새로 신설되었고, 특수목적 고등학교에서 다루었던 전문 교과 I 을 학생들의 다양한 선택권을 확장하기 위해 일반고등학교 학생들도 선택할 수 있도록 보통 교과로 통합했다.

2015년 개정 교육과정에서 전문 교과Ⅰ,Ⅱ로 나누어졌던 구조는 미래의 신산업 및 융·복합 기술의 발전으로 인한 전문적인 인력을 양성하기 위해 국가직무능력(NCS 25) 교육과정의 분류체계를 유지하면서 전문공통과목, 전공일반과목, 전공실무과목의 3가지 선택으로 나누어졌다. 2022년 개정 교육과정은 새로운 과목들의 신설과 동시에 폐지도 이루어지며 전문 교과 교육과정을 구성하였다. 또한 학교에서 지역, 학교의 여건이나 학생의 필요에 따라 교과 및 창의 활동의 일부 시수를 확보하여 국가 교육과정에 제시되지 않은 새로운 과목, 활동을 자유롭게 개발, 운영할 수 있도록 하였다.

2022년 개정 교육과정은 성장중심 평가체계 도입하고 있다. 공통과목을 제외한 모든 선택과목에 성취평가제를 적용된다. 최소 학교 교육과정 내 과목 선택에서는 등급 부담으로 인한 비합리적 선택이나 상치 상황이 비교적 덜 나타날 수 있다. 또한 2015년 개정 교육과정까지 생태교육은 환경이나 과학, 민주시민 교육은 사회, 디지털·AI 소양 함양 교육은 정보 교과목에 적용되는 특수한 계기 교육으로 인식되어 왔다. 그러나 2022년 개정 교육과정에서는 모든 교과교육과 연계하고, 필요하면 교과 내용을 재구조하거나 과목을 신설하여 배울 수 있도록 하였다. 그리고 2022년 개정 교육과정에서는 중등교육 진로 연계 교육 시기를 중학교 1학년 자유학기, 중학교 3학년 2학기 진로 이행 학기, 고등학교 1학년 1학기 진로 집중 학기로 분류한다. 중학교 3학년 2학기는 고등학교 진학을 앞둔 예비 고등학생들에게, 고등학교 1학년 1학기는 고등학교에 적응하는 신입생들에게 고등학교 교육과정의 뼈대가 될 고교학점제를 접하며 자신의 진로 노선을 고민하는 기회가 된다.

2022년 개정 교육과정은 2015년 개정 교육과정부터 강조한 역량 함양을 계승하고 학교와 학생별 맞춤형 교육과정을 지향하며 현장 교육 주체와 국민의 의견을 다양하게 반영하고자 하였다.

1) 초등학교

초등학교에 학교 자율시간 도입하였다. '과목'과 '활동'의 경계선이 희미하고 담임교사를 중심으로 교육과정이 실행되어 운영방식에 상당한 융통성이 허용된다. 그리고 학교와 학생 필요에 맞춘 선택과목 운영이 가능하다. 초등학교는 학년군별 연계가 강화되도록 교과를 재구조화하고, 학생의 발달 수준을 고려하여 학생 맞춤형 교육 제공을 위한 선택 활동 수업을 지원하도록 하였다.

2) 중학교

중학교의 경우 자유학기 활동과 학교 스포츠클럽 활동을 개선하였으며, 학교급 전환에 따른 학습과 진로 설계 활동 지원이 강화되었다. 학교자율시간은 '활동'이 차지하는 비중이 크며, 교과의 수업 시수를 할애하여 확보하므로 엄격, '과목'으로만 운영된다. 자유학기와 진로연계교육 연계하고, 맞춤형 진로 탐색, 진학 준비 등을 체계적으로 제공한다.

3) 고등학교

고등학교는 학생의 개별 성장 및 진로연계교육 지원을 위해 고교학점제에 적합하도록 교과목을 재구조화하였으며, 학교 밖 교육 경험 확대 및 공동 교육과정 운영 등 지역사회와 연계하여 교육과정의 다양화를 시도하였다. 고교학점제를 전면 작용한다. 그리고 학생 진로, 적성에 맞춰 심화, 융합 등 맞춤형 교육을 제공한다. 2022년 개정 교육과정 총론 상에는 고등학교 3년 과정 전체 중 거의 절반에 해당하는 90학점이 자율 이수 학점으로 지정되어 있다.

2022년 개정 교육과정의 학교 급별 교육목표는 다음과 같다.

(1) 초등학교 교육목표

초등학교 교육은 학생의 일상생활과 학습에 필요한 기본 습관 및 기초 능력을 기르고 바른 인성을 함양하는 데 중점을 둔다.

① 자신의 소중함을 알고 건강한 생활 습관을 기르며, 풍부한 학습경험을 통해 자신의 꿈을 키운다.
② 학습과 생활에서 문제를 발견하고 해결하는 기초 능력을 기르고, 이를 새롭게 경험할 수 있는 상상력을 키운다.
③ 다양한 문화 활동을 즐기며 자연과 생활 속에서 아름다움과 행복을 느낄 수 있는 심성을 기른다.
④ 일상생활과 학습에 필요한 규칙과 질서를 지키고 서로 돕고 배려하는 태도를 기른다.

(2) 중학교 교육목표

중학교 교육은 초등학교 교육의 성과를 바탕으로, 학생의 일상생활과 학습에 필요한 기본 능력을 기르고, 바른 인성 및 민주시민의 자질을 함양하는 데 중점을 둔다.

① 심신의 조화로운 발달을 바탕으로 자아존중감을 기르고, 다양한 지식과 경험을 통해 책임감을 가지고 적극적으로 삶의 방향과 진로를 탐색한다.
② 학습과 생활에 필요한 기본 능력 및 문제 해결력을 바탕으로, 도전정신과 창의적 사고력을 기른다.
③ 자신을 둘러싼 세계에서 경험한 내용을 토대로 우리나라와 세계의 다양한 문화를 이해하고 공감하는 태도를 기른다.

④ 공동체 의식을 바탕으로 타인을 존중하고 서로 소통하는 민주시민의 자질과 태도를 기른다.

(3) 고등학교 교육목표

고등학교 교육은 중학교 교육의 성과를 바탕으로, 학생의 적성과 소질에 맞게 진로를 개척하며 세계와 소통하는 민주시민으로서의 자질을 함양하는 데 중점을 둔다.

① 성숙한 자아의식과 인간의 존엄성에 대한 존중을 바탕으로 일의 가치를 이해하고, 자신의 진로에 맞는 지식과 기능을 익히며 평생 학습의 기본 능력을 기른다.
② 다양한 분야의 지식과 경험을 융합하여 창의적으로 문제를 해결하고, 새로운 상황에 능동적으로 대처하는 능력을 기른다.
③ 다양한 문화에 대한 이해를 바탕으로 자신의 삶을 성찰하고 새로운 문화 창출에 기여할 수 있는 자질과 태도를 기른다.
④ 국가 공동체에 대한 책임감을 바탕으로 배려와 나눔을 실천하며 세계와 소통하는 민주시민으로서의 자질과 태도를 기른다.

개정 교육과정의 학교 급별 교육과정 편성·운영 기준은 다음과 같다.

가. 기본 사항

① 초등학교 1학년부터 중학교 3학년까지의 공통 교육과정과 고등학교 1학년부터 3학년까지의 학점 기반 선택 중심 교육과정으로 편성·운영한다.
② 학교는 학교 교육과정 편성·운영 계획을 바탕으로 학년(군)별 교육과정 및 교과(군)별 교육과정을 편성할 수 있다.
③ 학년 간 상호 연계와 협력을 통해 학교 교육과정을 유연하게 편성·운영할

수 있도록 학년군을 설정한다.

④ 공통 교육과정의 교과는 교육 목적상의 근접성, 학문 탐구 대상 또는 방법상의 인접성, 생활양식에서의 연관성 등을 고려하여 교과(군)로 재분류한다.

⑤ 고등학교 교과는 보통 교과와 전문 교과로 구분하며, 학생들의 기초소양 함양과 기본 학력을 보장하기 위하여 보통 교과에 공통과목을 개설하여 모든 학생이 이수하도록 한다.

⑥ 교과와 창의적 체험활동의 내용 배열은 반드시 따라야 할 학습 순서를 의미하는 것은 아니며, 학생의 관심과 요구, 학교의 실정과 교사의 필요, 계절 및 지역의 특성 등에 따라 각 교과목의 학년군별 목표 달성을 위해 지도 내용의 순서와 비중, 교과 내 또는 교과 간 연계 지도 방법 등을 조정하여 운영할 수 있다.

⑦ 학업 부담을 적정화하고 의미 있는 학습활동이 이루어질 수 있도록 학기당 이수 교과목 수를 조정하여 집중이수를 실시할 수 있다.

⑧ 학교는 학교급 간 전환기의 학생들이 상급 학교의 생활 및 학습을 준비하는 데 필요한 교육을 지원하기 위해 진로연계교육을 운영할 수 있다.

⑨ 범교과 학습 주제는 교과와 창의적 체험활동 등 교육 활동 전반에 걸쳐 통합적으로 다루도록 하고, 지역사회 및 가정과 연계하여 지도한다.

⑩ 학교는 가정과 학교, 사회에서의 위험 상황을 알고 대처할 수 있도록 체험 중심의 안전교육을 관련 교과와 창의적 체험활동과 연계하여 운영한다.

⑪ 학교는 필요에 따라 계기 교육을 실시할 수 있으며, 이 경우 계기 교육 지침에 따른다.

⑫ 학교는 필요에 따라 원격수업을 실시할 수 있으며, 이 경우 원격수업 운영 기준은 관련 법령과 지침에 따른다.

⑬ 시 · 도 교육청과 학교는 필요에 따라 이 교육과정에 제시되어 있는 과목 외에 새로운 과목을 개설할 수 있다. 이 경우 시 · 도 교육감이 정하는 지침에 따라 사전에 필요한 절차를 거쳐야 한다.

⑭ 특수교육 대상 학생에 대해서는 이 교육과정 해당 학년군의 편제와 시간(학

점 배당)을 따르되, 학생의 교육적 요구를 고려하여 특수교육 교육과정의 교과(군) 내용과 연계하거나 대체하여 수업을 설계 · 운영할 수 있다.

나. 초등학교

① 편제

㉮ 초등학교 교육과정은 교과(군)와 창의적 체험활동으로 편성한다.

㉯ 교과(군)는 국어, 사회/도덕, 수학, 과학/실과, 체육, 예술(음악/미술), 영어로 한다. 다만, 1, 2학년의 교과는 국어, 수학, 바른생활, 슬기로운 생활, 즐거운 생활로 한다.

㉰ 창의적 체험활동은 자율 · 자치 활동, 동아리 활동, 진로 활동으로 한다.

② 시간 배당 기준

구분		1~2학년	3~4학년	5~6학년
교과(군)	국어	482	408	408
	사회/도덕		272	272
	수학	256	272	272
	과학/실과	바른생활 144	204	340
	체육	슬기로운 생화 224	204	204
	예술(음악/미술)	즐거운 생활 400	272	272
	영어		136	204
	소계	1,506	1,768	1,972
창의적 체험활동		238	204	204
학년군별 총 수업 시간 수		1,744	1,972	2,176

㉮ 1시간의 수업은 40분을 원칙으로 하되, 기후 및 계절, 학생의 발달 정도, 학습 내용의 성격, 학교 실정 등을 고려하여 탄력적으로 편성 · 운영할 수 있다.

㉯ 학년군의 교과(군)별 및 창의적 체험활동 시간 배당은 연간 34주를 기준으로 2년간의 기준 수업 시수를 나타낸 것이다.

㉰ 학년군별 총 수업시간 수는 최소 수업 시수를 나타낸 것이다.

㉱ 실과의 수업시간은 5~6학년 과학/실과의 수업 시수에만 포함된다.

㉲ 정보교육은 실과의 정보영역 시수와 학교자율시간 등을 활용하여 34시간 이상 편성 · 운영한다.

③ 교육과정 편성 · 운영 기준

㉮ 학교는 학년(군)별 교과(군)와 창의적 체험활동의 수업 시수를 학년별, 학기별로 자율적으로 편성할 수 있다.

㉠ 학교는 학생이 학년(군)별로 이수해야 할 교과를 학년별, 학기별로 편성하여 학생과 학부모에게 안내한다.

㉡ 학교는 모든 교육 활동을 통해 학생이 기본생활습관, 기초학습 능력, 바른 인성을 함양할 수 있도록 교육과정을 편성 · 운영한다.

㉢ 학교는 학교의 특성, 학생 · 교사 · 학부모의 요구 및 필요에 따라 자율적으로 교과(군)별 및 창의적 체험활동의 20% 범위 내에서 시수를 증감하여 편성 · 운영할 수 있다. 단, 체육, 예술(음악/미술) 교과는 기준 수업 시수를 감축하여 편성 · 운영할 수 없다.

㉣ 학교는 교육의 효과를 높이기 위하여 필요한 경우 학년별, 학기별로 교과 집중이수를 실시할 수 있다.

㉤ 학교는 창의적 체험활동의 영역을 학생들의 발달 수준, 학교의 여건 등을 고려하여 학년(군)별로 자율적으로 편성 · 운영한다.

㉯ 학교는 모든 학생의 학습 기회를 보장할 수 있도록 학교 교육과정을 편성 · 운영한다.

㉠ 학교는 각 교과의 기초적, 기본적 요소들이 체계적으로 학습되도록 교육

과정을 편성 · 운영한다. 특히 국어사용 능력과 수리 능력의 기초가 부족한 학생들을 대상으로 기초학습 능력 향상을 위한 별도의 프로그램을 편성 · 운영할 수 있다.

㉡ 전입 학생이 특정 교과를 이수하지 못할 경우, 시 · 도 교육청과 학교에서는 보충학습 과정 등을 통해 학습 결손이 발생하지 않도록 한다.

㉢ 학년을 달리하는 학생을 대상으로 복식 학급을 편성 · 운영하는 경우에는 교육 내용의 학년별 순서를 조정하거나 공통 주제를 중심으로 교재를 재구성하여 활용할 수 있다.

㉰ 학교는 3~6학년별로 지역과 연계하거나 다양하고 특색 있는 교육과정 운영을 위해 학교자율시간을 편성 · 운영한다.

㉠ 학교자율시간을 활용하여 이 교육과정에 제시되어 있는 교과 외에 새로운 과목이나 활동을 개설할 수 있으며, 이 경우 시 · 도 교육감이 정하는 지침에 따라 사전에 필요한 절차를 거쳐야 한다.

㉡ 학교자율시간에 운영하는 과목과 활동의 내용은 지역과 학교의 여건 및 학생의 필요에 따라 학교가 결정하되, 다양한 과목과 활동으로 개설하여 운영한다.

㉢ 학교자율시간은 학교 여건에 따라 연간 34주를 기준으로 한 교과별 및 창의적 체험활동 수업 시간의 학기별 1주의 수업 시간을 확보하여 운영한다.

㉱ 학교는 입학 초기 및 상급 학교(학년)으로 진학하기 전 학기의 일부 시간을 활용하여 학교급 간 연계 및 진로 교육을 강화하는 진로연계교육을 편성 · 운영한다.

㉠ 학교는 1학년 학생의 학교생활 적응 및 한글 해득 교육 등의 입학 초기 적응 프로그램을 교과와 창의적 체험활동 시간을 활용하여 진로연계교육으로 운영한다.

㉡ 학교는 중학교의 생활 및 학습 준비, 진로 탐색 등의 프로그램을 교과와 창의적 체험활동 시간을 활용하여 진로연계교육을 자율적으로 운영한다.

㉢ 학교는 진로연계교육의 중점을 학생의 역량 함양 및 자기주도적 학습 능

력 향상에 두고, 교과별 학습 내용 및 학습 방법의 학교급 간 연계, 교과와 연계한 진로 활동 등을 통해 학생의 학습과 성장을 지원한다.

㉶ 학교는 학생의 발달 특성을 고려하여 학교 교육과정을 편성 · 운영한다.

㉠ 학교는 1~2학년 학생에게 실내 · 외 놀이 및 신체 활동의 기회를 충분히 제공한다.

㉡ 1~2학년의 안전교육은 바른생활 · 슬기로운 생활 · 즐거운 생활 교과의 64시간을 포함하여 교과 및 창의적 체험활동을 활용하여 편성 · 운영한다.

㉢ 정보통신 활용 교육, 보건 교육, 한자 교육 등은 관련 교과와 창의적 체험활동 시간을 활용하여 체계적인 지도가 이루어질 수 있도록 한다.

다. 중학교

① 편제

㉮ 중학교 교육과정은 교과(군)와 창의적 체험활동으로 편성한다.

㉯ 교과(군)는 국어, 사회(역사 포함)/도덕, 수학, 과학/기술 · 가정/정보, 체육, 예술(음악/미술), 영어, 선택으로 한다.

㉰ 선택 교과는 한문, 환경, 생활 외국어(생활 독일어, 생활 프랑스어, 생활 스페인어, 생활 중국어, 생활 일본어, 생활 러시아어, 생활 아랍어, 생활 베트남어), 보건, 진로와 직업 등의 과목으로 한다.

㉱ 창의적 체험활동은 자율 · 자치 활동, 동아리 활동, 진로 활동으로 한다.

② 시간 배당 기준

구분		1~3학년
교과(군)	국어	442
	사회(역사 포함)/도덕	510
	수학	374
	과학/기술·가정/정보	680
	체육	272
	예술(음악/미술)	272
	영어	340
	선택	170
	소계	3,060
창의적 체험활동		306
총 수업 시간 수		3,366

㉮ 1시간 수업은 45분을 원칙으로 하되, 기후 및 계절, 학생의 발달 정도, 학습 내용의 성격, 학교 실정 등을 고려하여 탄력적으로 편성·운영할 수 있다.

㉯ 교과(군)별 및 창의적 체험활동 시간 배당은 연간 34주를 기준으로 3년간의 기준 수업 시수를 나타낸 것이다.

㉰ 총 수업시간 수는 3년간의 최소 수업 시수를 나타낸 것이다.

㉱ 정보는 정보 수업 시수와 학교자율시간 등을 활용하여 68시간 이상 편성·운영한다.

③ 교육과정 편성·운영 기준

㉮ 학교는 교과(군)와 창의적 체험활동의 수업 시수를 학년별, 학기별로 자율적으로 편성할 수 있다.

㉠ 학교는 학생이 3년간 이수해야 할 교과목을 학년별, 학기별로 편성하여 학생과 학부모에게 안내한다.

㉡ 학교는 학교의 특성, 학생 · 교사 · 학부모의 요구 및 필요에 따라 자율적으로 교과(군)별 및 창의적 체험활동의 20% 범위 내에서 시수를 증감하여 편성 · 운영할 수 있다. 단, 체육, 예술(음악/미술) 교과는 기준 수업 시수를 감축하여 편성 · 운영할 수 없다.

㉢ 학교는 학생의 학업 부담을 적정화하고 의미 있는 학습 활동이 이루어질 수 있도록 학기당 이수 교과목 수를 8개 이내로 편성한다. 단, 체육, 예술(음악/미술) 교과 및 선택과목과 학교자율시간에 편성한 과목은 이수 교과목 수 제한에서 제외하여 편성할 수 있다.

㉣ 학교는 선택과목을 개설할 경우, 2개 이상의 과목을 동시에 개설하여 학생의 선택권을 보장한다. 학교는 필요한 경우 새로운 선택과목을 개설할 수 있으며, 이 경우 시 · 도 교육감이 정하는 지침에 따라 사전에 필요한 절차를 거쳐야 한다.

㉤ 학교는 창의적 체험활동의 영역을 학생들의 발달 수준, 학교의 여건 등을 고려하여 자율적으로 편성 · 운영한다.

㉯ 학교는 모든 학생의 학습 기회를 보장할 수 있도록 학교 교육과정을 편성 · 운영한다.

㉠ 전입 학생이 특정 교과목을 이수하지 못할 경우, 시 · 도 교육청과 학교에서는 학습 결손이 발생하지 않도록 보충 학습 과정 등을 제공한다.

㉡ 교과목 개설이 어려운 소규모 학교, 농산어촌 학교 등에서는 학습 결손이 발생하지 않도록 온라인 활용 및 지역 내 교육자원 공유 · 협력을 활성화한다. 이 경우 시 · 도 교육감이 정하는 지침에 따른다.

㉰ 학교는 지역과 연계하거나 다양하고 특색 있는 교육과정 운영을 위해 학교자율시간을 편성 · 운영한다.

㉠ 학교자율시간을 활용하여 이 교육과정에 제시되어 있는 교과목 외에 새로운 선택과목을 개설할 수 있다.

㉡ 학교자율시간에 개설되는 과목의 내용은 지역과 학교의 여건 및 학생의 필요에 따라 학교가 결정하되, 학생의 선택권을 고려하여 다양한 과목을

개설 · 운영한다.

㉢ 학교자율시간은 학교 여건에 따라 연간 34주를 기준으로 한 교과별 및 창의적 체험활동 수업시간의 학기별 1주의 수업시간을 확보하여 운영한다.

㉣ 학교는 학생들이 자신의 적성과 미래에 대해 탐색하고 학습의 즐거움을 경험할 수 있도록 자유학기와 진로연계교육을 편성 · 운영한다.

㉠ 중학교 과정 중 한 학기는 자유학기로 운영하되, 해당 학기의 교과 및 창의적 체험활동을 자유학기 취지에 부합하도록 편성 · 운영한다.

- 자유학기에는 지역 및 학교 여건을 고려하여 자율적으로 학생 참여 중심의 주제선택 활동과 진로 탐색 활동을 운영한다.
- 자유학기에는 토의 · 토론 학습, 프로젝트 학습 등 학생 참여형 수업을 강화하고, 학습의 과정을 중시하는 다양한 평가 방법을 활용하되, 일제식 지필 평가는 지양한다.

㉡ 학교는 상급 학교(학년)로 진학하기 전 학기나 학년의 일부 시간을 활용하여 학교급 간 연계 및 진로 교육을 강화하는 진로연계교육을 편성 · 운영한다.

- 학교는 고등학교 생활 및 학습 준비, 진로 탐색, 진학 준비 등을 위해 교과와 창의적 체험활동 시간을 활용하여 진로연계교육을 자율적으로 운영한다.
- 학교는 진로연계교육의 중점을 학생의 역량 함양 및 자기주도적 학습 능력 향상에 중점을 두고 교과별 내용 및 학습 방법 등의 학교급 간 연계를 통해 학생의 학습과 성장을 지원한다.
- 학교는 진로연계교육을 창의적 체험활동의 진로 활동 및 자유학기의 활동과 연계하여 운영한다.

㉤ 학교는 학생들이 삶 속에서 스포츠 문화를 지속적으로 향유하여 건전한 심신 발달과 정서 함양이 이루어질 수 있도록 학교 스포츠클럽 활동을 편성 · 운영한다.

㉠ 학교 스포츠클럽 활동은 창의적 체험활동의 동아리 활동으로 편성하고 학

년별 연간 34시간 운영하며, 매 학기 편성하도록 한다.

㉡ 학교 스포츠클럽 활동의 종목과 내용은 학생들의 희망을 반영하여 학교가 결정하되, 다양한 종목을 개설하여 학생들의 선택권이 보장되도록 한다.

라. 고등학교

① 편제

㉮ 고등학교 교육과정은 교과(군)와 창의적 체험활동으로 편성한다.

㉯ 교과는 보통 교과와 전문 교과로 한다.

㉮ 보통 교과

㉠ 보통 교과의 교과(군)는 국어, 수학, 영어, 사회(역사/도덕 포함), 과학, 체육, 예술, 기술·가정/정보/제2외국어/한문/교양으로 한다.

㉡ 보통 교과는 공통과목과 선택과목으로 구분한다. 선택과목은 일반 선택과목, 진로 선택과목, 융합 선택과목으로 구분한다.

㉯ 전문 교과

㉠ 전문 교과의 교과(군)는 국가직무능력표준 등을 고려하여 경영·금융, 보건·복지, 문화·예술·디자인·방송, 미용, 관광·레저, 식품·조리, 건축·토목, 기계, 재료, 화학 공업, 섬유·의류, 전기·전자, 정보·통신, 환경·안전·소방, 농림·축산, 수산·해운, 융복합·지식 재산 과목으로 한다.

㉡ 전문 교과의 과목은 전문 공통과목, 전공 일반과목, 전공 실무과목으로 구분한다.

㉢ 창의적 체험활동은 자율·자치 활동, 동아리 활동, 진로 활동으로 한다.

② 단위 배당 기준

㉮ 일반고등학교와 특수목적 고등학교(산업수요 맞춤형 고등학교 제외)

교과(군)	공통 과목	필수 이수 학점	자율 이수 학점
국어	공통국어1, 공통국어2	8	학생의 적성과 진로를 고려하여 편성
수학	공통수학1, 공통수학2	8	
영어	공통영어1, 공통영어2	8	
사회 (역사/도덕 포함)	한국사1, 한국사2	6	
	통합사회1, 통합사회2	8	
과학	통합과학1, 통합과학2 과학탐구실험1, 과학탐구실험2	10	
체육		10	
예술		10	
기술·가정/정보/제2 외국어/한문/교양		16	
소계		84	90
창의적 체험활동		18(288시간)	
총 이수 학점		192	

㉠ 1학점은 50분을 기준으로 하여 16회를 이수하는 수업량이다.

㉡ 1시간의 수업은 50분을 원칙으로 하되, 기후 및 계절, 학생의 발달 정도, 학습 내용의 성격, 학교 실정 등을 고려하여 탄력적으로 편성·운영할 수 있다.

㉢ 공통과목의 기본 학점은 4학점이며, 1학점 범위 내에서 감하여 편성·운영할 수 있다. 단, 한국사1, 2의 기본 학점은 3학점이며 감하여 편성·운영할 수 없다.

㉣ 과학탐구실험1, 2의 기본 학점은 1학점이며 증감 없이 편성·운영하는 것을 원칙으로 한다. 단, 과학, 체육, 예술 계열 고등학교의 경우 학교 실정에 따라 탄력적으로 운영할 수 있다.

ⓜ 필수 이수 학점 수는 해당 교과(군)의 최소 이수 학점이다. 특수목적 고등학교의 경우 예술 교과(군)는 5학점 이상, 기술·가정/정보/제2외국어/한문/교양 교과(군)는 12학점 이상 이수하도록 한다.

ⓑ 국어, 수학, 영어 교과의 이수 학점 총합은 81학점을 초과하지 않도록 하며, 교과 이수 학점이 174학점을 초과하는 경우에는 초과 이수 학점의 50%를 넘지 않도록 한다.

ⓢ 창의적 체험활동의 학점 수는 최소 이수 학점이며 ( )안의 숫자는 이수 학점을 시간 수로 환산한 것이다.

ⓞ 총 이수 학점 수는 고등학교 졸업을 위해 3년간 이수해야 할 최소 이수 학점을 의미한다.

㉯ 특성화고등학교와 산업수요 맞춤형 고등학교

<table>
<tr><th></th><th>교과(군)</th><th>공통 과목</th><th>필수 이수 학점</th><th>자율 이수 학점</th></tr>
<tr><td rowspan="10">보통교과</td><td>국어</td><td>공통국어1, 공통국어2</td><td rowspan="3">24</td><td rowspan="9">학생의 적성과 진로를 고려하여 편성</td></tr>
<tr><td>수학</td><td>공통수학1, 공통수학2</td></tr>
<tr><td>영어</td><td>공통영어1, 공통영어2</td></tr>
<tr><td rowspan="2">사회
(역사/도덕 포함)</td><td>한국사1, 한국사2</td><td>6</td></tr>
<tr><td>통합사회1, 통합사회2</td><td rowspan="2">12</td></tr>
<tr><td>과학</td><td>통합과학1, 통합과학2</td></tr>
<tr><td>체육</td><td></td><td>8</td></tr>
<tr><td>예술</td><td></td><td>6</td></tr>
<tr><td>기술·가정/정보/
제2외국어/한문/
교양</td><td></td><td>8</td></tr>
<tr><td colspan="2">소계</td><td>64</td><td rowspan="2">30</td></tr>
<tr><td>전문교과</td><td colspan="2">17개 교과(군)</td><td>80</td></tr>
<tr><td colspan="3">창의적 체험활동</td><td colspan="2">18(288시간)</td></tr>
<tr><td colspan="3">총 이수 학점</td><td colspan="2">192</td></tr>
</table>

㉠ 1학점은 50분을 기준으로 하여 16회를 이수하는 수업량이다.

㉡ 1시간의 수업은 50분을 원칙으로 하되, 기후 및 계절, 학생의 발달 정도, 학습 내용의 성격 등과 학교 실정 등을 고려하여 탄력적으로 편성·운영할 수 있다.

㉢ 공통과목의 기본 학점은 4학점이며, 1학점 범위 내에서 감하여 편성·운영할 수 있다. 단, 한국사1, 2의 기본 학점은 3학점이며 감하여 편성·운영할 수 없다.

㉣ 필수 이수 학점 수는 해당 교과(군)의 최소 이수 학점이다.

㉤ 자연현장 실습 등 체험 위주의 교육을 전문적으로 실시하는 특성화고등학교의 전문 교과 필수 이수 학점은 시·도 교육감이 정한다.

㉥ 창의적 체험활동의 학점 수는 최소 이수 학점이며 ( )안의 숫자는 이수 학점을 시간 수로 환산한 것이다.

㉦ 총 이수 학점 수는 고등학교 졸업을 위해 3년간 이수해야 할 최소 이수 학점을 의미한다.

③ 교육과정 편성·운영 기준

㉮ 공통 사항

㉠ 고등학교 교육과정의 총 이수 학점은 192학점이며 교과(군) 174학점, 창의적 체험활동 18학점(288시간)으로 편성한다.

㉡ 학교는 학생이 3년간 이수할 수 있는 과목을 학기별로 편성하여 학생과 학부모에게 안내한다.

㉢ 학교는 학생이 자신의 진로에 적합한 과목을 이수할 수 있도록 진로·학업 설계 지도와 연계하여 선택과목에 대한 정보를 적극적으로 안내한다.

㉣ 과목의 이수 시기와 학점은 학교에서 자율적으로 편성·운영하되, 다음의 각호를 따른다.

- 학생이 학기 단위로 과목을 이수할 수 있도록 편성·운영한다.

- 공통과목은 해당 교과(군)의 선택과목 이수 전에 편성·운영하는 것을 원칙으로 한다.
- 학생의 발달 수준 등을 고려하여 공통수학1, 2와 공통영어1, 2를 기본수학1, 2와 기본영어1, 2로 대체하여 이수하도록 편성·운영할 수 있다. 이와 관련된 구체적인 사항은 시·도 교육감이 정하는 지침에 따른다.
- 선택과목 중에서 위계성을 갖는 과목의 경우, 계열적 학습이 가능하도록 편성한다. 단, 학교의 실정 및 학생의 요구, 과목의 성격에 따라 탄력적으로 편성·운영할 수 있다.

ⓜ 학교는 학생의 학업 부담을 완화하고 깊이 있는 학습이 이루어질 수 있도록 학기당 이수하는 학점을 적정하게 편성한다.

ⓑ 학교는 학생의 필요와 학업 부담을 고려하여 교과(군) 총 이수 학점을 초과 이수하는 학점이 적정화되도록 하며, 특수목적 고등학교는 특수목적 고등학교 선택과목에 한하여, 특성화고등학교 및 산업수요 맞춤형 고등학교는 전문 교과의 과목에 한하여 초과 이수할 수 있다.

ⓢ 학교는 일정 규모 이상의 학생이 이 교육과정에 제시된 선택과목의 개설을 요청할 경우 해당 과목을 개설해야 한다. 이와 관련된 구체적인 사항은 시·도 교육감이 정하는 지침에 따른다.

ⓞ 학교는 다양한 방식으로 학생의 선택과목 이수 기회를 확대하기 위해 노력하되, 다음의 각호를 따른다.

- 학교에서 개설하지 않은 선택과목 이수를 희망하는 학생이 있을 경우 그 과목을 개설한 다른 학교에서의 이수를 인정한다. 이와 관련된 구체적인 사항은 시·도 교육감이 정하는 지침에 따른다.
- 학교는 필요에 따라 이 교육과정에 제시되어 있는 과목 외에 새로운 과목을 개설할 수 있다. 이 경우 시·도 교육감이 정하는 지침에 따라 사전에 필요한 절차를 거쳐야 한다.
- 학교는 학생의 필요에 따라 지역사회 기관에서 이루어진 학교 밖 교육을 과목 또는 창의적 체험활동으로 이수를 인정한다. 이와 관련된 구

체적인 사항은 시 · 도 교육감이 정하는 지침에 따른다.

- 학교는 필요에 따라 대학 과목 선이수제의 과목을 개설할 수 있고, 국제적으로 공인된 교육과정이나 과목을 개설할 수 있다. 이와 관련된 구체적인 사항은 시 · 도 교육감이 정하는 지침에 따른다.

ⓩ 학교는 창의적 체험활동의 영역을 학생의 발달 수준, 학교의 여건 등을 고려하여 자율적으로 편성 · 운영하고, 학생의 진로 및 적성과 연계하여 다양한 활동이 이루어질 수 있도록 한다.

ⓧ 학교는 학생이 교과 및 창의적 체험활동의 이수 기준을 충족한 경우 학점 취득을 인정한다. 이수 기준은 출석률과 학업성취율을 반영하여 설정하며, 이와 관련된 구체적인 사항은 교육부 장관이 정하는 지침에 따른다.

㉪ 학교는 과목별 최소 성취수준을 보장하기 위해 학교의 여건 등을 고려하여 다양한 방식으로 예방 · 보충 지도를 실시한다.

㉫ 학교는 학교급 전환 시기에 학교급 간 연계 및 진로 교육을 강화하는 진로연계교육을 편성 · 운영한다.

- 학교는 학생의 진로 · 학업 설계 지도를 위해 교과와 창의적 체험활동 시간을 활용하여 진로연계교육을 자율적으로 운영한다.
- 졸업을 앞둔 시기에 교과와 창의적 체험활동 시간을 활용하여 대학 생활에 대한 이해, 대학 선이수 과목, 사회생활 안내와 적응 활동 등을 운영한다.

㉬ 학교는 특수교육 대상 학생을 위해 필요시 특수교육 전문 교과의 과목을 개설할 수 있다. 이 경우 진로 선택과목 또는 융합 선택과목으로 편성한다

㉯ 일반고등학교

㉠ 교과(군) 174학점 중 필수 이수 학점은 84학점으로 한다. 단, 필요한 경우 학교는 학생의 진로 및 발달 수준 등을 고려하여 필수 이수 학점 수를 학생별로 다르게 정할 수 있으며, 이와 관련된 구체적인 사항은 시 · 도 교육감이 정하는 지침에 따른다.

㉡ 학교는 교육과정을 보통 교과 중심으로 편성하되, 필요에 따라 전문 교과의 과목을 개설할 수 있다. 이 경우 진로 선택과목으로 편성한다.

㉢ 학교가 제2외국어 과목을 개설할 경우, 2개 이상의 과목을 동시에 개설하도록 노력해야 한다.

㉣ 학교가 필요에 따라 이 교육과정에 제시되어 있는 과목 외에 새로운 과목을 개설할 경우 진로 선택과목 또는 융합 선택과목으로 편성한다.

㉤ 학교는 교육과정을 특성화하기 위해 특정 교과를 중심으로 중점학교를 운영할 수 있다. 이 경우 자율 이수 학점의 30% 이상을 해당 교과(군)의 과목으로 편성하도록 권장하며, 이와 관련된 구체적인 사항은 시 · 도 교육감이 정하는 지침에 따른다.

㉥ 학교는 직업교육 관련 학과를 설치 · 운영하거나 직업 위탁 과정을 운영할 수 있다. 이 경우 특성화고등학교와 산업수요 맞춤형 고등학교의 학점 배당 기준을 적용할 수 있으며, 이와 관련된 구체적인 사항은 시 · 도 교육감이 정하는 지침에 따른다.

㉰ 특수목적 고등학교(산업수요 맞춤형 고등학교 제외)

㉠ 교과(군) 174학점 중 필수 이수 학점은 75학점으로 하고, 자율 이수 학점 중 68학점 이상을 특수 목적 고등학교 전공 관련 선택과목으로 편성한다.

㉡ 이 교육과정에 제시되지 않은 계열의 교육과정은 유사 계열의 교육과정에 준한다. 부득이 새로운 계열을 설치하고 그에 따른 교육과정을 편성할 경우에는 시 · 도 교육감이 정하는 지침에 따라 사전에 필요한 절차를 거쳐야 한다.

㉢ 학교는 필요에 따라 전문 교과의 과목을 개설할 수 있다. 이 경우 진로 선택과목으로 편성한다.

㉣ 학교가 필요에 따라 이 교육과정에 제시되어 있는 과목 외에 새로운 과목을 개설할 경우 진로 선택과목 또는 융합 선택과목으로 편성한다.

㉣ 특성화고등학교와 산업수요 맞춤형 고등학교

㉠ 학교는 산업수요와 직업의 변화를 고려하여 학과를 개설하고, 학과별 인력 양성 유형, 학생의 취업 역량과 경력 개발 등을 고려하여 학생이 직업기초능력 및 직무능력을 함양할 수 있도록 교육과정을 편성·운영한다.

- 교과(군)의 총 이수 학점 174학점 중 보통 교과의 필수 이수 학점은 64학점, 전문 교과의 필수 이수 학점은 80학점으로 한다. 단, 필요한 경우 학교는 학생의 진로 및 발달 수준 등을 고려하여 필수 이수 학점을 학생별로 다르게 정할 수 있으며, 이와 관련된 구체적인 사항은 시·도 교육감이 정하는 지침에 따른다.
- 학교는 두 개 이상의 교과(군)의 과목을 선택하여 전문 교과를 편성·운영할 수 있다.
- 학교는 모든 교과(군)에서 요구되는 전문 공통과목을 학교 여건과 학생 요구를 반영하여 편성·운영할 수 있다.
- 전공 실무 과목은 국가직무능력표준의 성취기준에 적합하게 교수·학습이 이루어지도록 하며, 내용 영역인 능력단위 기준으로 평가한다.

㉡ 학교는 학과를 운영할 때 필요한 경우 세부 전공, 부전공 또는 자격 취득 과정을 개설할 수 있다. 이와 관련된 구체적인 사항은 시·도 교육감이 정하는 지침에 따른다.

㉢ 전문 교과의 기초가 되는 과목을 선택하여 이수할 경우, 이와 관련되는 보통 교과의 선택과목 이수로 간주할 수 있다.

㉣ 내용이 유사하거나 관련되는 보통 교과의 선택과목과 전문 교과의 과목을 교체하여 편성·운영할 수 있다. 이 경우 시·도 교육감이 정하는 지침에 따라 사전에 필요한 절차를 거쳐야 한다.

㉤ 학교는 산업계의 수요 등을 고려하여 전문 교과의 교과 내용에 주제나 내용 요소를 추가하여 구성할 수 있다. 단, 전공 실무 과목의 경우에는 국가직무능력표준에 기반을 두어야 하며, 학교 및 학생의 필요에 따라 내용

영역(능력단위) 중 일부를 선택하여 운영할 수 있다.

ⓑ 다양한 직업적 체험과 현장 적응력 제고 등을 위해 학교에서 배운 지식과 기술을 경험하고 적용하는 현장실습을 교육과정에 포함하여 운영한다.

- 현장실습은 교육과정과 관련된 직무를 경험할 수 있도록 운영한다. 특히, 산업체를 기반으로 실시하는 현장실습은 학생이 참여 여부를 선택하도록 하되, 학교와 산업계가 현장실습 프로그램을 공동으로 개발하고 현장실습의 과정과 결과를 평가하도록 한다.
- 현장실습은 지역사회 기관들과 연계하여 다양한 형태로 운영할 수 있으며, 이와 관련된 구체적인 사항은 시·도 교육감이 정하는 지침에 따른다.

ⓢ 학교는 실습 관련 과목을 지도할 경우 사전에 수업 내용과 관련된 산업안전보건 등에 대한 교육을 실시해야 하고, 안전 장구 착용 등 안전 조치를 취한다.

ⓞ 창의적 체험활동은 학생의 진로 및 경력 개발, 인성 계발, 취업 역량 제고 등을 목적으로 프로그램을 운영할 수 있다.

ⓙ 이 교육과정에 제시되지 않은 교과(군)의 교육과정은 유사한 교과(군)의 교육과정에 준한다. 부득이 새로운 교과(군)의 설치 및 그에 따른 교육과정을 편성·운영하고자 할 경우에는 시·도 교육감이 정하는 지침에 따라 사전에 필요한 절차를 거쳐야 한다.

ⓒ 학교가 필요에 따라 이 교육과정에 제시되어 있는 과목 외에 새로운 전공 실무 과목을 개설하여 운영할 경우 국가직무능력표준에 기반을 두어야 하며, 이 경우 시·도 교육감이 정하는 지침에 따라 사전에 필요한 절차를 거쳐야 한다.

ⓚ 산업수요 맞춤형 고등학교는 산업계의 수요와 직접 연계된 맞춤형 교육과정 운영이 가능하도록 교육과정 편성·운영의 자율권을 부여하고, 이와 관련된 구체적인 사항은 시·도 교육감이 정하는 지침에 따른다.

㉳ 특수한 학교에서의 교육과정 편성 · 운영

㉠ 초 · 중 · 고등학교에 준하는 학교의 교육과정은 이 교육과정에 따라서 편성 · 운영한다.

㉡ 국가가 설립 운영하는 학교의 교육과정은 해당 시 · 도 교육청의 편성 · 운영 지침을 참고하여 학교장이 편성한다.

㉢ 고등공민학교, 고등기술학교, 근로 청소년을 위한 특별 학급 및 산업체 부설 중 · 고등학교, 기타 특수한 학교는 이 교육과정을 바탕으로 학교의 실정과 학생의 특성에 알맞은 학교 교육과정을 편성하고, 시 · 도 교육감의 승인을 얻어 운영한다.

㉣ 야간 수업을 하는 학교의 교육과정은 이 교육과정을 따르되, 다만 1시간의 수업을 40분으로 단축하여 운영할 수 있다.

㉤ 방송통신중학교 및 방송통신고등학교는 이 교육과정에 제시된 중학교 및 고등학교 교육과정을 따르되, 시 · 도 교육감의 승인을 얻어 이 교육과정의 편제와 시간 · 학점 배당 기준을 다음과 같이 조정하여 운영할 수 있다.

- 편제와 시간 · 학점 배당 기준은 중학교 및 고등학교 교육과정에 준하되, 중학교는 2,652시간 이상, 고등학교는 152학점 이상 이수하도록 한다.
- 학교 출석 수업 일수는 연간 20일 이상으로 한다.

㉥ 자율학교, 재외한국학교 등 법령에 따라 교육과정 편성 · 운영의 자율성이 부여되는 학교와 특성화 중학교의 경우에는 학교의 설립 목적 및 특성에 따른 교육이 가능하도록 교육과정 편성 · 운영의 자율권을 부여하고, 이와 관련한 구체적인 사항은 시 · 도 교육감(재외한국학교의 경우 교육부 장관)이 정하는 지침에 따른다.

㉦ 효율적인 학교 운영을 위해 통합하여 운영하는 학교의 경우에는 이 교육과정을 따르되, 학교의 실정과 학생의 특성에 맞는 학교 교육과정을 운영할 수 있도록 교육과정 편성 · 운영의 자율권을 부여하고 이와 관련된 구

체적인 사항은 시·도 교육감이 정하는 지침에 따른다.

◎ 교육과정의 연구 등을 위해 새로운 방식으로 교육과정을 편성·운영하고자 하는 학교는 교육부 장관의 승인을 받아 이 교육과정의 기준과는 다르게 학교 교육과정을 편성·운영할 수 있다.

2. 자유학기제

자유학기는 학생의 자기주도적 학습능력을 기르기 위해 중학교 과정 중 한 학기 동안(1학년 1학기 또는 2학기) 학생 참여형 수업과 이와 연계한 과정중심 평가를 강화하고 다양한 진로 탐색 활동을 편성·운영하는 제도이다. 자유학기제는 과도한 경쟁과 입시 위주 교육에서 벗어나 학생의 꿈과 끼를 살려주는 행복 교육 전환을 목적으로 교육적 취지에서 등장하였다. 자유학기제는 현행 교육과정의 틀 안에서 시험 부담에서 벗어나 중학교 전 과정 중 한 학기를 선택하여 학생들이 타고난 소질과 끼를 끌어내고 적성에 맞는 꿈을 찾아갈 수 있도록 운영하는 교육과정이다. 중학교 과정에서 중간고사, 기말고사 등의 시험을 시행하지 않고, 강의식 위주의 주입식 교육에서 벗어나 토론, 실습 중심의 참여형 수업, 학생 개개인을 들여다볼 수 있는 진로교육과 체험활동을 통해 자신들의 꿈과 끼를 찾고 행복한 학교를 만들어 가는 제도이다. 자유학기제는 학생의 자기주도적 학습능력을 기르기 위해 중학교에서 지식·경쟁 중심에서 벗어나 학생 참여형 수업과 이를 연계한 과정중심 평가를 강화하고 다양한 자유학기 활동을 편성·운영하도록 하고 있다. 이에 학생 개개인의 적성과 흥미를 찾을 수 있도록 도와주고 스스로 발전하고 공부할 수 있는 다양한 학습능력과 자기 효능감을 느낄 수 있도록 하고 있다.

1) 자유학기제와 자유학년제 운영

자유학기제는 중학교 과정 중 1개 학기만 운영하는 것이고 자유학년제는 1년간

(2개 학기)을 운영하는 것이다. 자유학기제와 자유학년제 운영은 2013년도 자유학기 연구학교를 시작으로 2016년도부터는 자유학기제를 전국 중학교에서 전면 도입 시행하여 2017년도부터 전국의 3,210개 모든 중학교에서 자유학기를 운영하여 왔다. 2017학년도부터 경기도교육청과 강원도교육청은 중학교 1학년을 대상으로 자유학년제를 시작하였고, 2020학년도 신입생부터 전국적으로 자유학년제를 시행했다. 그 후 2021학년도에 세종특별자치시와 경상북도는 자유학기제로 전환하게 되었고, 2022학년도부터 대구광역시도 자유학기제로 전환하였다. 그리고 2025학년도부터 전국의 모든 학교가 자유학기제로 전환된 것이다.

〈표 3-2〉 자유학기 운영 · 편성 기준

구분	2016~2024년도 2015년 개정 교육과정	2025년 이후 2022년 개정 교육과정
운영	한 학기 또는 두 학기	한학기 운영 진로연계교육과 연계하여 운영
영역	4개 활동 영역 (주제선택 활동, 진로 탐색 활동, 예술 · 체육 활동, 동아리 활동)	2개 활동 영역 (주제선택 활동, 진로 탐색 활동)
시수	자유학기 170시간 이상 자유학년제 221시간 이상	자유학기 102시간 이상

출처 : 서울특별시교육청(2024).

기존 자유학기제는 1학년 1학기, 1학년 2학기, 2학년 1학기 중 한 학기를 학교 자체에서 운영 학기를 선택하여 진행하였다. 1학년으로 확대하는 자유학년제, 자유학기 이후 연계학기 등을 운영하였다. 또한 자유학기제 이후에도 한 학기 이상은 자유학기 운영의 취지를 이어 학생중심 수업 및 과정중심 평가 강화, 자유학기 활동을 일부 운영하도록 하였다.

2022년 개정 교육과정부터 자유학기제를 개선하였다. 학생 참여 중심 수업 및 과정중심 평가 등 수업 혁신은 강화하며 자유학기의 기간은 줄이고 내실 있는 교육방침을 유지하게 되는 목적으로 하였다. 2022년 개정 교육과정 중학교 교육과정 주요 개선(안)에서는 자유학기제는 1학년은 자율적으로 자유학기(학년)제를 운영하고, 창의적 체험활동과의 중복을 최소화하기 위하여 1학년 중적응학기를 자율적으로 선택하는 것으로 변경되었다. 3학년 2학기의 과정에서 교과별 진로 단원을 신설하고 창의적 체험활동 진로 활동을 더하여 학교 자율시간을 활용하도록 하였는데 진로와 관련된 선택과목을 운영하도록 개선안을 제시하였다. 자유학기제는 기존에 주제 선택, 진로 탐색, 예술 체육, 동아리 활동과 같은 4개의 영역이 필요하였다면 이를 주제 선택 및 진로 탐색 활동의 2가지 영역으로 줄였다.

기존 자유학기제는 전문 인력의 부족으로 체험이 대부분 업체 협조와 전문 인력의 도움을 대다수 필요로 하였다. 다양한 종류의 직업 체험 교육에 있어서 실제 전문 인력의 도움을 받기가 어려운 상황과 이에 대한 체험의 질을 높이기 어려울 수 있었다. 또한 체험 위주 활동은 증가하고 있으나 전체 수업 일수 감소에 비해서 교육과정에 변화가 없고 단순한 체험 시간 증가로 인한 학생 개개인의 학업과 교사 부담으로 작용한 부분을 해결해야 한다.

2) 2025년 자유학기 운영 · 편성 적용

자유학기제 운영 비전은 학생 참여형 수업, 과정중심 평가 및 피드백 강화, 자유학기 활동 내실화 및 기초학력 향상 지원, 전환기 적응활동 지원에 있다. 2025년부터 자유학기 운영 대상 학년은 중학교 1학년 1학기 또는 2학기(1개 학기 선택)이다. 또한 초등학교 6학년 2학기, 중학교 3학년 2학기, 고등학교 3학년 2학기는 상급 학교에서 새롭게 경험하게 될 자유학기, 고교학점제에 대한 이해를 위한 '진로연계학기'를 운영한다.

자유학기 교육과정 편성은 2022년 개정 교육과정 총론에 제시된 교과(군)별 및 창의적 체험활동 기준 시수의 20% 범위 내에서 '자유학기 활동'을 편성 · 운영하도록 하고 있다. 자유학기 활동 편성을 위한 교과(군)별 조정 가능 시수는 교육과정 총론에 제시된 교과(군)별 시간 배당(3년간 총 기준 수업 시수)의 20% 범위에서만 활용 가능하도록 하고 있으며, 교과별 조정 시수는 반드시 17의 배수로 조정할 필요는 없다. 예술(음악/미술)·체육 및 정보 교과는 3년간의 기준 시수보다 감축하여 운영할 수 없고, 해당 교과의 시수를 조정하는 경우 기준 시수의 충족 여부를 확인하도록 하고 있다. 특정 교과를 과도하게 자유학기 활동으로 편성하지 않도록 유의하도록 하고 있다. 학교스포츠클럽 활동은 매 학기 편성되어야 하며 자유학기 활동으로 편성하지 않고 있다.

자유학기 활동은 한 학기 102시간 이상 운영한다. 교과 및 창의적 체험활동의 시수를 활용하고, 학생의 희망·관심사 및 학교의 여건 등을 고려하여 2개 영역(주제선택, 진로 탐색 활동)을 편성한다. 그리고 운영 학기, 영역별 운영 시수, 운영 시기, 운영 시간대, 교과별 조정 시수 등 개별학교에서 교육목표와 여건에 따라 구성원 의견 수렴을 통해 자율 결정한다. 또한 학생 선택권을 강화한다. 사전 수요 조사, 프로그램은 학급수+α 편성, 2기 이상 순환 운영한다. 주제선택 활동도 강화한다. 교육과정 재구성을 통한 교사 직접 운영 비중 확대한다. 사전-체험-사후활동 연계 및 교과와 연계한 체계적인 진로체험 활동을 운영하고, 맞춤형 자유학기 활동을 통한 기초학력 향상 지원하며, '기초와 적응' 프로그램 집중 편성·운영을 권장한다.

학생 참여형 수업은 교과별 내용과 성취기준을 검토하여 교육과정을 재구성하고, 다양한 학생 참여형 수업 및 주제 중심 교과 융합수업을 활성화하며, 학생 참여형 수업 등 자유학기 수업의 성과를 토대로 디지털 교육환경 변화를 반영한 수업 운영하여 교원학습공동체 활성화로 교사의 수업 전문성 제고한다.

과정중심 평가 및 기록, 피드백은 학력 진단 및 피드백 개선을 통해 학업성취도 저하 등 자유학기 평가에 대한 우려를 해소한다(원점수, 과목 평균, 성취도를 산출하지 않으며 평가 결과를 문장으로 서술). 자유학기에는 일제식 지필 평가 미실시, 학생 참여형 수업과 연계한 과정중심 평가를 실시한다(교과성취도 미산출, 이수 여부만 성취도란에 'P'로 입력). 자유학기 이외의 학기는 일반학기로 일제식 지필 평가 실시가 가능하고, 학기말 과목별 성취도를 산출한다. 그리고 자유학기의 교과 및 자유학기 활동 평가 결과 기록은 교과에서는 모든 학생을 대상으로 모든 과목에 대해 각 과목별 성취기준에 따른 성취수준의 특성, 학습활동 참여도 및 태도, 활동 내역(체육 · 예술 과목은 실기능력, 교과적성 포함) 등을 학교생활기록부에 문장으로 기록한다. 자유학기 활동에서는 모든 학생을 대상으로 활동 내용, 참여도, 흥미도 등을 종합평가하여 학생의 활동 과정 및 참여 태도, 활동 후 성장 정도 등 학생의 개별적 특성이 구체적으로 드러나도록 문장으로 기록한다. 또한 교과 특성에 따른 피드백 활성화로 학교와 가정 간 소통을 활성화한다. 자유학기에 2회 이상 학부모에게 온-오프라인을 통해 학교생활통지표 등 정량적, 정성적 피드백 제공을 한다.

진로연계교육은 상급 학교로 진학 전, 학년 또는 학기 중의 일정 시간을 활용해서 학교급간 교과 내용 연계와 진로 설계, 고등학교 생활 적응 안내, 학업 설계, 학습 방법 및 생활 적응 등이 다양하게 이뤄지는 교육과정이다. 입학 초기 초등학교 1학년 1학기에는 학교 이해와 정서를 지원(학교생활 적응)하고 기초학습이해 등을 운영하며, 초등학교 6학년 2학기에는 중학교 이해와 정서 지원, 교과별 학습 방법, 학습 습관, 학업 자존감 형성에 대해서 운영할 수 있다. 그리고 중학교 3학년 2학기에는 중학교 1학년 자유학기와 더불어 고교학점제와 고등학교 생활 이해, 진로이수경로 등을 진행하며, 고등학교에서는 고등학교 1학년 1학기 진로집중학기를 진행하며, 수능이후 대학생활 이해 및 대학선이수과목, 사회진출 관련 등을 운영할 수 있다.

진로연계교육은 상급 학교(학년) 진학 전 학기나 학년의 일부 시간을 활용하여 진로연계교육을 자율적으로 실시한다(정해진 시간이나 시기는 별도로 없으며 학교가 계획하여 실시). 그리고 세부 목적 및 내용에 따라 교과와 연계하여 실시하거나 창의적 체험활동의 진로 활동과 연계하여 실시 가능하다. 자유학기와의 연계성을 고려하여 자유학기에서의 학습 경험이 구체화되고, 그 범위가 확장되도록 진로연계교육 활동을 마련하여 운영하며, 학년 전환 준비, 교과 학습 준비, 진로 탐색, 고등학교 진학 준비 등을 해야 한다.

3. 고교학점제

1) 고교학점제 도입과 전개

고교학점제는 학생이 자신의 진로와 적성, 흥미를 고려하여 원하는 다양한 과목을 스스로 선택해 수업을 듣고, 이수 기준을 충족해 학점을 취득하는 방식으로, 취득한 학점이 누적되어 기준에 도달하면 졸업하는 제도이다. 교육부에서 2017년 11월 27일에 발표한 고교학점제 추진 방향 및 연구학교 운영 계획 발표 보도자료에는 입시와 수능으로 인한 과도한 경쟁과 더불어 변함없는 획일적 교육 및 평가가 지속되고 있는 가운데 고교 학생들의 성장과 진로 개척을 위해 다양한 교육을 제공하고자 제도 개선을 위해 고교학점제 도입을 추진하였다.

교육부에서는 2018년도부터 고교학점제 연구 · 선도학교를 지정하여 준비 및 운영해 왔다. 일반계고 기준으로 고교학점제 연구 · 선도학교의 수는 2018년도에 82개교에서 19년도 242개교, 20년도 524개교, 21년도 939개교, 22년도 1,413개교(84%), 23년도 1,692개교(100%)로 늘어났다. 또한 직업계고 연구 · 선도학교는 2020년 208개교에서 2021년도에는 518개교까지 증가했었다. 고교학점제는 2020년도 마이스터고등학교의 입학생부터 전면 도입되었고, 2022년도 특성화고등학교 입학생, 2023년도 일반고등학교와 특목고 입학생을 대상으로 부분 도입되었으며, 2025년에 전국의 모든 고등학교가 전면 시행이 된 것이다.

고교학점제는 취득한 총 학점을 기준으로 졸업하게 된다. 고교학점제는 학생 선택권 주도로 교육과정에서 기존 교육 패러다임 전체를 바꾸고 있다. 또한 고교학점제는 기존의 단위제와 달리 성취평가제 도입으로 과목별 이수관리가 가능하여 기존에 반영되지 않았던 학업성취율 지표가 포함되어 최소 학업성취에 대한 보장적 성격을 가지고 있다.

2) 고교학점제 운영체제

고교학점제는 학생들의 진로와 흥미에 대한 수요를 조사 및 반영한 교육과정을 학생 스스로 본인의 진로와 적성, 흥미를 고려해 원하는 수업을 듣고 이수 기준에 도달해 학점을 취득하는 방식의 운영체제이다. 고교학점제는 학생이 자신의 진로 · 적성에 부합하는 과목을 자유롭게 선택해 이수하고 학교와 교육지원청 등 교육계는 이를 충족할 수 있게 다양한 과목을 개설 · 운영하는 것을 지향해야 한다.

유기적으로 연결되는 다양한 제도적 요건들이 정립되고 안정적으로 안착했을 때 완성된 학점제형 학사제도의 운영체계를 교육부에서는 다음과 같이 제시하였다.

① 학점제형 학사제도 운영 체계는 학생이 기초소양과 기본 학력을 바탕으로 진로, 적성에 따라 과목을 선택하고 이수 기준에 도달한 과목에 대한 학점을 취득하여 졸업하는 제도이다.
학점제형 학사제도 운영체계는 학생 수요를 반영한 교육과정임, 진로 · 학업 설계 지도를 통한 학생의 과목 선택, 학생 참여형 수업, 미이수 예방 지도, 수업연계 과정중심 평가, 성취평가 실시, 이수 및 미이수를 통한 보충 이수 지원, 이수 기준 도달시 학점 취득, 학점 기준의 졸업 요건 설정 등이 있다.

② 학교별로 학생들의 흥미와 수요조사를 반영하여 개설할 수 있는 교육과정을 구성하고, 학생들은 교사와 함께 진로 진학과 관련된 상담을 통해 관련 및 흥미 있는 과목을 스스로 선택하여 수강 및 평가를 받게 된다.
수강한 과목의 이수 조건에 따라 이수와 미이수로 분류되고, 미이수 학생은 이수를 위한 보충 지도가 이루어지게 된다. 이수를 완료한 학생은 학점을 취득하게 되고, 졸업요건인 기준 학점을 모두 채우게 되면 졸업하게 된다.

고교학점제는 다양한 교과목 개설로 인한 자원 수급 측면에서 특성에 맞는 공간 및 시설, 기자재, 학교 예산확보, 교원 수급 부족 등을 고려해야 한다. 교과 순회 전담 교사도 있지만 다른 학교로 이동수업을 해야 하는 부담감과 피로, 교과지도

역량, 교육의 질 저하, 수업의 학교 업무에 대한 부담감, 복잡한 시간표 운영, 개인별 시간표 운영의 측면의 시간표상 공백, 선택한 수업에 따른 다른 교실의 이동, 교우관계 형성, 학교생활 적응, 이수 여부 판정할 수 있는 평가 기준, 수강생이 적거나 쏠리는 과목에 대한 대비책 등이 필요하다. 또한 도농(都農) 간 인적·물적 격차, 소규모 학교, 입시에 유리하거나 이수가 쉬운 과목 중심, 진로보다 흥미 위주 선택, 형식적인 교육 이수, 하위권 학생의 학력 저하로 인한 격차 등은 해결 과제이다.

4. 국제 바칼로레아 프로그램

1) 바칼로레아

바칼로레아는 학사학위를 뜻하는 라틴어 'baccalaureus'에서 유래되었다. 1808년 나폴레옹 1세는 새로운 교육제도로서 미래인재 발굴과 육성을 위한 생각하는 힘을 키우는 교육으로 철학자, 종교지도자, 각 분야 전문인사 등으로 구성된 팀에 의하여 바칼로레아 교육을 만들었다. 프랑스에서 시작된 논술형 대학 입학 자격시험으로 확산되었다. 프랑스는 고등학교 졸업자격시험(바칼로레아)에 합격하면 전문지식을 가르치는 특수대학 격인 '그랑제콜(그랑드 에콜; grande école)'을 제외하고 별도의 선발시험 없이 어느 지역, 어느 대학에나 지원할 수 있는 자격증이다. 50% 이상의 점수를 받으면 일반적인 국공립 대학 입학 자격이 주어지며 절대평가 방식이다.

바칼로레아 교육방식이나 논술은 각자의 생각과 의견을 제시하는 방식이다.

바칼로레아 교육의 근본은 철학적 사고를 바탕으로 과학적 관찰 능력과 수학적 분석능력을 키워 공학적 설계와 기술적 사고력을 키우는 STEM 교육이다. 매년 학생들에게 필요한 주제를 많은 토의를 통해 선택한다.

바칼로레아 영역은 ① 일반 바칼로레아(baccalaur ′eat g ′en ′eral), ② 전문 바칼로레아(baccalaur'eat professionnel), ③ 기술 바칼로레아(baccalaur'eat technologique)로 나누어져 있으며 영역마다 전문화된 커리큘럼으로 구성되어 있다.

2) 국제 바칼로레아(IB)

국제 바칼로레아(IB)는 1968년 스위스에 본부를 둔 스위스 제네바를 기반으로 창립된 비영리교육재단 IB본부(International Baccalaureate Organization, IBO)에서 개발, 운영하는 국제인증학교 교육프로그램이다. 2022년 세계 159개국 5,725개 학교에서 운영되었다. 국제 바칼로레아(IB)는 프랑스 바칼로레아 교육을 기반으로 제네바에 거주하는 유네스코 직원 자녀들의 대학 입학을 위해 만들어졌다. 외교관 자녀 등 해외 여러 나라에서 자라며 공부한 학생들이 학력 인정 문제로 대학 진학에 어려움을 겪는 문제, 국제적으로 이동이 많은 학생들에게 교육의 연속성과 함께 과목 간 다양한 탐구와 심화학습을 돕기 위함이었다.

국제 바칼로레아(IB) 교육은 창의적 · 논리적 사고와 다양한 경험을 통한 균형 잡힌 인재, 자기주도 학습능력을 강조한다. 전 과목의 시험이 정형화된 정답이 정해지지 않은 서술형, 논술형으로 사고력을 키우는 교육이다.

(1) 국제 바칼로레아(IB) 교육 프로그램

최초의 국제 바칼로레아(IB) 교육은 대학입시를 위해 만들어진 고등과정만 있었지만 전세계적으로 IB교육이 확장되며 3살부터 19살까지의 학생들에게 초등교육과정(PYP), 중등교육과정(MYP), 고등교육과정(취업계, 진학계, DP)로 4가지 교육 프로그램으로 교육적 연계를 이루고 있다.

① IB Primary Years Programme(PYP) 만 3세부터 만 12세까지의 학생들을 위한 6년제로 전인적 성장, 자신과 타인의 존중 추구하며 6개 교과군 및 프로젝트로 이루어져 있다.

② IB Middle Years Programme(MYP) 만 11세부터 만 16세까지의 학생들을 위한 5년제로 학습과 실생활의 연계를 위한 도전적 과제 해결 추구하며. 8개 교과군 및 프로젝트로 진행하고 있다.
③ IB Diploma Programme(DP) 만 16세부터 만 19세까지의 학생들을 위한 2년제로 신체적 · 지적 · 정서적 · 윤리적 성장 및 학문적 성장 추구하며, 6개 교과군 및 핵심 과정으로 구성되어 있다.
④ IB Career-related Programme(CP) DP를 수강하지 않는 학생들을 위한 과정으로 구분되어 있다.

모든 언어는 영어로 진행되며 최종 자격증 시험은 영어로 진행된다. 다만, 일본과 한국은 자국어를 사용하여 학습할 수 있다. 과목은 총 8가지로 Language and Literature, Language Acquisition, Mathematics, Arts, Design, Individuals and Societies, Physical and Health Education, Sciences가 있으며 총 만점은 각 과목마다 32점까지 가능하다. Language Acquisition 대신에 Language and Literature를 두 개 들어도 된다. 교육 진행을 위해서는 IB협회가 진행하는 교사연수(연수비용지불)가 필요하며 과목별 사용료를 별도로 지불해야 한다. 국제 바칼로레아(IB) 프로그램은 하나의 답을 암기하고 평가하는 모순점을 바꾸는 것에 의미가 있지만 한국 교육현실과 차이가 있고 교사들의 교육에 대한 인식 전환과 교육방법을 바꿔야 한다는 점이다.

3) 국제 바칼로레아(IB) 교육의 특징(강충인, 2023)

(1) 지시의 이론(TOK : Theory of Knowledge)

교실에서 배운 지식과 밖에서 얻은 경험을 스스로 질문하고 분석하며 지식이 학습되는 과정을 배우는 융합 교과 과정으로 진행된다. 바칼로레아 교육은 시대에 적합한 생활 지식을 강조한다.

(2) 에세이 작성(EE : Extended Essay)

학생들이 자신이 관심 있는 주제를 스스로 선택해 조사하여 4,000자 내외의 에세이를 작성한다.

(3) 창의력, 활동, 봉사(CAS : Creativity, Action, Service)

교과 과정 속 학습이 아닌 외부 활동을 하며 다른 사람들과 소통하고 협력하는 방법을 배운다. 봉사활동에 있어서도 학생들의 견문을 넓힐 수 있는 사회 참여 봉사활동이 이루어진다.

(4) 언어(모국어), 외국어(제2외국어), 수학, 과학, 인문 · 사회, 예술 등 총 6가지 영역의 수업

학생들의 관심과 능력에 따라 각 주제에서 상위 레벨과 표준 레벨을 선택할 수 있다. 상위 레벨은 총 240시간(2년), 표준 레벨은 150시간(1년)을 이수해야 한다.

4) 한국형 바칼로레아(KB)

미래사회에서 적응할 수 있는 인재를 키우기 위해 2017년도부터 국내 교육현장에서 교사들을 중심으로 IB프로그램에 주목한 연구가 시작되었으며, 국내 교육부에서는 IB가 국가 교육과정을 제대로 구현할 도구이자 실현 가능성을 높여 줄 역할을 할 수 있다는 의견이 모아졌다. 한국형 바칼로레아(KB) 기반 조성을 위해 초 · 중학교 31교를 '2023년 국제바칼로레아(IB) 탐색학교'로 운영하였다. IB 교수학습공동체 중심으로, 국제적으로 공인된 IB의 교육과정, 수업, 평가 운영 원리 및 방법을 연구하고 탐색하여, 교사의 교수학습 역량을 높이도록 하였다. 한국형 바칼로레아(KB)는 2022년 하반기에 KB기반을 조성하고, 2023년 IB 탐색학교 운영, 2023년 하반기부터 학교의 희망에 따라 IB 관심학교를 운영하며, 2024년

2025년 IB 관심 - 후보 - 인증학교 운영, IB 탐색을 위한 학교 단위 연구 및 실현(IB 인증과 별개)하여 2026~2027년 KB 모델화, 2022년 개정 교육과정에 전면 적용한다.

〈표 3-3〉 IB(국제 바칼로레아)와 KB(한국형 바칼로레아)의 교육 비교

	주제(과제)중심 IB(국제 바칼로레아)	Big Data 중심 KB(한국형 바칼로레아)
교육철학 목적	철학, 과학, 인성기반 국제교류 기반(외국어)	철학, 환경, 과학, 인성 빅데이터 기반(챗봇) 글로벌 인재상
교과서	교과과정 - 주제기반 프로젝트 중심 3,000 주제(PBL)	빅데이터 기반 교과, 실생활 중심 PBL(프로젝트)
교육내용	6가지 핵심 - 언어, 외국어, 사회, 과학, 수학, 예술(STEM)	과학, 기술, 공학, 예술, 수학, 융합 STEAM
학습 결과 제시	지식 이론, 소논문, 대외봉사, 동아리활동 공동체의식	MAKER 문제해결 협동 협업(팀) 공동체의식
논술 제시	개인의 생각 제시 모순점 개선 제시(공존)	생각제시 작품발표(IDEA)
사고력 교육	자기 생각 꺼내기 개인 관점 주제별 문제해결 글로벌 리더십 사고	생각 꺼내기(창작) 아이디어 제시 모순 - 제시(토론) 프로젝트 협동 사고
평가 방법	IB 기준 타 교사 평가	프로젝트 평가 학습자중심 사고력

출처 : 강충인(2023).

제12장

국가 교과서 개발 체제

1. 교과서 개발 체계

교과서 개발 과정은 사회적인 교육적 변화에 대한 요구가 수렴된 후 교육과정이 개발되고, 교과서 구분 고시, 심사 기준이 발표된다. 각 출판사에서 교과서를 개발하고, 개발된 교과서는 교육과정평가원의 심사를 거친 후, 승인 합격·불합격이 발표된다. 승인 합격 판정을 받은 출판사의 교과서는 출판된다.

교과용 도서는 교육제도로 법률에 의해 규정되어 있다. 교과용 도서에 관한 규정은「초·중등교육법」제29조 제2항에 따라 각 학교의 교과용 도서의 범위·저작·검정·인정·발행·공급·선정 및 가격 결정에 관하여 필요한 사항을 규정함을 목적으로 하고 있다. 교과서 관련 정의는 교과용 도서에 관한 규정 제1강 총칙 제2조에 다음과 같이 규정되어 있다.

- "교과용 도서"라 함은 교과서 및 지도서를 말한다.
- "교과서"라 함은 학교에서 학생들의 교육을 위하여 사용되는 학생용의 서책, 지능정보화기술을 활용한 학습지원 소프트웨어(이하 "디지털교과서"라 한다) 및 그 밖에 음반·영상 등의 전자저작물 등을 말한다.
- "지도서"라 함은 학교에서 학생들의 교육을 위하여 사용되는 교사용의 서책 및 그 밖에 음반·영상 등의 전자저작물 등을 말한다.
- "국정도서"라 함은 교육부가 저작권을 가진 교과용 도서를 말한다.

- "검정도서"라 함은 교육부장관의 검정을 받은 교과용 도서를 말한다.
- "인정도서"라 함은 국정도서 · 검정도서가 없는 경우 또는 이를 사용하기 곤란하거나 보충할 필요가 있는 경우에 사용하기 위하여 교육부장관의 인정을 받은 교과용 도서를 말한다.
- "개편"이라 함은 교육과정(「국가교육위원회 설치 및 운영에 관한 법률」 제12조제1항에 따라 국가교육위원회가 고시하는 국가교육과정 및 법률 제18298호 국가교육위원회 설치 및 운영에 관한 법률 부칙 제4조에 따라 교육부장관이 고시한 국가교육과정을 말한다. 이하 같다)의 전면 개정 또는 부분 개정이나 그 밖의 사유로 인하여 교과용 도서의 총 쪽수(음반 · 영상 · 전자저작물 등의 경우에는 총 수록 내용)의 2분의 1을 넘는 내용을 변경하는 것을 말한다.
- "수정"이라 함은 교육과정의 부분 개정이나 그 밖의 사유로 인하여 교과용 도서의 문구 · 문장 · 통계 · 삽화 등을 교정 · 증감 · 변경하는 것으로서 개편의 범위에 이르지 아니하는 것을 말한다.

교과용 도서의 선정은 교과용 도서에 관한 규정 제3조에서 학교에서 사용할 교과용 도서의 경우 학교의 장이 선정하고, 신설되는 학교에서 최초로 사용할 교과용 도서는 해당 학교를 관할하는 교육감 또는 교육장이 선정할 수 있도록 하고 있다.

교과용 도서는 교과용 도서에 관한 규정에서 국정도서가 있고 검정도서는 없는 경우는 국정도서를 선정하고, 국정도서가 없고 검정도서는 있는 경우는 검정도서 중에 선정하도록 하고 있다. 국정도서와 검정도서가 모두 있는 경우는 국정도서와 검정도서 중 선정하도록 하였다. 또한 국정도서와 검정도서가 모두 없는 경우, 국정도서 또는 검정도서를 선정 · 사용하기 곤란하여 인정도서로 대체 사용하려는 경우, 국정도서 또는 검정도서의 보충을 위하여 인정도서를 추가로 사용하려는 경우 등은 인정도서를 선정할 수 있다.

2. 교과서 발행제도

교과서 발행제도는 교과서 편찬 과정에 대한 국가의 관여 방식과 교과서 사용이 필수 여부에 따라 국정제, 검정제, 인정제, 자유발행제로 구분된다. 우리나라는 국정제, 검정제 및 인정제가 공존하고 있다.

(1) 국정제

국정제(govemment-issued textbook system)는 교과서 사용이 필수인 교과(목)의 교과서를 국가가 직접 제작·발행하고 학교가 의무적으로 사유하는 체제로서, 교과서 편찬 계획 및 연구 개발, 공급을 국가가 관장한다. 교과서 채택이 의무적으로 이루어지는 만큼 별도의 기준은 없다. 국정제를 근간으로 하는 우리나라는 교육과학기술부가 교과서의 저작권을 가지며, 국정 교과용 도서의 연구. 개발은 교육과학기술부가 공모를 통해 선정한 기관에서 이루어진다. 국정제는 교육 수준과 내용을 국가가 체계적으로 관리하기 쉽고 발행 비용이 저렴하다. 그러나 교육을 획일화시킬 가능성이 있다. 국정제는 편찬 계획과 위탁처 결정 및 심의회 구성은 국가가 결정하지만, 연구 개발은 민간이 한다는 점에서 국정제는 국가가 완전히 통제하는 것은 아니다.

계획 · 위탁

- 교육과정 고시
- 교과용도서 개발 기본 계획 수립
- 교과용도서 편찬 · 발행 기본 계획 수립
- 교과용도서 편찬 · 연구 · 개발 기관 선정 · 위탁

⬇

연구 · 집필

- 교과용도서 개발 기초 연구
- 심의 위원 선정, 위촉, 집필 세목 작성, 심의
- 원고 집필, 사진 · 삽화 제작
- 원고 집필, 사진 · 삽화 수정 · 보완

⬇

심의 · 수정

- 원고본 접수, 심의, 수정 · 보완
- 개고본 접수, 검토, 조판 의뢰
- 현장 검토본 접수, 현장 검토, 수정 · 보완
- 현장 검토본 심의, 수정 · 보완, 결재본 제작 의뢰

⬇

생산 · 공급

- 결재본 접수 및 결재
- 생산 지시
- 인쇄, 제본, 발행
- 공급, 수령

출처 : 김국현 외(2016). p. 3.

[그림 3-1] 국정도서 개발 절차

(2) 검정제

검정제(textbook authorization system)는 국가가 교과서 제작에 간접적으로 관여하는 제도로서 국가가 제시한 편찬상의 유의점'에 따라 집행하여 검정심사에 합격한 경우에만 교과서로 발행될 수 있다. 집필과 발행에 국가가 간접적으로 개입하는 체제다. 민간이 국가의 편찬상의 유의점과 검정기준에 근거하여 교과서를 연구 개발 · 제작하여 사후에 권위를 가진 국가 기관(현재 한국교육과정 평가원)의 심사를 받고 적정한 기준에 합격하여 통과되면 교과서를 발행할 수 있는 제도다.

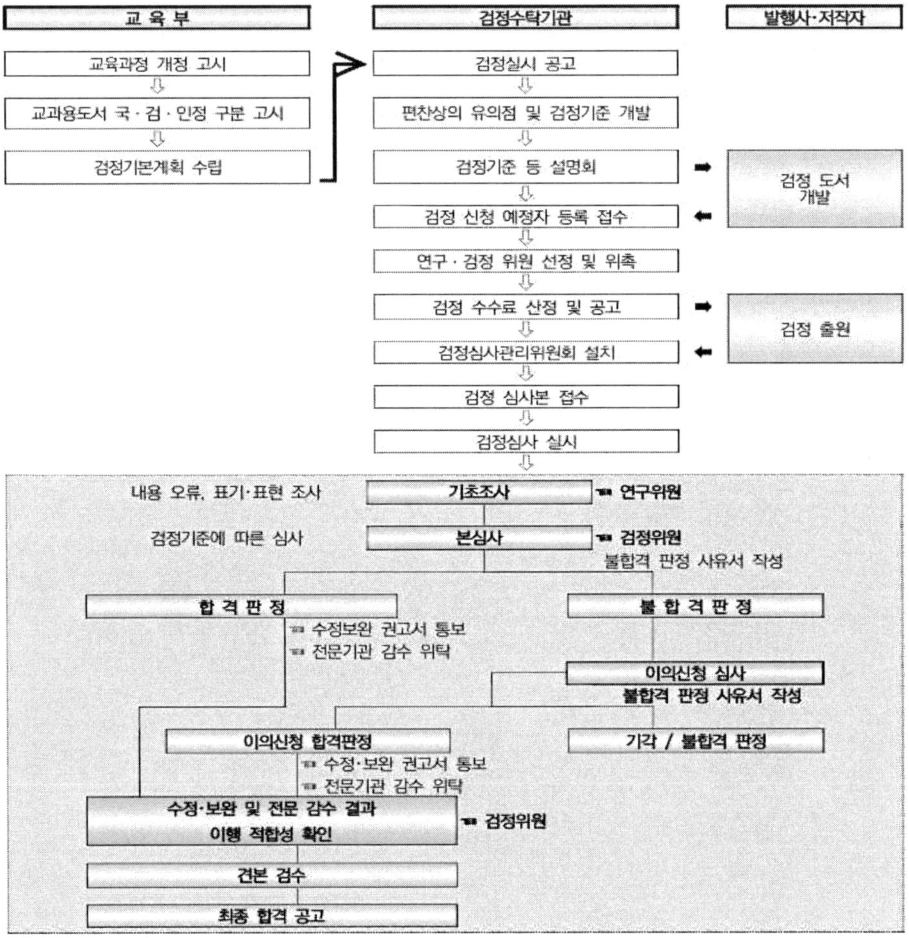

출처 : .2022 개정 교육과정에 따른 교과용도서 개발을 위한 편수자료(2023). p.123

[그림 3-2] 검정도서 개발 절차

(3) 인정제

인정제(textbook adoption system)는 민간이 제작. 발행한 교과서에 대해 국가의 교육부가 인정한 후 학교에서 선택하도록 하는 제도다. 이미 발행되어 유동 중인 교재 중에서 교육부의 인정을 받으면 교과서에 결정적인 문제가 없는 한 사용이 허용된다. 우리나라도 인정도서가 점점 확대되는 추세에 있다. 우리나라의 인정제는 검정제와 유사한 제도로서 인정심사도 검정심사와 유사한 과정을 거쳐 이루어진다. 대부분의 인정 업무는 시·도 교육감에게 위임된다.

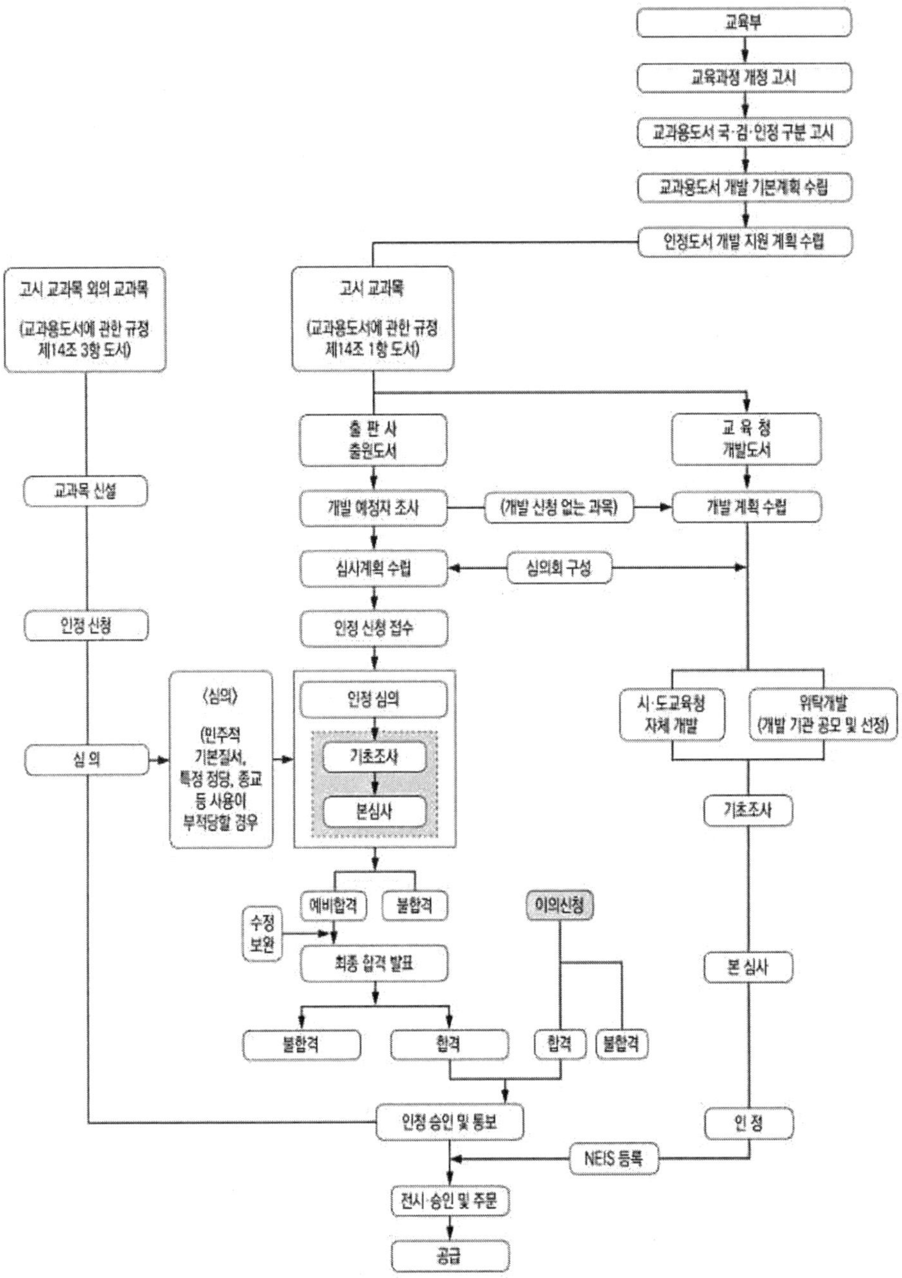

출처 : 시·도 교육청 인정도서 공동 관리 위원회(2018). p.8

[그림 3-3] 인정도서 개발 절차

(4) 자유발행제

자유발행제 인정도서는 국가가 교과용 도서의 저작이나 사용에 대하여 일체 관여하지 않는 방식이다. 자유발행제는 일반 출판물의 출판 원칙을 교과서 발행에 적용한 것으로 국가가 교과서 저작, 발행 및 채택에 거의 관여하지 않는 제도다. 자유발행제 추진은 자유학년제, 고교학점제 등 추진에 따른 단위학교의 교육과정 편성·운영 자율권 강화, 학생의 과목선택권 확대 지원 등의 교과서 발행제도의 개선, 시대 변화에 따른 탄력적 대응이 필요한 일부 과목에 대해 인정도서 심사절차의 완화, 다양한 교과서 개발 및 적기 공급을 지원하기 위해서이다. 민간 저작자가 국가의 교육과정과 자신의 학문체계, 학교의 요구 등을 바탕으로 교과서를 저술하여 국가의 공식적인 심의를 받지 않고 발행할 수 있다. 그러나 국가 및 지방 정부에서 정한 교육과정 기준에 따라 교과서가 집필된다는 점에서 제약이 전혀 없다고 해석할 수는 없다. 저작자가 교육과정을 준수해야 하므로 완전한 자유방임적인 것은 아니다.

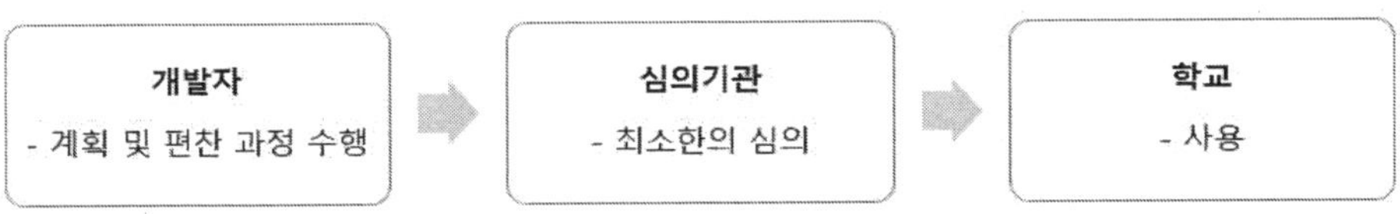

[그림 3-4] 자유발행제 인정도서 개발 절차

자유발행제는 급변하는 지식 정보 사회에 유기적으로 대처해 나갈 수 있는 원동력으로 작용할 수 있다. 반면에 다양한 교과서에 관한 정보 부족과 판단, 교사와 학생이 교과서를 선택하여 수업에 활용하는 데 어려움이 있을 수 있다.

3. 교과서 편찬 계획 수립

교과서 편찬은 다양한 인적 · 기능적 · 재료적 요소를 유기적으로 결합시키는 일이며, 그 과정에서 여러 가지 변수가 있게 되어 계획이 중요하다. 계획을 잘 세워도 각 부문별 세부 실행 과정에서 조정되기도 한다. 교과서 편찬 일정 계획 수립 시 처음부터 아주 정교하게 계획을 세우는 것이 중요하다.

한국교육학술정보원 AI 디지털교과서 개발 가이드라인(서유미, 2023)에서 제시한 내용을 중심으로 살펴보면 다음과 같다.

① 각 실무 요소별로 시작부터 끝까지의 일정 계획(time schedule)을 수립하고, 이를 일목요연하게 정리하여 도표화한다.

② 일정 계획을 짤 때는 여유 있게 잡고, 각 요소의 독립성과 유기성을 고려해야 한다.

③ 일정 계획은 심의본 완성 시기부터 거꾸로 계산하여 짜는 것이 비교적 정확하고, 시행착오를 줄일 수 있다.

④ 일정 계획대로 업무를 진행하는 것을 원칙으로 하되, 조정의 융통성을 갖는다.

1) 자료 조사, 수집 분석

① 과거~향후 교육과정을 분석한다. 공통점, 차이점, 특징을 분석하여 도표화한다.

② 현행 또는 유사 교과서 분석한다. 특징, 장 · 단점을 분석하여 도표화한다.

③ 과거~향후 편찬상의 유의점 분석한다. 공통점, 차이점, 특징 반영하여 아이디어 구안하여 도표화한다.

④ 외국 교과서를 분석한다. 응용, 활용 부분 스크랩하여 아이디어 구안 및 정리한다.

⑤ 일정 계획표에 구분별로 정리한다. 과거~향후 교육과정 분석, 현행 또는 유

사 교과서 분석, 과거~향후 편찬상의 유의점 분석, 외국 교과서 분석(구입 포함)으로 구분하여 일정표를 정리한다.

2) 집필 계획안 수립

① 전체의 개괄적인 구성을 한다. 책 전체 단원 구성안, 중(소) 단원 구성안, 한 단원 구성안을 수립하여 도표화 한다.
② 쪽수 및 내용 부문별 분량 계획안을 수립한다. 책 전체 · 중(소) 단원, 한 단원 쪽수 구성안 수립하여 도표화 한다.
③ 구성요소안을 수립한다. 세부 구성요소 선정, 구성요소별 내용 · 서술 방법 · 분량 · 위치 · 문체 · 위치 · 시각 자료와의 관련성 등 계획을 수립하여 도표화 한다.
④ 보조단 또는 여백의 활용 계획을 수립한다. 보조단 또는 여백의 활용 방법, 구성요소 · 내용 · 분량, 시각 자료와의 관련성 등 계획을 수립하여 도표화 한다.
⑤ 일정 계획에 구분별로 정리한다. 전체의 개괄적 구성, 내용 부문별 분량 계획 수립, 구성요소안 수립, 보조단 또는 여백 활용 계획으로 구분하여 일정표를 정리한다.

3) 일러스트 및 사진 전략 수립

4) 집필자 회의(1차~n차 회의)

5) 편집디자인

6) 원고 교차 검토 및 공동 검토, 교정

7) 본 인쇄 및 심의본 제출

4. 교과서 집필 계획 및 집필 세목

1) 교과서 집필 계획

[국정도서 편찬 세부 계획서]에 준하여 교과용 도서의 집필 기본계획을 수립해 볼 수 있다.

첫째, 진단과정으로 기존 교과서의 장·단점을 분석하여 기존 교과서의 문제점 및 향후 개선점을 제시한다.

둘째, 교과서 집필 목표와 방향을 설정하는데 각 집필진이 지향하는 교과서 집필 방향을 개정 교육과정과 연계하여 제시한다.

셋째, 교과서 체제 설정은 외형 체제, 편집체제, 단원구성, 단원 전개방식 등으로 나누어 기술한다. 학생들이 필요로 하는 풍부한 자료와 설명, 문제 등을 담고, 참고서가 필요 없으며 자기 주도적인 학습이 가능하도록 개발계획을 수립한다. 창의적이고 각 교과의 특성에 맞는 교과서 체제를 수립해야 한다.

넷째. 내용 선정의 원칙과 내용 조직에 관해서 기술해야 한다. 학생의 동기 유발 및 지속적 학습이 가능하도록 내용 선정과 조직 방안을 구체적으로 수립한다.

2) 교과서 집필 세목 작성

진단, 집필 목표와 방향 설정, 교과서 체제 설정 및 내용 선정과 조직이 끝나면 교육과정 상세화와 교과용 도서 집필 세목 작성 과정을 진행한다. 교과서 집필 세목을 작성하기 위해서 교육과정 내용을 참조하여 내용 영역, 내용영역 요소와 성취기준을 상세화하고, 교육과정 내용이 모두 반영되도록 개발하는 교과서의 집필 세목을 작성한다. 집필 세목에 포함될 내용은 대단원명, 중단원명, 교과서에 진술될 주요 개념과 사실을 중심으로, 구체적으로 제시하며 분량과 집필자명을 함께 제시한다.

5. 디지털교과서

디지털교과서는 교과서 내용을 디지털화한 교과서로 전자 매체에 수록해 정보통신망을 통해 시·공간 제약 없이 볼 수 있게 개발한 교과서이다. 디지털교과서는 서책형 교과서를 바탕으로 멀티미디어 자료, 학습 사전, 보충 학습자료, 학습 참고자료, e-교과서 등 다양한 학습자료가 포함된 형태이다.

디지털교과서의 주된 기능과 특징은 다음과 같다(조난심, 2007).

1) 교수·학습

교수·학습은 수업의 도입 및 전 차시에 걸쳐 동기 유발을 하는 것이다. 학습 내용 및 다양한 자료를 제시하는 것이 가능하다. 교과목 및 교과 내용에 적합한 교수·학습 방법을 제시한다. 학습 결과에 대한 평가 및 피드백이 즉각적으로 이루어질 수 있다.

2) 지원 연계

지원 연계는 하이퍼링크 기능을 활용하여 자료 검색이 가능하다. 외부 자원과 실시간대 연결이 자유롭다.

3) 상호작용

학생과 콘텐츠 간, 학습자와 학습자 간, 학습자와 교사 간, 학습자와 외부 간의 상호작용이 가능하다.

4) 학습관리

학습관리에 있어 개인의 학습 진도와 평가, 성적 관리가 용이하다. 학습자 스스로 학습 진행 정도 및 보완점 등 점검이 가능하다.

5) 교수·학습 보조

교수·학습 보조로 문서 작성 및 편집이 가능하다. 페이지 이동 및 교과목의 성격에 따라 필요한 사전류를 참고할 수 있다.

6. AI 디지털교과서 체제

AI 디지털교과서는 학생 개인의 능력과 수준에 맞는 다양한 맞춤형 학습 기회를 지원하고자 인공지능을 포함한 지능정보기술을 활용하여 다양한 학습자료 및 학습 지원 기능 등을 탑재한 소프트웨어이다. AI 디지털교과서는 2022년 개정 교육과정을 적용하여 개발되고 해당 교과의 효과적인 학습을 도울 수 있도록 교과의 핵심에 맞는 인공지능 기능을 적용하여 개발한 디지털 교과서이다. AI 디지털교과서 도입은 2025년 초등학교 3·4학년, 중학교 1학년, 고등학교 공통·일반 선택 과목부터 적용하고, 2026년에는 초등학교 5·6학년, 중학교 2학년을 적용하며, 2027년 중학교 3학년까지 단계적 도입을 한다. AI 디지털교과서 관련 기관으로 한국교육개발원을 디지털교육지원센터로 지정하였다. 또한 교육부는 디지털 기반 교육혁신의 성공 가능성을 높이고 현장 적용 사례를 발굴하기 위해 2023년 9월부터 디지털 기반 교육혁신 선도학교(이하 디지털 선도학교)와 함께 선도교사인 터치(T.O.U.C.H.) 교사단을 운영하고 있다.

AI 디지털교과서 적용 교과는 수학, 영어, 정보 교과에 AI 디지털교과서를 도입한다. 수학 교과는 인공지능 튜터링 기능을 적용하여 학생 맞춤 학습을 지원함으로써 학생들이 쉽게 수학을 포기하지 않도록 하였다. 영어 교과는 인공지능 음성 인식 기능 등을 활용하여 듣기뿐만 아니라 말하기 연습도 지원한다. 정보 교과는 정규 교육과정 내에서 코딩교육 체험, 실습을 강화하는 데 방침을 두어 SW · AI 교육에 대한 효과적인 학습이 이루어지도록 하였다.

AI 디지털교과서를 활용하는 다양한 교수 · 학습 모델을 개발 후 현장에 제공하며, 학교, 가정 모두 학습자 중심 온라인, 오프라인 학습 병행하며, 학부모 측면에서 학생의 객관적 정보를 바탕으로 자녀 교육이 가능하도록 하고 있다.

AI 디지털교과서는 AI에 의한 학습 진단과 분석(Learning Analytics), 개인별 학습 수준과 속도를 반영한 맞춤형 학습(Adaptive Learning), 학생의 관점에서 설계된 학습 코스웨어(Human - Centered Design)를 지원한다.

학생은 최적화된 맞춤학습 콘텐츠로 배우고 교사는 데이터 기반으로 수업을 디자인하며, 학부모는 자녀의 학습활동 정보를 풍부하게 제공받을 수 있는 교육환경으로 변화한다.

교사는 학생별 학습경로와 지식수준을 이해하고 데이터 기반 참여형 수업(토론, 협력, 프로젝트 학습 등)을 설계하며 AI 보조교사의 활동 분석을 참고하여 평가 학생별 학습성취에 맞는 개별 학습을 제공하며 데이터를 기반으로 학생의 성장을 기록하고 지지한다. 학생은 학습 속도에 맞는 학습을 통해 학습에서 성공을 경험하고 내재적 학습 동기와 자아 존중감이 향상되면서 가정과 학교에서 이해 · 지지받는 '나'로 성장한다. 학부모는 데이터를 기반으로 자녀가 학습에서 겪는 어려움과 자녀의 강점 · 약점을 파악하고 진로 탐색 · 설계에 다양한 활동 정보 참고하여 자녀에 대한 깊이 있는 이해를 바탕으로 아이에게 맞는 정서적 지지 · 격려한다.

한국교육학술정보원 AI 디지털교과서 개발 가이드라인(서유미, 2023)에서 제시한 AI 디지털교과서의 추진 방향, 핵심서비스, 개발 원칙 및 방향, 개발 절차, 설계 및 개발 단계, 운영 단계 등을 살펴보면 다음과 같다.

1) 추진 방향

(1) Adaptive Learning(맞춤 학습)

학습자의 특성(수준, 속도 등)을 고려한 맞춤 학습경험 제공

(2) Interestong & Immersion(흥미와 몰입)

학습자가 학습에 흥미를 가지고 몰입할 수 있는 학습경험 제공

(3) Diversity & Data-Driven(다양성과 데이터 기반)

다양한 학습자를 고려하며 데이터에 기반한 학습경험 제공

(4) High Technology(첨단기술적용)

생성형 AI, VR, MR, 메타버스 등 첨단 기술을 접목한 학습경험 제공

2) 추진 내용

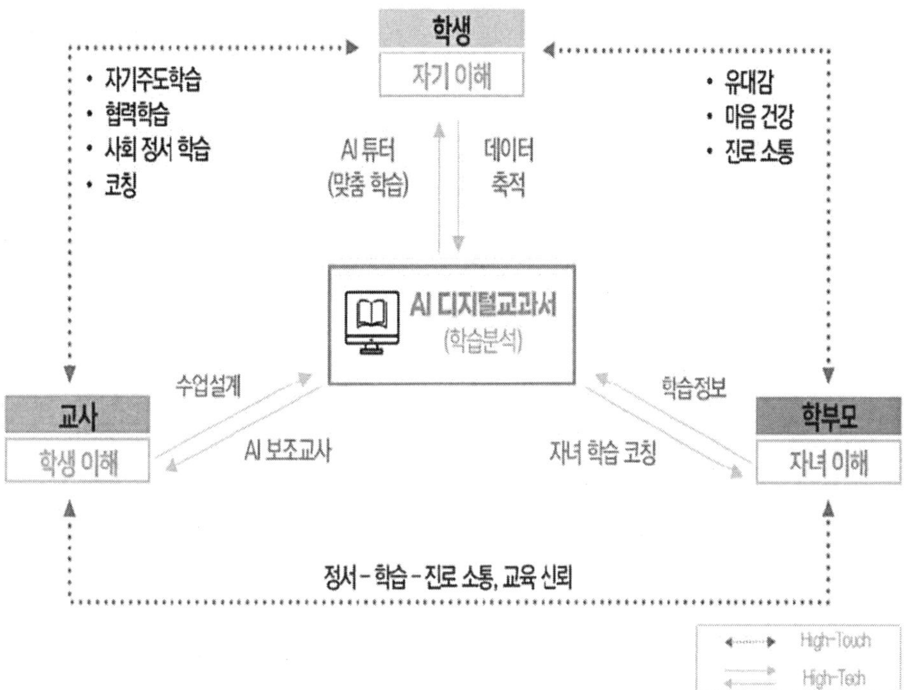

출처 : 서유미(2023). AI 디지털교과서 개발 가이드라인.

[그림 3-5] AI 디지털교과서 비전 체계도]

(3) AI 디지털교과서 서비스

① 공통(학생 · 교사 · 학부모) 서비스

- 대시보드를 통한 학생의 학습데이터 분석 제공
- 교육주체(학생, 교사, 학부모) 간 소통 지원
- 통합 로그인
- 쉽고 편리한 UI/UX 구성 및 접근성 보장(UDL, 다국어 지원 등)

② 학생 서비스

- 학습 진단 및 분석
- 학생별 최적의 학습경로 및 콘텐츠 추천
- 맞춤형 학습 지원(AI 튜터)

㉮ AI 등 첨단 기술을 활용하여 개별 학습 진단과 분석을 제공한다.

AI 기술 활용 개별 학생의 강·약점, 학습 태도, 이해도 등을 다각도로 진단하여 분석 결과 제공- 학습자 수준 진단을 기반으로 학습 이력 및 결과 분석을 수행하고 개인별 학습 결과 제공한다.

㉯ 학생별 최적의 학습 경로와 콘텐츠를 추천한다.

학생들의 학습 이해도와 특성 분석을 기반으로 개인의 능력, 목표에 맞춤 맞춤형 학습 경로를 제시한다.

학습목표를 설정하여 현재 수준을 진단하고 적절한 학습 콘텐츠 추천 및 경로 제시한다.

학생들의 학습패턴(관심사, 선호도 등) 및 수준 등을 종합적으로 분석하여 학습자에 적합한 콘텐츠를 추천한다.

학습패턴 분석 후 관심이 있거나 선호하는 주제를 식별하여 적절한 학습 콘텐츠 제시한다.

㉰ AI 튜터 등의 기능을 제공하여 학생 맞춤형 학습을 지원함

- 학생의 개념 이해도를 높이고, 적시 학습을 지원하기 위한 AI 튜터 기능 제공한다.

  문항 풀이 중심의 처방이 아닌 개념의 이해를 도울 수 있는 설명 등 제시
- 학습데이터 수집·분석을 통한 맞춤형 서비스 제공한다.

  학습패턴 및 활동 분석으로 추가 학습 요소, 질의응답 등의 기능 제공한다.

③ 교사 서비스

- 수업 설계와 맞춤 처방 지원(AI 보조교사)
- 콘텐츠 재구성 · 추가
- 학생의 학습 이력 등 데이터 기반 학습 관리

㉮ AI 보조교사 기능을 제공함 - 교사의 맞춤형 수업 설계 및 처방을 위해 인공지능을 활용한 보조교사 기능 제공한다.

학습자의 학습활동 상태 및 학습데이터를 수집하고 분석하여 개인별 맞춤형 서비스 구성한다.

㉯ 수업 진행을 위한 콘텐츠 재구성 · 추가 기능을 제공함 - 교과별 수업 진행을 위해 AI 디지털교과서 서비스에서 제공되는 학습 콘텐츠를 수업별로 재구성하고 추가할 수 있는 기능한다.

㉰ 학생 학습이력 등 데이터를 기반으로 한 학습관리 방안을 제공함

- 학습자의 학습 상황 및 학업 정서 등 교사를 위한 학습관리 기능 제공
- 학생별 학습데이터를 체계적으로 누적하고 관리할 수 있는 방안 제공한다.

④ 학부모 서비스

자녀의 개별 학습 진단과 분석 결과를 살펴볼 수 있는 대시보드 기능을 제공한다.

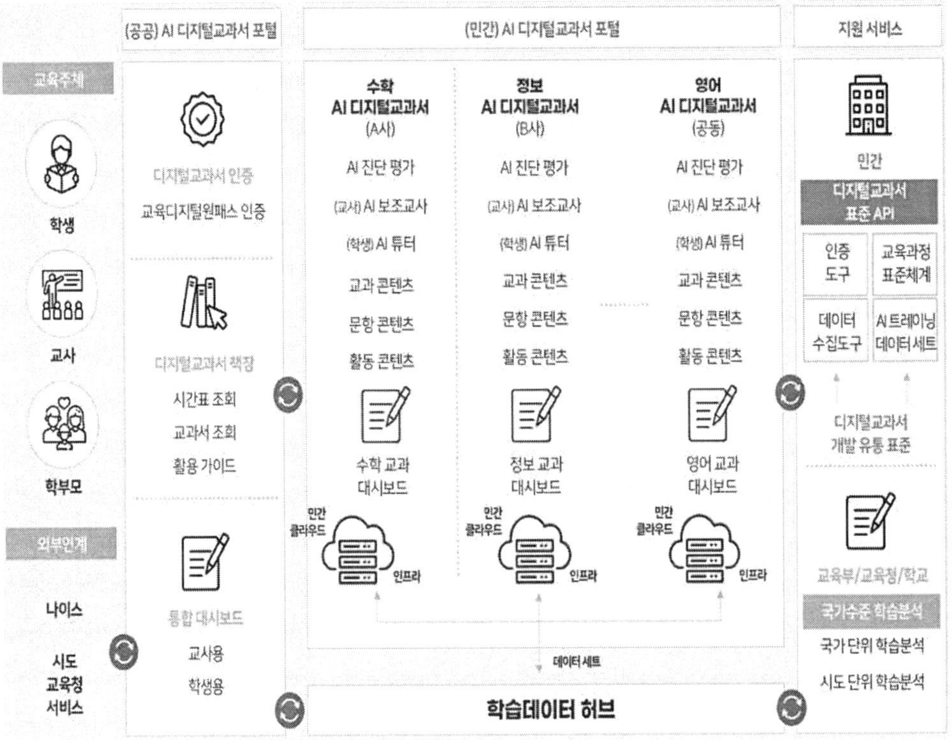

출처 : 서유미(2023). AI 디지털교과서 개발 가이드라인.

[그림 3-6] AI 디지털교과서 서비스 구성도

(4) AI 디지털교과서 개발 원칙 및 방향

인간 존엄성을 위한 교육으로 교육 당국과 전문기관, 개발에 참여하는 민간 등은 인공지능 기술이 개인과 사회에 미치는 영향을 이해하고, 아이들의 삶을 위한 교육을 기획한다. 교육 관계자는 신기술에 공존하는 위험과 기회를 바르게 인식하고, 인공지능과 구별되는 인간다움과 기본 권리를 강조한 교육을 설계해야 한다. 또한 신기술을 안전하고 책임감 있게 사용하도록 교육 당사자가 AI 디지털교과서를 주도적으로 활용·제어하게 해야 한다.

① 평등한 학습기회 보장

아이들이 언어, 장애, 지역, 계층 등 사회·문화·경제적 배경과 관계없이 신기술에 접근하고, 맞춤 교육기회를 갖도록 설계한다. 교육의 기회균등을 위하여 모든 아이가 AI 디지털교과서에 접근할 수 있도록 모든 조치를 취해야 한다. 학생의 개별적인 맞춤 교육을 제공하여 모든 학생이 학습에 성공할 수 있도록 지원해야 한다.

② 교사의 전문성 존중

모든 아이는 신기술로 측정할 수 있는 범위 이상의 능력이 있음을 전제로, 교사가 이를 관찰하고 지지할 수 있도록 인공지능은 교사의 수업 준비, 평가 기록 등의 활동을 지원한다. 학생의 고유한 능력을 발견함에 있어, 기술에만 과의존하지 않도록 유의해야 한다. AI 디지털교과서는 교수자 고유의 전문성이 효과적으로 발휘될 수 있도록 교수자를 보조하고 지원해야 한다.

(5) AI 디지털교과서 개발

① 2022년 개정 교육과정에 근거하여 학습분석 결과에 따라 보충학습(느린 학습자)과 심화학습(빠른 학습자)을 제공할 수 있도록 개발해야 한다.
느린 학습자에게는 학생의 학습 수준에 맞는 기본개념 중심 콘텐츠를 추천하고, 필요한 경우 학습 결손을 해소할 수 있는 학습자료를 제공(학습분석 결과 등을 교사에게 제공하여 기초학력 보장 지원)한다.
해당 교육과정의 기본 학습 내용을 충분히 소화한 학생에게는 토론, 논술 과제 등 심화학습 콘텐츠를 제공한다.

② 모두를 위한 맞춤 교육 실현을 목표로 모든 사용자가 쉽고 편리하게 사용할 수 있도록 기능 및 UI/UX를 설계한다.
특수교육 대상 학생·장애 교원 등의 접근성이 충분히 확보될 수 있도록 보편적 학습 설계(UDL, Universal Design for Learning)적용한다.

③ 학생, 교사, 학부모, 정책 입안자 등 교육주체가 학습에 대한 데이터 기반의 의사결정을 내릴 수 있도록 사용자, 학교, 국가 차원의 학습분석을 통해 교육 시스템의 지속적인 개선을 위한 기반을 제공한다.

학생, 교사, 학부모가 데이터를 기반으로 학생의 학습 과정에 대해 더 깊이 이해할 수 있도록 지원 - 나아가 국가적 차원에서 데이터 기반의 교육 의사결정을 가능하게 하는 플랫폼의 기능을 충족함으로써 전체적인 교육의 질 향상에 기여한다.

(6) AI 디지털교과서 개발 절차

AI 디지털교과서 개발 가이드라인(서유미, 2023)에서 제시한 AI 디지털교과서 개발 절차는 다음과 같다. AI 디지털교과서의 전반적인 개발 절차는 기획 단계, 설계 및 개발 단계, 운영 단계로 이루어진다.

① 기획 단계

기획 단계는 AI 디지털교과서가 맞춤형 교과서로서 기능을 충실히 달성할 수 있도록 교육과정 분석, 요구 분석(사용자 참여 설계), 학습 환경 분석 등을 통해 서비스를 기획한다.

② 교육과정 분석

교육과정 분석은 2022년 개정 교육과정에 대한 분석을 바탕으로 교육 내용을 분석 및 기획한다. 단편적 지식 암기 위주의 교육 방식을 지양하고, 탐구와 개념 기반의 깊이 있는 학습을 통해 핵심 역량을 함양하도록 기획한다.

③ 사용자 분석

사용자 분석은 사용자 참여 설계 절차에 따라 학생, 교사, 학부모의 요구를 분석한다.

㉮ (Empathize) 교사 등 전문가의 주도로 학생, 교사, 학부모의 활동을 관찰하

고 심층 인터뷰를 통해 교육주체의 진짜 요구를 발견한다.

㉯ (Define) AI 디지털교과서를 사용할 고객(Persona)의 특성(감정, 태도, 동기 등)을 구체적이고 명확하게 정의한다. 수요자가 겪는 시간과 공간의 일상 흐름을 따라가면서 발생하는 감정들에 공감해 보는 고객여정지도(Customer Journey Map)기법 등 활용한다.

㉰ (Ideate) 정의 내린 문제를 바탕으로 다양한 해결 방안 모색한다. 아이디어 워크숍, 아이디어 스케치, 시나리오 작성 기법 등 활용한다.

㉱ (Prototype & Test) 아이디어를 스토리보드, 프로토타입 등의 구체적인 형태로 시각화하고 프로토타입을 학생, 교사, 학부모에게 공개하고 피드백을 받아 보완한다. 빠른 프로토타이핑(Rapid Prototyping) 작업을 통해 구체적인 피드백 수렴한다.

④ 학습환경 분석

학습환경 분석은 교수·학습에 영향을 미치는 제반 환경을 분석하고 이를 서비스 기획에 반영한다.

⑤ 차별화 전략 설정

차별화 전략 설정은 수요자 의견 수렴 등을 토대로 인사이트(insight)를 도출하고 이를 바탕으로 교과서 차별화 전략을 수립한다.

(7) AI 디지털교과서 설계 및 개발 단계

기획 단계의 결과물을 바탕으로 AI 디지털교과서 설계, 기술표준 적용, 서비스 개발 및 운영, 품질관리의 단계별 주요 사항을 실행한다.

① 서비스 설계

서비스 설계에서는 맞춤형 학습을 위한 AI 서비스 기능을 설계한다. 교육과정에 기반한 내용 중심의 다양한 멀티미디어 자료 및 콘텐츠를 설계한다. 그리고 검정 및 인정 심사를 위해 콘텐츠 개발 시 개발사와 관련된 정보(출판사명, 저작자, 저작권자 등) 입력 금지한다. 클라우드(SaaS) 기반 웹 서비스 방식의 활용 환경 구축과 맞춤 학습 지원을 위한 AI 기술을 확보한다. 또한 교육과정 표준체계를 활용한 교과별 지식 맵(Knowledge map)을 설계한다. 학습데이터 수집을 위한 표준(Caliper Analytics, xAPI) 체계를 마련한다.

② 상호작용 설계

상호작용 설계에서는 학생과 교사, 학생과 학생, 학생과 콘텐츠, 학생과 시스템, 학생 스스로 학습 과정에서 자기 자신의 학습 활동을 성찰할 수 있도록 다차원적 상호작용을 설계한다.

③ UI/UX 설계

UI/UX 설계는 웹 인터페이스 설계 원칙과 전자정부 UI/UX 원칙을 준용하여 개발한다.

④ 서비스 개발

서비스 개발은 맞춤형 학습 기능, 콘텐츠 등 서비스 개발 - 개별화된 학습 지원을 위한 학습 진단·분석 유형과 도구 및 AI 튜터 및 보조교사 기능 개발·검증한다. 개인별 학습 진단에 대한 분석 결과를 바탕으로 한 학생·교사·학부모 대시보드 개발·검증한다. 그리고 데이터 수집·관리·전송 체제 개발 - 공공의 학습분석을 위한 학습데이터 세트 생성 및 전송 규격 개발한다. 또한 교육디지털원패스, 교육과정 표준체계 등 연계 적용한다. UI/UX 개발 및 접근성 검토 등 - 사용자 편의 중심의 UI/UX 구현 및 모든 사용자가 이용 가능한 UDL 적용한다.

⑤ 심사 준비

심사 준비는 개발된 AI 디지털교과서의 검정심사를 위한 준비 및 제출 - 체크리스트 점검 및 자체기술검증결과서를 작성한다. 배포를 위한 AI 디지털교과서 심사 환경을 구축한다.

(8) AI 디지털교과서 운영 단계

AI 디지털교과서 서비스 운영과 품질관리를 위한 활동을 실시한다.

① 서비스 운영

서비스 운영 및 사용자 지원 체제를 운영한다. 검정 합격 공고 결과에 따른 서비스 운영 체제 전환을 통해 오류, 장애 등에 대한 즉각 대응 체제 구축·운영한다.

② 품질관리 및 환류 단계

서비스 품질 기준, 보안 및 개인정보 보호 자체 점검한다. 서비스 고객(학생, 교사, 학부모)의 지속적인 피드백과 품질관리 체계 운영을 통해 서비스를 개선하고 관련 사항을 지속 점검한다.

(9) AI 디지털교과서 활용과 역할

AI 디지털교과서는 학생별 학습 진단, 학습경로 및 콘텐츠 추천 기능, 교사의 데이터 기반 학습관리 및 콘텐츠 재구성 등 교사 대상 수업 지원 기능 등의 핵심 기능이 있다.

① 학교 및 교사 측면

학교는 모든 것을 관리하는 콘트롤타워 입지이다. 디지털화된 확장된 학교는 교사는 일선에서 학습 데이터의 양과 질을 좌우하는 담당자로 학교 디지털화의 핵심키 역할을 하게 된다. 교사는 데이터 기반 지도, 인간적 유대와 조언, 적성발굴, 진로상담 등이 가능하다. 또한 교사는 학생에 대한 학습 지도(코칭)이나 사회 정서적 변화의 관찰, 진단, 상담(멘토링)을 제공하는 역할을 한다. 여러 학생의 공부 현황에 대한 AI 분석을 교사가 실시간으로 확인할 수 있다. 채점 외에도 문제를 푸는 속도나 방식, 진도율 등 '교사용 화면'에 표시된다. 이후 각 학생의 성취도에 따라 '맞춤 숙제'를 내는 것이 가능하다.

② 학생 측면

자신의 역량과 속도에 맞는 맞춤 학습이 가능하다. AI 인공지능 기술에 기반한 AI 디지털교과서는 학생들에게 지식을 제공하는 역할을 지원한다. 학생은 자신의 모니터에서 문제를 풀면 AI가 이해도와 학업 수준을 분석해 교사의 화면으로 전송하게 된다. 학생 1명마다 보조교사 1명씩 붙여두는 효과와 유사하다. 학생은 AI 디지털교과서를 통해 사전 지식 습득 후, 교사와 토론, 프로젝트 학습, 거꾸로 학습(Flipped learning) 등 문제해결 역량을 함양할 수 있는 다양한 방식 수업 참여한다. 이에 학생은 자신만의 학습 경로를 구축, 교실 속에서 교사 및 동료 학생들과 함께 수업을 만들어 가는 능동적 학습자로 성장할 수 있다.

(10) AI 디지털교과서 도입에 따른 보완

학교교육은 교원의 디지털 전문성 향상, AI, 에듀테크를 활용한 교육 혁명, 디지털 혁신 지원 교육환경 구축, 교육데이터 표준화 및 활용 촉진이 중요해졌다. AI 디지털교과서 도입에 따른 보완이 중요해진 시점이다.

① 미비한 학습효과를 고려해야 한다.

스웨덴, 프랑스의 디지털교과서 사용 축소 사례가 존재한다. 일본과 독일의 경우 디지털교과서 확대에 신중한 입장을 보이고 있다. 피상적인 학습의 진행으로 사고력이나 문해력 향상 효과이다. 눈, 척추 등 신체적 건강, 불안, 조바심 같은 심리적 건강의 악영향이다. 경험 중심 교육과정으로 지나친 흥미 위주로 흐를 수 있다는 지적이 있다.

② 행정적 문제점을 보완해야 한다.

AI 디지털교과서 도입 학습 효과성 의문, 교내 디지털 인프라 구축 미비, 수업의 질 저하, 교육 격차 심화, 사교육비 증가, 보안 우려 등을 들 수 있다.
기자재 마련 및 인프라 구축에 적극적으로 투자해야 한다.

③ 디지털교과서와 종이 교과서의 혼용이다.

AI 디지털교과서를 수업 혁신을 위한 보조자료로 활용하며 기존 교과서를 유지하는 정책의 시행이다. 디지털교과서 확대에 신중한 접근이 필요하다.

예비교사를 위한 교육과정의 이해

참고문헌

강충인(2023). 한국형 바칼로레아(KB) 교육정책 - 한국형 바칼로레아의 필요성과 교육방향. 정책연구2023 가을호(252호). 서울특별시교육청교육연구정보원.

강현석, 강이철, 권대훈, 박영무, 이원희, 조영남, 주동범, 최호성(2005). 교육과정 수업평가를 위한 새로운 분류학 : Bloom 교육목표분류학의 개정. 서울 : 아카데미프레스.

곽병선(1985). 한국의 교육과정, 서울 : 한국교육개발원

교육과학기술부(2009). 중학교 교육과정 해설 총론, 교육과학기술부 고시 제 2009 - 41호.

교육부(2015). 초 · 중등학교 교육과정 총론 교육부 고시 제2015 - 74호.

교육부(2022). 초 · 중등학교 교육과정 총론. 교육부 고시 제2022 - 33호

교육부(2023). 2022 개정 교육과정에 따른 교과용도서 개발을 위한 편수자료 1 - 편수 일반 편.

김경자 · 온정덕(2011). 이해중심교육과정. 서울 : 교육아카데미.

김국현, 은지용, 박보람, 문경호, 이동욱(2016). 초등학교 교과용도서 개발 및 현장적합성 검토 방식 개선 연구. 세종 : 교육부.

김대현 · 김석우(1996). 교육과정 및 교육평가. 서울 : 학지사.

김종서(1971). 교육과정에 영향을 주는 제 변인에 관한 연구 동향. 서울 : 한국교육개발원, 8 - 9.

김진숙, 강명숙, 김경미, 김대식, 김언순, 박종배, 박철희, 신창호, 안경식, 오성철, 이명실, 이윤미, 정미량, 최광만, 한용진(2024). 한국 교육과정 변천사. 서울 : 학지사.

김진호(2009). 교육과정 재개념화에서의 이론과 실제의 관계탐구. 숙명여자대학교 대학원 석사학위 논문.

김호권(1988). 현대교육과정론. 서울 : 교육출판사.

김호권, 이돈희, 이홍우(1980). 현대 교육과정론. 서울 : 교육과학사

소경희 (2000). 우리나라 교육과정 개정에 있어서 총론과 각론의 괴리 문제에 대한 고찰. 교육과정연구. 18(1), 201 - 218.

서명원(1980).국가발전과 교사교육. 대한공업교육학회보, 5(2), 18 - 23.

서울시교육청(2024). 2025 한 권으로 보는 자유학기.

서유미(2023). AI 디지털교과서 개발 가이드라인. 교육자료 GM 2023-11. 대구 : 한국교육학술정보원.

시·도 교육청 인정도서 공동 관리 위원회(2018). 인정도서 업무 편람

오성삼, 구병두 (1996), 교육과정 및 교육평가의 이해, 서울 : 양서원

윤남순(1997). 학교 중심 교육과정 실행에 관한 연구. 전남대학교 대학원 박사학위논문.

이해명, 피재성, 손춘자, 이은주, 김현주, 정경숙(). 현대 교육과정 및 평가. 교육아카데미.

조미라(2002). 국가수준, 지역수준, 학교수준, 교사수준의 재량활동 교육과정에 관한 연구. 이화여자대학교 교육대학원 석사학위논문.

조상연(2015). 2015 개정 교과 교육과정 시안에 대한 비판적 검토. 초등교육연구, 28(3), 199-227.

조희형(1984), Bloom 등의 교육 목표 분류론의 본질과 그 문제점. 과학과 과학교육 논문지 9, 전북대학교 과학교육연구소, 29-36.

최미정(2005).창의성 교육을 위한 교사연수 교육과정 개발. 한국교원대학교 박사학위논문.

최화숙, 박일수, 이재철(2024). 교육과정. 서울 : 동문사.

한상길, 김응래, 박선환, 박숙희, 정미경, 조금주(2019). 교육학개론. 고양시 : 공동체.

한혜정, 조덕주(2012). 교육과정. 서울 : 학지사.

홍후조(2018). 알기 쉬운 교육과정. 서울 : 학지사.

Anderson, L. W., & Krathwohl, D.R.(Eds.)(2001). *A taxonomy for learning teaching and assessing : A revision of Bloom's taxonomy of educational objectives.* New York : Longman.

Bereiter C. (1972). Schools without Education. *Harvard Educational Review 42,* 390~413.

Bloom, B. S., Engelhart, M, D., Furst, E. J., Hill, W.H., & Krathwohl, D.R. (1956). *Taxonomy of educational objectives : Handbook 1 : Cognitive donmain*, New Tork : David Mckay.

Bruner J. (1960). *The Process of Education.* Cambridge : Harvard University Press.

Bruner J. (1961). *The Process of Education. Cambridge*, Mass. : Harvard University Press.

Caswell H. L. & Doak Campbell S. (1935). *Curriculum Development.* New York : American Book Company.

Commission on Instructional Theory of the Association for Supervision and Curriculum Development, "Theories of Instruction : A Set of Guidelines, "February 1967, p. 5, mimeographed.

Eisner, E. W.(1985), *The Educational Imagination : On the Design and Evaluation of School Programs.* 2nd ed. New York : Macmillan Publishing Co, 46 - 49.

Gagne R. M. (1968). Educational Technology as Technique. *Educational Technology 8*, 5~13.

Goodlad, J. I. (1966), *The development of a Conceptual system for Dealing with Problems of Curriculum and Instruction.* L. A. : University of California Press, 7.

Goodlad J. I. & Richter M. (1966). The Development of a Conceptual System for Dealing with Problems of Curriculum and Instruction. *Cooperative Research Project 454*, Washington, D.C. : U.S. Department of Health, Education and Welfare.

Goodlad, J. I. (1968). Curriculum : A Janus Look. *Journal of Curriculum Studies 1*(1), 34 - 46.

Goodlad, J. I., Klein, M. F, & Tye, K. A. (1979), *The Domains of Curriculum and Their Study, Curriculum AInquiry : The Study of Curriculum Practice.* New York : MacGraw - Hill Co, 58 - 64.

Green M. (1971). The Arts in a Gloval Village, Educational Leadership 26, 439~46. and Curriculum and Consciousness, *Teach - College Record 73*, 253~269.

Johnson L (1967) Jr., Definitions and Models in Curriculum Theory, *Educational Theory. 17*(2), 129.

Junell J. S. (1970). Is Rational Man Our First Priority?. *Phi Delta Kappan 52*, 147~153.

Lewis, A. J. & Miel, A. (1972) Supervision for Improved Instruction : New Challenges, New Responses. Wordsworth Publishing Company, Inc., Belmont.

Mackenzie G. (1964). *Curricular Change : Participants, Power, and Processes Innovation in Education*, Matthew B. Miles, ed. New York : Teachers Collage Press, 402.

Macdonald J. B. (1966). *Structures in Curriculum, Proceedings of the Conference on Curriculum Leadership.* Madison, Wis. : Wisconsin State Department of Public Instruction, 28 - 46.

McTighe, J. & Wiggins, G. (2004). Understanding by Design. ASCD.

Mil A. (1968). Curriculum Design and Materials - Pressure or Release ?. *Childhood Education, 44*(7), 478.

Phoenix P. H. (1958). *Philosophy of Education.* New York : Holt, Reinhardt and Winston, Inc, 57.

Phenix P. H. (1971). Transcendence in Curriculum. Teachers *College Record 73*, 279.

Saylor J. G. & Alexander W. M. (1966). *Curriculum Planning for Modern School.* New York : Holt, Rinehart & Winston. 5

Schubert, W. H. (1986). *Curriculum : Perspective, Paradigm and Possibility*, New York : Macmillan Publishing Company.

Sheffler I. (1960). *The Language of Education*(Springfield, III. : Charles C. Thomas), 19~22.

Silverman R. (1968). Using S-R Reinforcement Model. *Educational Technology, 8*(5), 3-12.

Kohlberg L. (1966). Moral Education in the School : A Developmental Vice, *School Review 74*, 1~30.

Krathwohl, D. R. (2002). A revision of Bloom's taxonomy : An overview, *Theory into Practice, 41*(4), 212-218.

저자 약력

김현영

이화여자대학교 졸업
독일 로스톡국립음악대학교 대학원 졸업
독일 라이프찌히국립음악대학교 대학원 졸업
네덜란드 마스트리트국립음악대학교 대학원 졸업
단국대학교 교육학 박사(교육사회학 및 평생교육)
단국대학교 문화예술학 박사 졸업

단국대학교 사범대학 초빙교수
명지대학교 객원교수
숙명여자대학교 외래교수
전 서울한영대학교 객원교수, 겸임교수
전 경희대학교 외래교수
전 세종대학교 외래교수

최진철

단국대학교 졸업
단국대학교 대학원 교육학과 석사(교육행정)
단국대학교 대학원 교육학과 박사(교육과정 및 학습지도)

단국대학교 사범대학 초빙교수
서일대학교 유아교육학과 겸임교수
전 동남보건대학교 보육학과 겸임교수
전 수원여자대학교 유아교육학과 외래교수
전 상명대학교 사범대학 외래교수
전 한성대학교 사범대학 외래교수
한국유아교육 · 보육복지학회 이사
사단법인 아이길벗 대표이사
주식회사 예찬교육 대표이사

예비교사를 위한 교육과정의 이해
초판1쇄 인쇄 - 2025년 2월 20일
초판1쇄 발행 - 2025년 2월 28일

저　자 - 김현영 · 최진철
발행인 - 김 의 용
발행처 - 교육아카데미
주소 - 서울시 성북구 한천로 70길 15 - 1
전화 - (02) 967 - 9947(代)
팩스 - (02) 967 - 9948
E - mail : educa9937@naver.com등록 -
1996년 9월 6일 No.2 - 2243

정가 22,000원